PiaoLiangXinNiangYiYi

做个最美的新娘（一）

　　新婚期间拍下的最美好最值得留念的镜头，是新婚夫妇最为珍贵的纪念和最为美好的回忆。拍摄内容和形式要活泼、生动而富有情趣，给人以美好的享受。拍摄时，要反映新人的思想情操和精神面貌，做到形神兼备，真实记录新人的美好姿态和幸福心情。

做个最美的新娘（二）

拍摄婚纱照注意事项

（1）从拍摄角度、拍摄位置、拍摄距离出发，画面要成为一个统一的整体。

（2）运用光线，通过明暗处理，突出人物为主体，表现新娘、新郎喜庆、甜蜜、幸福的心情。

（3）从结婚照中选择一张或几张做油画处理，使画面凝重、深邃，突出了艺术效果，作为新婚永久性纪念。

❹

❶

❷

❸

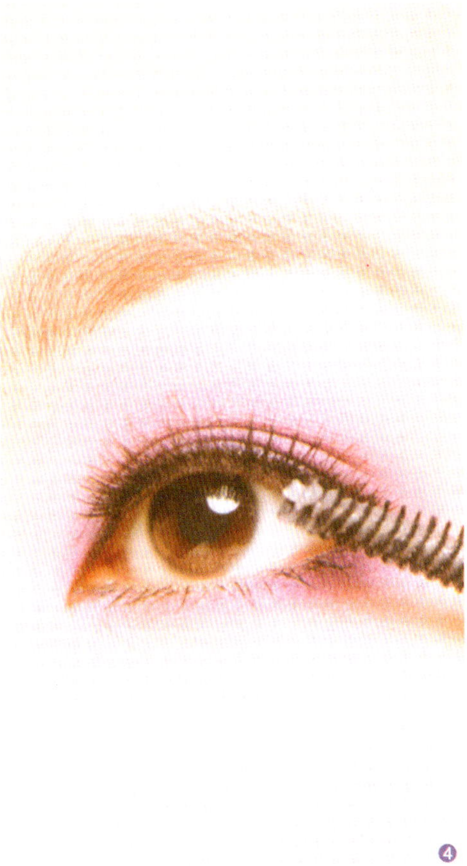

新娘化妆技巧（一）

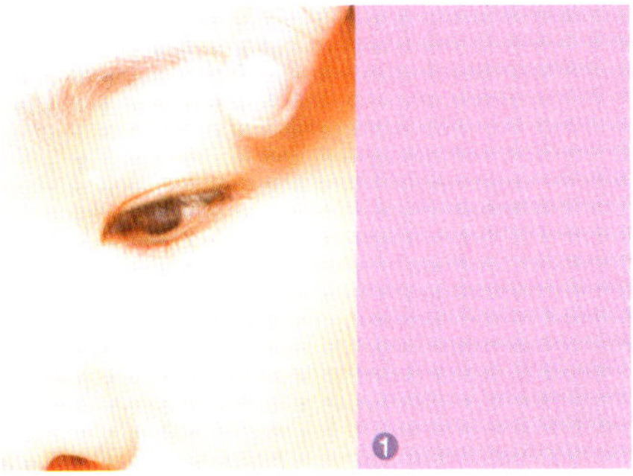

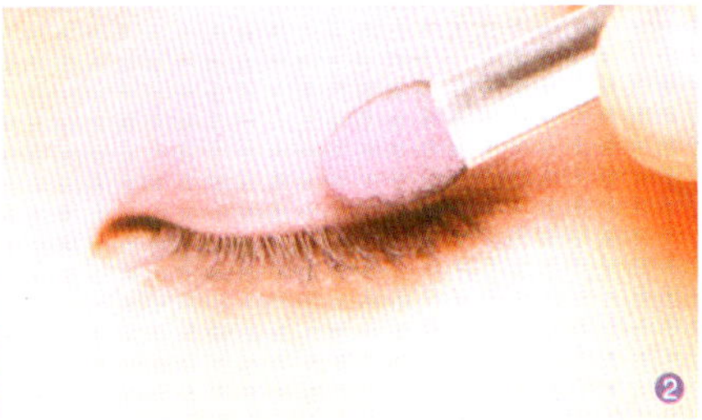

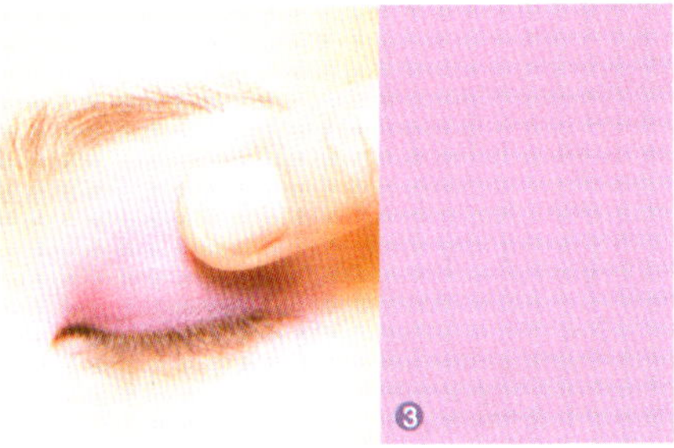

（1）选择遮瑕产品涂抹在眼窝外，
这样可以打亮眼皮的肤色。
（2）选择合适的眼影。
（3）注意眼影层次。
（4）刷出卷翘睫毛。

新娘化妆技巧（二）

（1）使用唇刷蘸取眼影，描绘唇缘的中间及下缘处。
（2）再将粉红色唇膏涂满双唇。
（3）最后选择比较透明的唇蜜涂在唇中就可以了。

❶

❷

❸

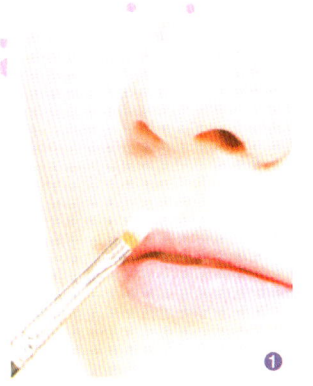

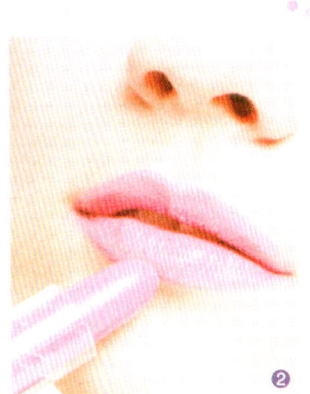

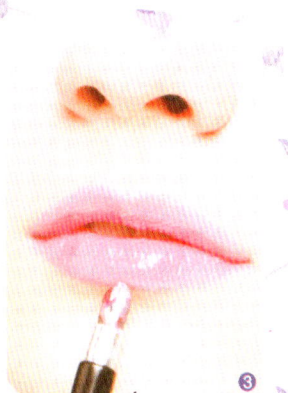

新娘化妆技巧（三）

（1）选择隔离霜，均匀涂抹整脸。
（2）选择饰底乳涂抹在两颊、鼻翼容易泛红处。
（3）使用遮瑕笔遮盖住痘痘、黑眼圈。
（4）选择饰底乳涂抹在笑肌、下巴处，帮助肌肤打光。
（5）接着再选择遮瑕膏，重复点在黑眼圈下围，遮住黑眼圈。
（6）选择雾状的蜜粉，从容易泛油的脸中央往外薄薄拍打即可。

迎接新娘了！

送嫁迎娶是婚礼当日的第一个重点环节，将美丽的新娘从娘家接至婚礼仪式的现场或是新郎家中，预示着一对新人将从这里拉开一场完美婚礼的序幕。

PiaoLiangXinNiangWanMeiMaMa

婚礼现场布置4个要点：

（1）准备背景和横幅。有些酒店因为经常举行婚礼，已经准备了镀金的龙凤双喜的背景，有的则备有充气的龙凤喜、彩虹门等，非常漂亮，充满了浪漫、喜庆的色彩。

（2）在饭店门口、楼梯、电梯口都要有提示牌。

（3）在观礼台、签到处、拱门，甚至餐桌上都要放装饰漂亮的鲜花。

（4）准备气球和彩带，营造欢乐气氛。

选择一套自己喜爱的孕妇装吧

挑选孕妇装注意事项：
（1）以宽大舒适为原则，式样美观大方，易穿易脱，防暑保暖，清洁卫生。
（2）色彩明快、亮艳，显得轻松愉快、精神振奋，有利于母体和胎儿的身心健康。
（3）上衣下摆宽大，裤子要偏肥些，尤其是腰部。
（4）面料宜选用纯棉或丝绸制品，内衣必须是纯棉的。
（5）如果孕期还在电脑前工作应选择防辐射的孕妇装。

呵护小宝宝5个必须的细节

（1）观察新生儿身体发育是否健康。
（2）抱放宝宝时一定要托住头部。
（3）勤给宝宝洗澡，可清洁皮肤，减少病菌的侵害。
（4）给宝宝做一些按摩或被动体操，帮助宝宝发育。
（5）坚持母乳喂养，人工喂养只是不得已的替代方法。

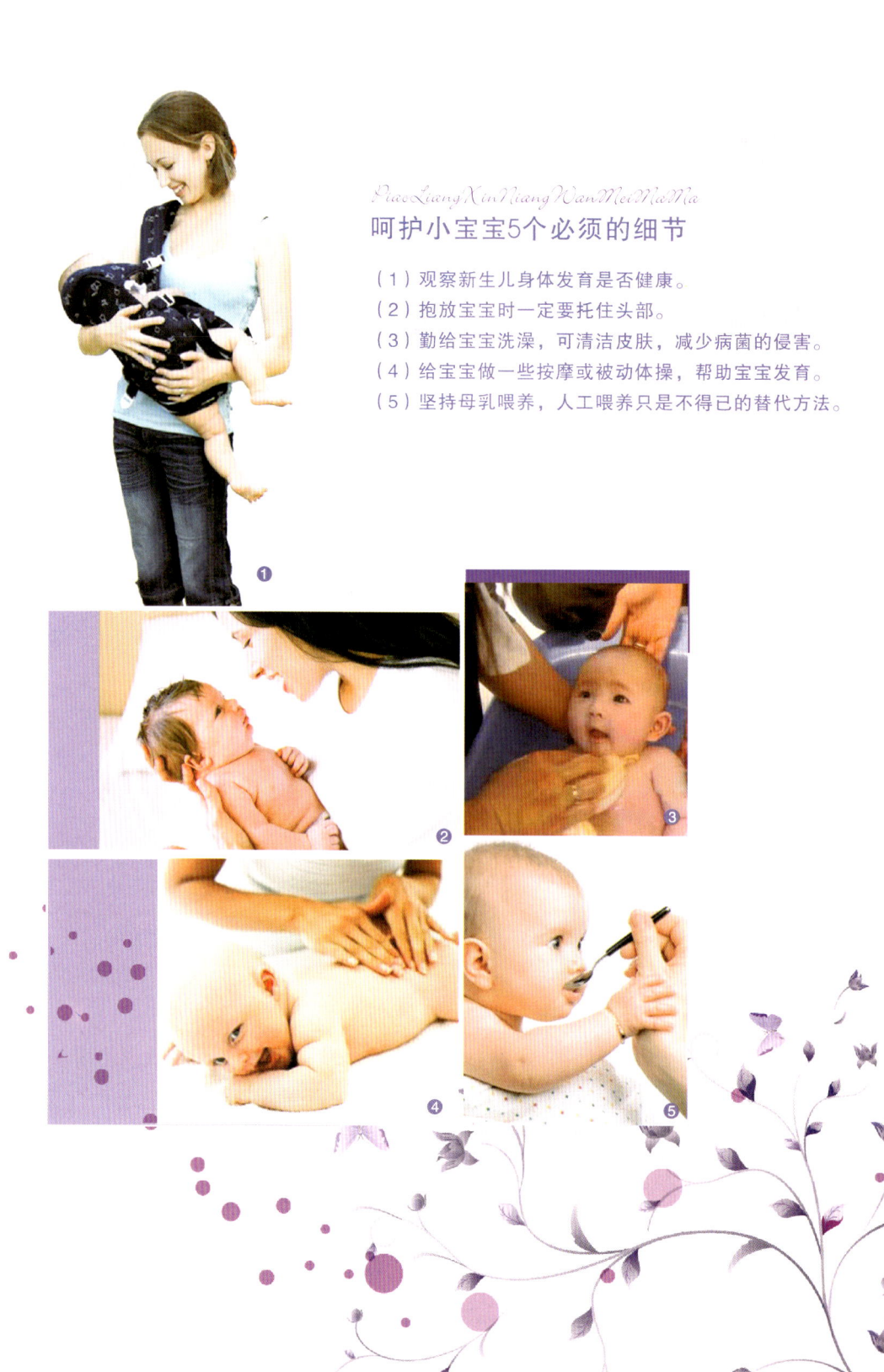

做一个最美的新娘，做一位漂亮的妈妈

这是一本专门为80后青年介绍婚育知识的大众读物。书中详尽介绍了婚礼前的各项准备工作、婚礼中的一系列礼仪礼节、婚礼后的一些后续事务,还着重介绍了婚后性生活、怀孕、分娩、育儿等相关的科学知识。本书内容全面,可操作性强,特别适合准备婚育的青年朋友使用,是一本非常具有参考价值的实用工具书。

从漂亮新娘到完美妈妈

姜淑英 李雪明 编著

天津科学技术出版社

图书在版编目(CIP)数据

从漂亮新娘到完美妈妈/姜淑英,李雪明编著. —天津:
天津科学技术出版社,2010.12
ISBN 978-7-5308-6137-0

Ⅰ.①从… Ⅱ.①姜… ②李… Ⅲ.①女性—生活—通俗读物 Ⅳ.①Z228.4
中国版本图书馆 CIP 数据核字(2010)第 225130 号

责任编辑:石　崑
责任印制:白彦生

天津科学技术出版社出版
出版人:蔡　颢
天津市西康路 35 号　邮编 300051
电话(022)23332398(事业部)　23332697(发行)
网址:www.tjkjcbs.com.cn
新华书店经销
北京中印联印务有限公司印刷

开本 710×1000　1/16　印张 19.75　字数 282 000
2011 年 1 月第 1 版第 1 次印刷
定价:32.80 元

目录

第一篇 步入婚姻的殿堂

第一章 婚礼筹备进行时

1. 为婚礼选择一个好日子 ……… 4
2. 怎样进行结婚登记 ………… 6
3. 如何布置新房 ……………… 7
4. 如何购买家电 ……………… 9
5. 如何选购家具 ……………… 10

6. 婚庆公司能够提供哪些服务 … 11
7. 如何选择婚庆公司 ………… 14
8. 如何邀请宾客 ……………… 15
9. 喜帖行文示例 ……………… 17
10. 怎样布置婚礼场地 ………… 17
11. 如何准备结婚宴席 ………… 18
12. 确定一位婚礼总管 ………… 19
13. 怎样既省钱又有面子 ……… 21

第二章 做一个最美的新娘

1. 如何挑选婚纱 ……………… 24
2. 其他服饰如何与婚纱搭配 … 27
3. 如何挑选结婚戒指 ………… 28
4. 如何选择婚礼用花 ………… 30
5. 如何装饰花车 ……………… 31
6. 如何化好新娘妆 …………… 33

7. 怎样为新郎选择礼服 …………… 36
8. 怎样让新郎英俊潇洒 …………… 38
9. 如何选择婚纱影楼 ……………… 38
10. 怎样选择摄影师、摄像师 …… 40

第三章

举办欢乐隆重的婚礼

1. 常用婚礼庆典仪式程序（一） … 42
2. 常用婚礼庆典仪式程序（二） … 43
3. 教堂婚礼仪式程序 ……………… 44
4. 如何用音乐烘托婚礼欢乐
   的气氛 …………………………… 47
5. 如何接待婚宴来宾 ……………… 48
6. 如何安排婚宴座位 ……………… 49
7. 怎样迎接新娘 …………………… 50
8. 婚礼庆典最隆重的时刻 ………… 51
9. 婚礼司仪主持辞范例 …………… 53

10. 户外婚礼主持辞范例 ………… 54
11. 新人(新娘)致辞范例 ………… 56
12. 新人(新郎)致辞范例 ………… 56
13. 新郎新娘的基本礼节 ………… 57
14. 新娘怎样留住最美的瞬间 … 60
15. 敬酒的礼仪和技巧 …………… 62
16. 常用的婚礼娱乐节目 ………… 64
17. 热热闹闹进洞房 ……………… 66
18. 如何安排蜜月旅行 …………… 67
19. 蜜月旅行注意事项 …………… 68

第二篇
制订完美的孕育计划

第一章

和谐甜蜜的性生活

1. 营造温馨浪漫的性爱气氛 …… 72
2. 爱抚,绝对不容忽视的一步 … 74
3. 初夜的成功尝试 ………………… 76

4. 新婚一定见红吗 ………………… 77
5. 怎样对待羞怯的新娘 …………… 78
6. 初次性生活常见的意外情况 … 79
7. 渐入佳境
   ——性生活的四个阶段 ……… 80
8. 常用的做爱姿势 ………………… 82
9. 性与爱的和谐共振 ……………… 84

第二章

常用的避孕方法

1. 避孕具有非常重要的现实意义 …………………… 86
2. 常用的避孕方法 …………… 87
3. 新婚避孕方法的选择 ……… 88
4. 怎样进行紧急避孕 ………… 89
5. 避孕套的使用方法 ………… 90
6. 口服避孕药物 ……………… 91

7. 宫内节育器的选用 ………… 92
8. 避孕针和皮下药物埋植 …… 94
9. 外用避孕药 ………………… 95
10. 安全期避孕法 ……………… 96
11. 人工手术流产 ……………… 98
12. 药物流产 …………………… 99

第三章

为怀孕做准备

1. 孕前保持乐观健康的心理 … 101

2. 剔除不必要的担心 ………… 101
3. 需要改变的避孕措施 ……… 102
4. 孕前也需要加强营养 ……… 103
5. 男女最佳的生育年龄是多少 … 104
6. 受孕的最佳月份是4~7月 … 105
7. 依据人体生物节律进行受孕 … 106
8. 怀孕前应改变的生活方式 … 107
9. 调养身体为优生做准备 …… 108
10. 为什么生育时间不宜过晚 … 110
11. 怎样做到有计划地怀孕 …… 111
12. 如何控制怀孕时间 ………… 111
13. 如何确定排卵日期 ………… 112
14. 人工流产或早产的女性怎样怀孕 ……………… 113
15. 哪些情况下不宜受孕 ……… 113
16. 为什么孕前要忌烟 ………… 114
17. 为什么怀孕前要戒酒 ……… 115

第三篇 漂亮孕妈咪保健与护理

第一章 孕期基础知识

1. 怀孕后身体发出的生理信号 … 118
2. 多长时间可测出怀孕 ……… 118
3. 早孕试纸很准吗 …………… 119
4. 为什么要定期到医院做检查 … 119
5. 如何计算孕周及预产期 …… 120
6. 孕早期咨询、检查内容 …… 120
7. 怀孕反应较重怎么办 ……… 121
8. 不知道怀孕吃了药怎么办 … 122
9. 不知道怀孕发生了同房
   有关系吗 ………………… 122

10. 孕妈咪体重增加多少合适 … 123
11. 胎儿生长发育的里程 ……… 123
12. 不同孕期B超检查的重点 … 126
13. 如何数胎动 ………………… 127
14. 什么是胎教 ………………… 127
15. 如何进行胎教 ……………… 128
16. 为什么孕晚期检查
    次数增多 ………………… 129

第二章 孕妈咪怎样吃最健康

1. 孕妈咪为什么要增加营养 … 130
2. 孕妈咪怎样吃才合理 ……… 130
3. 适合孕妈咪的营养食物
   有哪些 …………………… 131
4. 维生素的保健作用和来源 … 132
5. 孕早期有何营养特点 ……… 133
6. 孕中期如何选择食物 ……… 134
7. 孕晚期如何选择食物 ……… 135
8. 孕晚期的营养原则有哪些 … 136
9. 孕妈咪喝牛奶好处多 ……… 137
10. 为什么孕妈咪要多吃鱼 …… 137
11. 孕妈咪吃酸有何讲究 ……… 138
12. 早孕反应严重时如何
    安排饮食 ………………… 139
13. 妊娠期间便秘如何
    饮食调养 ………………… 140
14. 孕早期经典食谱举例 ……… 141

15. 孕中期经典食谱举例 ……… 147
16. 孕晚期营养食谱举例 ……… 152

第三章

孕妈咪的生活起居

1. 孕期需要准备哪些生活用品 … 157
2. 孕妈咪为什么不宜睡
   席梦思床 …………………… 158
3. 孕妈咪躺卧以什么姿势为宜 … 159
4. 为什么怀孕初期要少看电视 … 160
5. 孕妈咪能不能与宠物相处 … 160
6. 孕妈咪做家务需要注意什么 … 161
7. 孕妈咪洗澡要注意什么 …… 162
8. 孕早期洗澡为何水不宜过热 … 163
9. 孕妈咪为什么不宜打麻将 … 163
10. 孕妈咪外出活动要注意什么 … 164
11. 孕妈咪乘车或开车要
    注意什么 …………………… 167
12. 孕妈咪乘飞机有何禁忌 … 167
13. 孕早期性生活有何禁忌 … 168

14. 孕中期如何安排好性生活 … 169
15. 孕晚期如何安排好性生活 … 169

第四章

做个漂亮的孕妈咪

1. 孕妈咪着装有什么要求 …… 171
2. 如何选择合适的孕妈咪服装 … 172
3. 孕妈咪如何戴乳罩 ………… 173
4. 孕妈咪的裤子有什么特点 … 174
5. 为什么孕妈咪不能穿高跟鞋 … 175
6. 冬季围巾的妙用 …………… 176
7. 孕妈咪怎样为自己增添美 … 176
8. 孕妈咪如何保养皮肤 ……… 178
9. 孕妈咪如何美发 …………… 178
10. 孕妈咪面部出现色斑
    怎么办 ……………………… 179

11. 漂亮孕妈咪的美容技巧
    有哪些 ……………………… 180
12. 孕期化妆有何要诀 ……… 181

13. 不同孕期有哪些不同的
    化妆技巧 …………………… 181
14. 孕妈咪怎样做美容按摩 …… 182
15. 孕妈咪如何做到清洁整齐 … 182

第五章
孕妈咪疾病防治

1. 孕妈咪怎样防治感冒 ……… 184
2. 孕妈咪容易出现哪些炎症 … 185
3. 怎样鉴别孕期的腹痛 ……… 185
4. 什么是弓形体病 …………… 187
5. 什么是宫外孕 ……………… 188
6. 什么是葡萄胎 ……………… 188
7. 羊水过少怎么办 …………… 190

8. 羊水过多怎么办 …………… 190
9. 患妊娠高血压综合征怎么办 … 191
10. 妊娠期患心脏病怎么办 …… 191
11. 如何发现孕期糖尿病 ……… 192
12. 孕期糖尿病如何治疗 ……… 193
13. 孕期患病毒性肝炎怎么办 … 194
14. 妊娠期贫血怎么办 ………… 194

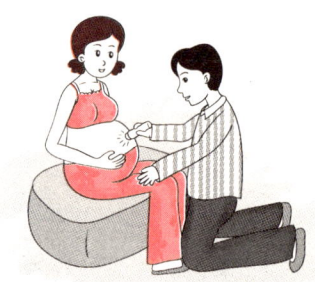

第四篇
顺利生下小宝宝

第一章
选择恰当的分娩方式

1. 什么是自然分娩 …………… 198
2. 什么是无痛分娩 …………… 198
3. 无痛分娩的镇痛方法有哪些 … 199
4. 人工辅助分娩有哪些 ……… 200
5. 什么是坐式分娩和水中分娩 … 202
6. 什么是陪伴分娩 …………… 203

7. 什么是导乐分娩 …………… 203
8. 什么是剖宫产 ……………… 204
9. 都市白领不要青睐剖宫产 … 206
10. 剖宫产需要注意事项 ……… 208

第二章
学习掌握分娩技巧

1. 临近预产期应做好哪些准备 … 209
2. 为什么适当运动有利于分娩 … 210

3. 产前饮食有什么要求 ……… 212
4. 分娩时的简单呼吸技巧 …… 212
5. 如何减轻分娩时的疼痛 …… 213
6. 临产前的注意事项 ………… 214
7. 孕妈咪应怎样选择分娩医院 … 214
8. 出现哪些情况要马上去医院 … 215

第三章
分娩时刻——痛并快乐着

1. 哪些症状表示快要分娩了 … 217
2. 临产的标志是什么 ………… 218
3. 真假临产的鉴别（表）……… 218
4. 整个生产过程是怎样的 …… 219
5. 分娩时怎样与医生配合 …… 221
6. 孕妈咪怎样过好分娩这一天 … 222
7. 医护人员会为宝宝做哪些
   工作 ……………………… 223

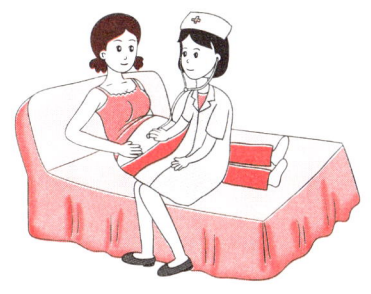

第五篇
产后保健与体形恢复

第一章
新妈咪产后护理

1. 产后哪些情况属正常现象 … 226
2. 产后6~8小时可以坐起来 … 227
3. 产后前五天如何护理 ……… 227
4. 产后恶露宜知 ……………… 228
5. 什么时候出院 ……………… 229
6. 产妈咪穿什么样的衣服最好 … 230
7. 产妈咪居室能通风吗 ……… 230
8. 产后何时可以下床活动 …… 231

9. 夏季如何坐月子 …………… 232
10. 产后为什么多汗 ………… 233
11. 产后多长时间可以过
    性生活 …………………… 233
12. 产后怎样避孕 …………… 234

第二章
新妈咪产后饮食营养

1. 产后饮食调养的基本原则 … 235
2. 产妈咪需要补充哪些
   营养素 …………………… 236

3. 产后头几天的饮食怎样安排 … 237
4. 产妈咪饮食有哪些禁忌 …… 237
5. 产妈咪为什么吃红糖好 …… 238
6. 产后为什么不宜吃过多
   的鸡蛋 …………………… 239
7. 产后应少吃过咸、过酸
   的食物 …………………… 240
8. 剖宫产后如何调理饮食 …… 240

12. 用美丽的口红画出美丽的唇 … 252
13. 如何恢复秀美的双腿 ……… 254

第四章

新妈咪产后疾病防治

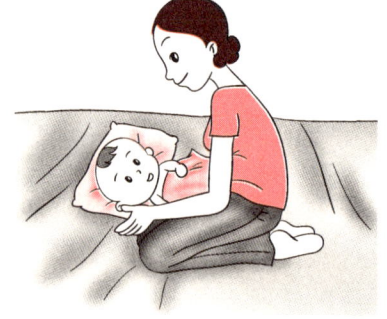

第三章

产后如何恢复美丽

1. 产后怎样恢复体形 ………… 241
2. 产后脱发怎么办 …………… 242
3. 产后如何让头发乌黑飘逸 … 243
4. 产后如何去掉脸上的黄褐斑 … 244
5. 如何自制美容面膜 ………… 245
6. 产后如何减少妊娠纹 ……… 246
7. 剖宫产疤痕怎样护理 ……… 247
8. 产后矫正乳房下垂的方法 … 248
9. 如何根据脸型描画眉型 …… 249
10. 如何描画眼线 …………… 250
11. 如何保养指甲 …………… 252

1. 如何防治尿潴留 …………… 255
2. 会阴伤口出现异常怎么办 … 256
3. 产后会阴胀痛的处理方法 … 256
4. 什么是子宫复旧不全 ……… 257
5. 子宫复旧不全的应对措施 … 258
6. 产褥感染的原因有哪些 …… 258
7. 产褥感染的症状 …………… 259
8. 急性乳腺炎的起因 ………… 260
9. 乳腺炎的预防 ……………… 261
10. 什么是产后抑郁 ………… 262
11. 怎样才能预防产后抑郁 … 263
12. 预防产后出血有哪些措施 … 263
13. 产后怎样预防腰腿疼 …… 264
14. 哺乳期母亲禁用的药物
    有哪些 …………………… 264

第六篇 新生儿科学喂养与护理

第一章 新生儿发育特征

1. 新生儿分类的标准 …………… 268
2. 正常新生儿的特征 …………… 269
3. 健康新生儿的发育标准是什么 …………… 269
4. 新生儿睡眠有什么特点 …… 270
5. 新生儿体温有什么特点 …… 271
6. 新生儿排泄有什么特点 …… 272
7. 新生儿生长发育规律 ……… 272
8. 新生儿特有的生理现象 …… 273

第二章 新生儿喂养指导

1. 母乳喂养好 …………… 275
2. 初乳十分珍贵 …………… 276
3. 早接触、早吸吮、早开奶 …… 277
4. 哺乳应注意哪些问题 ……… 277
5. 哺乳喂养的正确姿势有哪些 … 278
6. 母乳喂养常见的错误有哪些 … 279
7. 奶水少怎么办 …………… 280
8. 什么是混合喂养 …………… 281
9. 怎样用奶粉喂养 …………… 281
10. 夜间喂奶须注意什么 ……… 282
11. 新生儿吃饱了有何表现 …… 282
12. 新生儿吃奶时睡着了怎么办 …………… 283

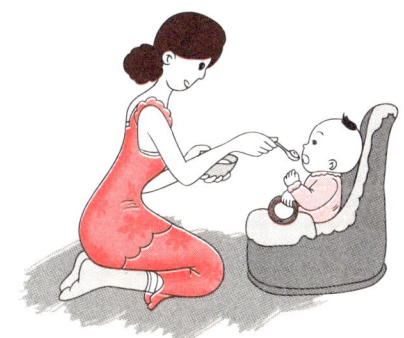

第三章 新生儿护理

1. 护理新生儿应该注意什么 … 284
2. 母婴同室有哪些好处 ……… 285
3. 怎样护理新生儿脐带 ……… 286
4. 怎样正确使用尿布 ………… 286
5. 纸尿裤有什么优点 ………… 287
6. 如何给新生儿更换尿布 …… 288
7. 如何清洗新生儿的尿布 …… 289
8. 如何给新生儿洗澡 ………… 290

9. 如何给新生儿穿衣服 ……… 291
10. 新生儿白天睡觉，夜里哭闹怎么办 ………………… 292
11. 夏季如何护理新生儿…… 292
12. 冬季如何护理新生儿…… 293
13. 如何除掉新生儿头上的"胎垢"…………………… 294

第四章

新生儿疾病防治

1. 新生儿必须接种卡介苗 …… 295
2. 新生儿必须接种乙肝疫苗 … 296
3. 怎样预防新生儿"四六风" … 296
4. 怎样给新生儿测量体温 …… 297
5. 怎样给新生儿喂药 ………… 298
6. 新生儿不宜使用哪些药物 … 298
7. 怎样预防新生儿肺炎 ……… 299
8. 如何防治新生儿便秘 ……… 300
9. 早期发现新生儿耳聋 ……… 300

当爱情绽放出绚丽的花朵时,那芬芳四溢的花香令人陶醉,那花前月下的耳鬓厮磨令人流连。朦胧之中,爱之果已悄然挂上枝头。他虽不是世界上最优秀、最聪明、最潇洒的,但在你的眼中,他最可爱、最值得信赖。他的肩膀是你最安全的依靠,他的怀抱是你最宁静的港湾。为了那份彼此值得珍惜的爱,你们相拥着一起走进婚姻的殿堂。

从漂亮新娘
CONG PIAO LIANG XIN NIANG

步入婚姻的殿堂

第一章　婚礼筹备进行时

第二章　做一个最美的新娘

第三章　举办欢乐隆重的婚礼

第一章

婚礼筹备进行时

结婚,是人生中的一件大喜事,但也是一件"难事"、"麻烦事"!

从装饰新房、购买各种结婚用品、拍婚纱照,到结婚仪式的策划、婚宴的安排,事无巨细,均需周密考虑,件件落实。稍有不慎,便会搞得你手忙脚乱,甚至当众出洋相,真是既费心、又费时。说婚礼筹备是一项复杂的系统工程,丝毫不夸张。

❶ 为婚礼选择一个好日子

"男大当婚,女大当嫁"。结婚是人生的一件大事,男女双方从相识到相知、相恋,经历了一段浪漫历程后,选一个好日子举行婚礼,便提上了日程。

很多人并不迷信,但说到婚姻大事,都禁不住要花些心思择个吉日,以求未来生活有个美好开始。

比如,有的人会选择第一次相遇的纪念日举行婚礼,这会有一种很浪漫的感觉。人们也会选择在结婚登记的日子(也就是在法律上成为夫妻的那个日子)或者在当事人祖父母的结婚纪念日举行婚礼,不但具有纪念意义,而且还象征着爱的代代延续。

在选择婚日时最好咨询一下最亲近的人,确保他们当天能去参加你的婚礼。但是要记住,你只要问父母、兄弟姐妹、伴郎、伴娘等重要的宾客就可以了,而不要迎合太多的人,否则你可能难以确定下来。一旦定下了婚礼的吉日就不要轻易更改了。

由于各地的风俗传统各有差异,目前全国各地在择日上没有统一的标准。建议新人在择日上多征求长辈的意见,列出一个他们推荐的吉日清单,或是从黄历上找出适宜婚嫁的日期,然后再根据自身的情况做出选择。

考虑双方工作、学习的实际情况。如果一方正在读书,应避开紧张的复习考试阶段；如果一方正忙于重大项目，对方就要耐心地等到捷报传来再择吉日。

考虑双方的身体状况。如果一方身体不适或者生病，一定要及时休养，等康复后再商量。婚礼还应该避开女方的经期，女孩子可别不好意思说哦。

考虑双方家长的时间安排，最好是选择双方长辈都能出席的日期。

当然，你也可以选择对双方具有纪念意义的日子，如相识纪念日、生日、求婚纪念日等，让婚礼变得更有意义。

新人还可以根据季节来进行选择。天气不但会影响婚礼的风格，还可能会给新人和宾客们一种完全不同的心境。在大雪纷飞的天气举行婚礼和在38℃高温的烈日下举行婚礼当然会给人两种截然不同的感觉，人们的表现也会大相径庭，所以新人在选择日子之前最好先确定一下所希望的婚礼情调是什么样的，然后再来挑选合适的季节。如果你希望你的婚礼自由热情奔放，尽情载歌载舞，那么你最好选择在凉爽的夏日举行婚礼；如果你喜欢浪漫的雪天，或者热闹的假日，你应该在冬季举行婚礼；色彩绚烂，具有怀旧情调的婚礼就像一杯香甜的葡萄酒耐人回味，当然应该选择在秋季；清新、柔和，像水仙花一样的婚礼则应该选择在万物复苏的春天举行。如果是在自己的家中举行婚礼，那就要考虑到食物的存放问题，温度太高，会给食物的储存带来一些麻烦。另外我们还得考虑一下自己的婚礼预算。一般来说，5月、6月、8月、9月、10月是举行婚礼的高峰期，所以这些时期举行婚礼，婚宴价格会比较高。另外选择日期也不一样，周末可能会比周一到周五贵一些。如果你希望更多的亲朋好友能够参加你的婚礼，你可以选择较长的节假日，这样即使是外地的朋友也有时间赶过来参加你的婚礼了。

> **>> 网站轻松链接**
>
> 我们在选择大吉年份时首先要考虑的便是一年当中的双春和闰月。"双春"顾名思义，就是一年当中年头和年尾各有一个立春节气，自古以来"春"都有一年之始和开枝散叶的象征意义，所以特别适宜嫁娶；"闰月"指的是一年有十三个月份，"闰"有滋润、丰收之意，所以象征着夫妻爱情滋润，恩爱有加；双春兼闰月那就更不用提结婚有多适合了，其意义更是好上加好。

❷ 怎样进行结婚登记

订下举行婚礼的时间就要去领红本本了，从此你们的爱情就有了法律的保护了，同时也意味着你们两个人就要成为一家人了。

（1）男女结婚的条件

男方年满22周岁，女方年满20周岁；双方均具备完全民事行为能力（无智力障碍和精神障碍等）；没有直系血亲和三代以内旁系血亲关系；均不患有医学上认为不应当结婚的疾病；自愿并共同亲自到婚姻登记机关提出申请的男女即满足了结婚条件。

（2）办理结婚登记的地方

双方均是内地居民的，男女双方到一方当事人常住户口所在地的婚姻登记机关办理结婚登记。

中国公民同外国公民在中国内地结婚的，双方到内地居民户口所在地的婚姻登记机关办理结婚登记。

内地居民同港澳台居民、华侨在中国内地结婚的，男女双方应当共同到内地居民常住户口所在地的婚姻登记机关办理结婚登记。

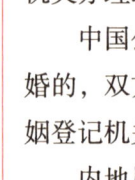

（3）需要带的资料

登记结婚，一定要带以下资料：

户口簿：户口簿上必须有户籍专用章，婚姻状况一栏应与本人实际婚姻状况（未婚、离婚、丧偶）一致。

身份证：注意身份证应在有效期内。身份证与户口簿上的姓名、性别、出生日期、身份证号码应一致。

照片：双方大二寸近期半身免冠同一底版合影证件照3张。注意，不得使用婚纱照、艺术照。

❸ 如何布置新房

新房是新婚夫妇日后学习、生活和休息的重要场所。因此，新房布置是新婚夫妇及双方亲友来宾都十分关注的焦点。一个布局合理、装饰得体、美观舒适的新房，常常给亲朋好友留下美好难忘的印象，也会在新婚夫妇的记忆中打下深深的烙印。那么，如何把新房布置得恰到好处呢？

新房布置前，新婚夫妇应根据自己的实际情况，如房间面积、个性修养、兴趣爱好、生活方式、经济状况等把新房的基调与整体风格设计好，使新房构成一幅匀称、美观、色调舒适的画卷，同时与家具、灯具、窗帷、各种织物与小饰物彼此呼应，互相协调。这不仅能渲染出新房的喜庆气氛与热闹情调，还能显示新婚夫妇的个性爱好，满足两人婚后生活起居的需求。

新房的装修是婚前准备的重要组成部分，也是新房布置美化的基础。新房装修应力求简洁大方，防止花哨。在材料的选用上要立足于现有的经济条件，好的装修在于巧妙的设计，普通的材料也可装饰出高雅的效果。一般来说，房间朝南，可以用中性颜色，
如灰色；房间朝北用一点暖色，如米黄、驼色；房间是东西向的，就要用冷色，如豆绿、鸭蛋青。房间的颜色确定后，再来选择家具。家具的选择应根据房间的主色调来考虑。一般来说，暖色调的房间，家具应选用浅橙色、浅褐色或较深的米色等纯度较高的颜色；冷色调的房间，宜选用浅绿、浅蓝颜色的家具。房间内其他用品的选购，如床单、床罩、沙发套、地毯、窗帘、台布等也应同新房的整体色调相协调。

既是新房，就要有新房的气氛。装扮新房的手段很多，但总的来说离不开色彩、灯光和布置手法的运用。新房的色彩可以偏暖一些，在摆设上多放一些红、黄、翠绿等色彩鲜艳的物品，能增加和渲染喜庆欢乐的气氛。家中如有大一点的玻璃镜，可以在镜子周围挂一串节日的彩灯，晚上五彩缤纷、光彩夺目。客厅、卧室的冰箱、衣柜、书桌、圆桌上放上一束体态轻盈、形态奇特、色彩明快、构图颇具特色的鲜插花，会给新房增添许多美感和生机。新房的墙面装饰能烘托新房的整体美，不可忽视。墙面的装饰应以主墙为中心。所谓主墙，就是室内最整齐而突出的墙面，一般把照片和书画作为主墙的重点装饰，次墙可适当布置其他装饰品。如果主墙是大幅山水画，次墙不能再挂山水画，可以挂人物画或选择其他装饰。但要注意，书画品种要穿插装饰，不可雷同，也不可单一，需大小得体、高低适宜，这样就显得气氛和谐、层次清楚。

结婚是人生一件大事，新婚夫妇都希望自己能生活在热烈、明快、新鲜、喜庆的环境中，尽情享受爱的幸福和欢乐。所以布置新房时，还要考虑到加强新婚气氛这一点。为了集中突出新房的喜庆气氛，购置中性色或浅色家具，可增加室内的明亮和温暖感，剪一个大红"喜"字贴在窗户或墙上，表示喜庆，象征幸福美满。在房内拉起五颜六色的纸制花环，有条件的挂上五彩缤纷、时隐时现的彩灯，可使室内的气氛变得热烈、欢快。在吊灯上罩上一个彩罩或可以转动的斑驳球，别出心裁，效果会更佳。在淡雅的背景下，摆放些色彩艳丽、生动活泼的小动物、人物饰品等，亦可渲染新婚喜庆的气氛。

总之，一间经过精心布置的新房应该朴素、大方、舒适，实用而不浮华、精致而不庞杂、高雅而不庸俗，给人一种愉快的感觉。

>> 网站轻松链接

选择工艺品点缀房间，要根据居室的条件。中式房间，宜选用传统的工艺品，如摆放几件造型古朴、色彩浓重的青瓷、彩陶，也可在桌台上放几件文房四宝，几架上摆放一盆文竹、水仙或兰花等，可使房间更显得古香古色，给人以幽静雅致之感。单元式楼房，可选配些活泼清新、形态抽象、比较现代的工艺品，如雕塑、刻花玻璃器皿、壁毯、装饰画等。房间若摆的是组合式家具，最好选择一些抽象图案的挂毯，比如米罗的作品，妆点室内；在线性家具中，则宜选择带有欧化色彩的工艺品加以点缀。

④ 如何购买家电

有些新婚夫妇在购买家电时易走入误区，那就是一味地追求进口家电。由于盲目崇洋，结果很可能"花钱买罪受"。其实，"土""洋"稍加比较，消费者是不难做出抉择的。

在购买家电时，需注意：

（1）**弄清商品是否实行"三包"**。消费者在选购家电产品时，就要注意弄清是否实行"三包"，不买不实行"三包"的产品。这样做，一方面是保证自己的合法权益不受损害，另一方面也是对企业不法行为的一种抵制。

（2）**注意商品有无生产厂名、厂址、产品合格证等**。对没有这些必要信息的产品，应拒绝购买。

（3）**注意是否可当场验机**。有些商店在出售家用电器时不允许挑选，更不予通电试机，这样的做法损害了消费者利益，侵犯了消费者选择商品的权利，也违反了国家的有关规定。由国家经委等八个部委联合颁发的《部分国产家用电器"三包"规定》要求："经销企业出售商品时应开箱通电验机，为顾客当面调试"，据此，消费者在选购家用电器时，一定要注意商店是否实行"试用"几天的制度，这就更有利于消费者选购，应得到提倡。

（4）**注意发票上所写的商品名、牌号、价格、货号与商店出售时介绍的情况是否一致**。之所以提出这一点，是因为个别商店在推销冒牌商品时，发票上不敢写明所冒商品的牌号。消费者如能注意检查对照，就可及时发现问题，避免上当。此外，还应问清保修地点，索取保修凭证，以备今后维修时用。

（5）**几种常见的家电质量认证标志**。①CCIB标志。中国进出口商品检验局检验标志。进口家电产品必须有此标志才能在中国市场上销售，说明该产品是经正规途径进口的商品，质量可靠。②长城标志。中国电工产品认证委员会（CCEE）质量认证标志。已经实施强制认证的产品有：电视机、收录机、空调机、电冰箱、电风扇、电动工具、低压电器。③UL标志。美国保险商实验所认证标志。④CECC标志。欧洲电工认证标志。⑤BEB标志。英国保险商实验室的检验合格标志。这个标志在世界许多国家都具有权威性。⑥AS标志。澳大利亚标准协会（SAA）使用于电器和非电器产品的优质标志。英联邦商务条例对其保障，国际通用。⑦JIB 标志。日本标准化组织（JIB）对其检验合格的电器产品、纺织产品颁发的标志。

❺ 如何选购家具

家具的种类很多，按材质来划分，凡木质的通称木家具，主体是金属的通称金属家具（包括铝合金家具等），凡塑料制成的通称为塑料家具，竹或藤制成的通称竹藤家具；若按用途划分，一般分民用家具，宾馆、饭店家具，办公家具等。若按用料细分，目前市场家具的种类主要包括：实木（全木）家具、人造板家具（也称板式家具）、弯曲木家具、软体家具、金属家具、聚氨酯发泡家具、玻璃钢家具等。

选购家具时，注重家具的实用性，切不要华而不实、只重式样、不看使用效果，要充分考虑自己的实际生活需要。

需要考虑以下因素：

（1）选择消费者满意或售后服务信得过的家具市场。

（2）货比三家，对同一款式、同一品牌的商品，要从质量、价格、服务等方面综合考虑。

（3）向商家索要产品环保材料检测报告。

（4）与室内背景相协调。购买家具时要考虑家具的色彩与居室背景相协调，可将室内背景的颜色与灯光作为主要的搭配方向。如居室的背景色调较浓重，那么，一般不宜选择色调深沉的家具，因为色调深沉的家具在背景色调浓重的空间里会显得更重，且会吸收光线，形成沉重昏暗的室内气氛。另外，家具的色彩如果过于强烈，则容易产生疲累的视觉效果。

（5）与地面材料相协调。如果居室是木地板则比较容易选配家具。如果是瓷砖、水磨石或大理石地面，则不宜选择钢木家具，那样会增加室内冰冷的气氛，建议选用木质家具来调和，并在室内局部加铺地毯，以缓和冷而硬的感觉。

（6）用薄木和其他材料覆面时，要求严密、平整，不允许有透胶、脱胶。

（7）家具表面漆膜应平整光亮，单位或成套产品色泽应相似，产品表面漆膜不允许有皱皮、发黏和漏漆，产品内部及其他不涂饰部位应保持清洁。

（8）刺激气味强烈的家具不要买。买时可拉开抽屉、打开柜门，如果刺激得让人流泪，就表明甲醛含量严重超标。

（9）注意检查板材表面有没有虫蛀，柜门、拉手等是否牢固，抽屉滑轨是否合格。

（10）新买的家具不要急于放进居室，有条件的最好放在空房间里，让家具里的有害气体尽快释放，过一段时间再用。

（11）新婚青年购买家具不但要式样新颖，还要考虑到将来小宝宝出生后的生活。比如，装在矮柜上的玻璃门很可能成为小孩的攻击目标，因此最好选择木门。

（12）所购家具的发票、合同上必须注明其材质、规格、数量、价格、金额。

（13）向商家或主办单位索要产品保修卡。

（14）了解主办单位及厂家的名称、地址、联系人、电话，以便发生质量问题能及时联系解决。

⑥ 婚庆公司能够提供哪些服务

无论什么形式的婚礼，都需要耗费大量的时间和精力，再加上没有经验，新人常常被筹备婚礼时的一些琐事搞得身心疲惫。但近几年，专门操办婚礼的婚庆公司解决了新人们的这一问题。婚庆公司可以提供非常全面的服务，包括婚礼策划、婚礼习俗指导、婚礼主持、场地布置、婚礼全程摄像、MTV制作、花车装饰及车队等。

婚礼策划

好的策划是婚礼得以顺利进行的保证。对于婚礼程序，事先准备工作、车队次序、路线、时间安排、酒店布置、宴席座次及各项工作分工等，婚庆公司会根据不同的环境、氛围、新人的不同要求，设计和策划出不同样式、不同风格的婚礼仪式，营造一场或庄重高雅、或温馨活泼、或幽默欢快、或浪漫难忘的个性化婚礼。

整个婚礼策划中，需要新人与策划师进行良好的沟通，你们可以详细地告诉婚庆公司你们的婚礼预算、想要的婚礼方式、一些婚礼的细节等。信誉好的婚庆公司的婚礼策划师会事先与新人沟通，为其量身定做婚礼。

婚礼习俗指导

无论是中式婚礼还是西式婚礼，都有一些特定的婚礼习俗，婚庆公司会详细告诉新人举行仪式时需要注意的事情，并指导新人进行相关的预演。

婚礼主持

婚礼庆典是整个婚礼的高潮，婚礼司仪是婚礼仪式的重心。好的婚礼主持需要具备三个素质：第一，要熟悉整个婚礼的流程及婚礼习俗，这样不会在婚礼上闹出笑话或不小心说出忌讳的话；第二，灵活幽默，善于应变，这样可以控制整个婚礼的气氛；第三，与新人有良好的沟通，在婚礼上有别出心裁的语言设计。

场地布置

针对不同的婚礼形式，婚庆公司会推出不同的场地布置策划。通常包括：餐桌布置、蛋糕、蜡烛及香槟台的摆放、投影、红地毯、仪式台等。另外，现场的鲜花布置也是非常重要的，一般包括：入口花饰、餐桌的花饰、新娘和新郎座位的花饰、蛋糕和蛋糕桌的花饰以及蜡烛和支架上的花饰等。通过新人与花艺师的沟通，并根据婚礼季节和婚礼风格，就可以选择合适的花卉布置出一个美丽的婚礼现场。

婚纱礼服的租售或定制

由于是一次性消费，许多新人会以租赁方式选择婚纱礼服，租赁价格从百元到千元不等。在租赁时，婚庆公司会有许多附加细则，如：不能弄脏、弄皱、沾油，要准时归还等。新人在租赁时一定要小心，否则可能会全额赔偿，且价格甚至会比原价高出很多。

新人化妆

婚礼当天新娘的化妆是由婚庆公司负责的。那里的化妆师基本是兼职的，

也就是说新人在不同的婚庆公司订的新娘化妆有可能是同一个人，但价格却有所区别。无论是日本、新加坡或是其他国家的化妆师，适合自己的才是最好的。

全程摄像

因为每个拍摄人员的手法不同，新人与婚庆公司的拍摄人员事先要有很好的沟通，避免一些珍贵镜头被遗漏。在拍摄时随时与拍摄人员交流，提醒哪些重要的客人需多拍等细节。

另外，拍摄质量的好坏很大程度上也取决于使用的器材。建议所有器材均由婚庆公司提供，万一拍摄效果有问题，可以直接追究婚庆公司的责任。

婚礼 HTV 和数码相册的制作

电子相册是利用动画、特技、非线性等技术手段，将照片创造性地融入配以音乐的动态画面中，制作在光盘或者录像带上，用于欣赏、珍藏的新型照片载体。电子相册另外一个特点是可长久保存，不会因时光的流逝而发黄、变色、变脆。

一盘录像带至多可以保存 5 年，而一张光盘却可以保存 80 年，配上优美的音乐，加上风趣的风格设计，让平叙的录像变成浪漫的故事片，让静态的照片变成动态的影像。

花车装饰及鲜花的设计与提供

在中国传统文化与礼仪中，花车就像古代的轿子，无轿不成亲。所以，花车的装饰非常重要。根据不同的花材选择及装饰效果，花车装饰通常可分为经典型、豪华型、经济型、标准型。新人可以按照婚庆公司提供的车型选择价位合适的花车装饰，并注意婚庆公司选择的花材品质。

>> 网站轻松链接

不同的婚庆公司会提供不同的车型租赁，比较正规的婚庆公司会和车队或公司签订长期合作合同，由他们提供婚车。也有一部分婚庆公司的车源比较复杂，这样就会导致他们的车源不稳定，婚礼当天可能出现无法供应或临时更换婚车的现象，新人们应提前在合同中注明违约责任，以防影响婚礼的正常进行。

7 如何选择婚庆公司

一个婚礼要尽善尽美,选择一个适合自己的婚庆公司是非常关键的一环。但要如何从那么多家的婚庆公司中做出选择呢?下面就是选择婚庆公司过程中的一些注意事项。

要有一定的品牌意识

选择婚庆公司应该有品牌意识,一些规模较大、口碑不错的婚庆公司已经建立了自己的服务体系,各项管理都很正规,也有信誉。相关技术人员如摄影师应有劳动局颁发的资格证书,这些是好的婚庆公司的必要条件。而一些小公司虽然收费可能便宜一些,但服务也会跟着"打折"。

不要盲目相信广告

现在市场上的婚庆公司良莠不齐。有一些是正规的,服务项目齐全且明码标价;也有一些是"皮包公司",只在婚礼的旺季打出广告捞上几票。所以在挑选婚庆公司的时候切不可只看广告或听信他自吹自擂。建议在选择婚庆公司的时候要查看他是否有营业执照,是否有正规的协议书,是否有从前策划主持婚礼的资料。另外,接待人员的素质也能间接反映出婚庆公司服务的优劣。

多向了解婚庆服务的人学习

在选择婚庆服务时,一定要多问亲友,由他们推荐信得过的婚庆公司。一般来讲,这些公司都有较高的信誉度,口碑颇佳,经营时间较长,各种手续合同完善,收费也合理。

亲自到婚庆公司咨询

新人一定不要盲目地依赖电话咨询,婚庆服务是一种特殊的商品,电话询价不能充分了解婚庆公司的实际情况。由于各婚庆公司的实力可能悬殊较大,新人们很容易被电话咨询带入误区。想要了解这家婚庆公司的情况,还是要亲自去公司咨询。

了解婚庆经营者的经济实力和经营者素质

店面简陋甚至没有固定店面的婚庆公司是没有经济保障的,假如真的违约或把婚礼做得不成功,不具赔偿能力。没有经济实力作基础,也就谈不到广告上讲的各种承诺。有些小作坊式的公司,甚至在家办公,各种手续不完善，婚庆的任何服务都难以保障。

>> 专家温馨提示

婚庆服务是一种特殊的商品，客户的利益，在服务当时体现不出来。一些知名的婚庆公司，规模较大、各种手续完备、具有较高的策划水平、有经验丰富的专业人员，这些公司的收费标准是以当前各行业市场价格作参照的，收费合理，严格履行合同。但一些不正规的小作坊式的公司，无照经营或超照经营、各种手续不完善、没有雄厚的经济实力作依托、婚庆服务质量很难保证。如果一味追求低价，难免上当。

要有尽量完善的合同

确定婚庆公司之后，切不可忘记签订书面的合同，这是对新人合法权益的保障。合同中应规定婚庆公司提供的服务项目，新人需交纳金额，何时付款，每次付款比例，以及如果违约公司会有哪些责任等。好的婚庆公司合同都很正规，如果是刚起家的小公司，新人就要仔细一些，可以提出在合同上补充一些必要的内容。总之，合同列得越详细对新人越有保障。

余款最后再付

有些婚庆公司会要求新人在婚礼前就把所有款项结清，这时新人们应予以拒绝。比较有保障的付款方式是：下单当天先付20%~30%的定金，各项服务开始后（比如已经与主持人见过面也和化妆师交流过了），再付余款的50%，剩下的钱要等到婚礼当天新人对婚庆公司的各项服务都满意了再付。

另外，还有一些小细节需要注意。比如，还价要适度，一般来说，婚庆公司可以按定价的8~9折提供服务，选车一定要见到真车实物，辨别其颜色、款式和车牌号，合同上双方除了在服务内容、项目、价格、标准、时间、损耗上有约束外，更要在违约责任方面有详细记录，防备商家的各种模糊概念及投机取巧等行为。

8 如何邀请宾客

（1）确定邀请名单

男女双方共同协商，初步拟定名单，注意平衡双方宾客人数。如果一方

家在异地，亲朋好友来得少，或是一方是地方上的望族，邀请的人比较多，这时候双方应事先协商，互相体谅；确保同一脉络的亲友都受到邀请，否则没受到邀请的亲友可能会因受冷落而感到不快；即使明知某些亲友不能参加婚礼，也要向他们寄发喜帖，以示尊重；为统计方便，不至于遗漏，可按照"一定要邀请"和"可请可不请"来分别拟定名单；婚礼前两月确定最终名单，以方便提前预订酒店。

一定要邀请的亲友：双方父母及祖父母、外祖父母；伴郎、伴娘及其他婚礼主事人员（主婚人、主持人等）；双方的单位领导及同事；双方要好的朋友；双方家族中的亲属；邻居等。

可请可不请的亲友：远亲、关系比较疏远的家族友人；婚礼主事人员的亲属或者朋友；双方的一般朋友；尊敬的师长；双方父母在工作及生活中的同事或朋友等。

(2) 撰写喜帖

喜帖是亲友对婚礼的第一印象，样式不可草率；喜帖上必须有婚典时间、地点（最好附交通图），为保险起见，最好有新人的联系电话，以方便亲友确认；新郎新娘可联合署名或分别署名，也可以由双方家长分别署名。

(3) 发送喜帖

把握好发送时间，给亲友充足的时间准备；如果相距不远，新郎新娘应亲自登门送帖；寄给异地的亲友则要考虑路途远近等各种因素，选择合适的发送时间；无论是本地还是异地，确保亲友在婚礼一周前收到喜帖。

>> 网站轻松链接

正式起见，喜帖是必要的，最好不要只通过电话邀请客人。

喜帖要与婚礼风格相配，不要让人在接到喜帖时和到婚礼现场时的反差太大。

喜帖上使用带玫瑰图案的丝带或各种各样的蕾丝边，要十分小心，品位高雅与"弄得像婴儿室"只有一步之遥，最安全的方法是，如果你不知该贴什么，就什么也别贴。

如果你没有太多预算花费在喜帖上，不需要采用个性印刷的方式，挑选适合你们婚礼风格的，最好是比较有档次的喜帖。

内文用你们自己的语言才是最精彩的做法。

喜帖行文示例

喜帖是发给亲友赴宴的正式邀请，应注意：

使用被邀请人的姓名，不可用绰号或别名；在两个姓名之间应该写上"暨"或"和"，不使用顿号或逗号；写明举行婚礼的具体日期和地点。

例1：本人署名请柬：

敬请李太平：

我俩谨定于10月15日上午11时30分在万福饭店万福厅举行婚宴，敬请光临！

邀请人：陈君、陆莹

例2：家长属名请柬

敬请李太平：

谨定于10月10日上午11时30分在万福饭店万福厅为小儿王帅帅（女方：陈梅梅）举行婚宴，敬请光临！

邀请人：王大福

怎样布置婚礼场地

婚礼现场的背景和横幅是十分重要的。有些饭店因为经常举行婚礼，已经准备了镀金的龙凤双喜的背景，有的酒楼则备有充气的龙凤喜、彩虹门等，非常漂亮，充满了浪漫、喜庆的色彩。

在饭店门口、楼梯口、电梯口都要有提示牌，明确地标明你们的婚礼在几号宴会厅举行。因为在好日子里，一个饭店往往会同时接待几家婚宴的！

婚礼的舞台上方，要有横幅标有"×××先生×××小姐新婚典礼"。如果酒店没有准备，就要提前向婚庆、礼仪公司来预定。

在婚礼中，鲜花是重要的装饰之一，要在观礼台、签到处、拱门，甚至每桌宴席上装饰漂亮的鲜花。不但新郎、新娘靠它传送浪漫信息，也能让宾客沉醉在温馨幸福之中，整个婚宴会因此而变得花团锦簇、美不胜收。

>> 网站轻松链接

　　气球、缎带，是目前婚礼在鲜花之外的装饰选择。气球的鲜活造型，如心形、圆形、长形，能丰富婚礼现场的气氛，又可做成气球拱门或新人进场时的帘幕，营造欢乐气氛，但这要提前准备，较大的婚庆、礼仪公司都备有空气压缩机，可以在现场进行布置；而蝴蝶结饰、缎带、柔纱可装饰于婚宴的坐椅、扶梯把手等处，更添喜气。

　　另外，新人可请婚礼策划师或司仪为自己设计与婚礼风格一致的场地装饰。

⑪ 如何准备结婚宴席

　　婚宴的形式是关系新婚夫妻和两家人的大事，所以，事前的计划和协商是必要的。在筹办婚宴时就要仔细考虑：如何预算婚宴的酒席数？在哪里举办婚宴？大约会有多少的经济支出？需要购买哪些物品？新人在选择的时候，不妨多多请教和比较后再作决定。

　　婚宴酒席数准确的预算，可以避免不必要的浪费。首先，在发请柬的时候，应在请柬上标注"敬请赐覆"，请客人通知出席与否。请柬上应清楚注明你的联络方式，以便客人回复。若你设想周到，可附寄一张回复卡，好让亲友填妥后寄回。也可在发出请柬之后，亲自打电话给宾客确认他们能否出席，这样既直接又具诚意。若新人无暇兼顾众多宾客，也可请自己的至亲之人代为办理。

　　婚礼是否在周末举行以及当天的天气对最后的酒席数也有直接的影响，电话确认来宾还应考虑到"最低确保"及"最高预计"席数。如确保十八席，预计二十席，这样便可加减两席。

　　婚宴场地是个特别注重感觉的地方，找到自己喜欢的场地，办一场值得回味的婚宴是新人心中的梦想。要实现这个美梦，选择合适的场地非常重要，要全面考虑到各个方面的问题，才不至于在婚宴当天闹得不愉快。如果选择在酒楼饭店里举办的话，就应该从以下几个方面去考虑：

　　要选择口碑信誉好、服务质量有保障的酒楼，而且要到实地去考察一下，了解场地是否符合婚宴要求。特别是该餐厅是否符合你对婚礼的设想，然后仔细地推敲菜单，以适合自己的消费条件为宜。

宴席的各项收费及服务范围应白纸黑字详细列明，切勿口头承诺。对菜单上的菜式，不要接受一些模棱两可的字眼，如"清蒸海上鲜"或"龙凤展翅"等等，要与饭店订明内容，海鲜是指海参还是螃蟹，乳猪是全身还是部分，均要一一列明。清楚列明每一项收费价目，如茶水、开瓶费、啤酒、汽水、席前点心及服务费等。预订时，必须在订单上列明摆宴的厅房名称，以免日后位置过挤或席位分散而无法投诉。在订席前，应订一间新人休息房，并保证新娘房不会离宴会厅太远，空间宽敞，且不易被人偷窥，因为新人需更衣补妆，春光乍泄便不妙了。

婚宴酒店要有特色菜肴供宾客享用，能根据客人的风格、禁忌等提供让客人满意的婚宴菜单；要能够提供良好的服务，满足顾客的需求，服务人员能够做到想客人之未想，急客人之所急，并一一请示建议主办者迅速妥当安排好每一个细节的工作，为整个婚宴接待过程提供优质服务。

交订金前应明确如遇天气不佳或意外情况取消婚宴时，订金将如何处理，是否要赔偿损失，当然，不要忘了索取订金收据。要清楚席数可增加的数额和余下酒席的处理方法。预算桌数应考虑客人的出席率，以免到时由于宾客不足或超出预算，出现一些尴尬的情况。

"五一"、"十一"、元旦等节日是新人结婚办婚宴的高峰期，如果确定了婚宴时间，则要预先订位，尤其是一些热门地点更应提早预订。

⑫ 确定一位婚礼总管

最好事先确定一名婚礼总管，对婚礼的准备工作整体负责，由他牵头，5~6名迎宾人员配合。

主要工作是：

（1）往酒店搬运喜庆用品，包括三大类：

喜宴上所需的烟、酒、糖、瓜子、饮料等；

婚礼现场的婚庆道具，如双"喜"字，双面胶，证婚人、主婚人的胸花，结婚证，喜联，议程，条幅，花廊，花环，婚誓宣言等；

礼花、彩筒、气球、鲜花瓣等婚礼用品，其中礼花、彩筒、气球、鲜花瓣要将采购的总量的2/3拿到酒店，带到酒店的气球、彩筒等主要是婚礼使用，新娘下车时不要过多使用，礼花一般在室外按司仪的要求使用。

（2）布置安排工作人员贴双"喜"字、喜联，安排婚礼议程，布置婚礼现场的背景道具，挂条幅，检查麦克风，试音响，试放婚礼进行曲等。

（3）迎宾人员准备婚宴的引导牌、指示标识、台签，重点安排娘家桌，安排专人迎宾。迎宾时要礼貌得体并注意防止不相干的外来人员混入。

（4）安排服务员摆放瓜子、烟酒、饮料、喜糖；交杯酒选用高脚杯，倒可乐或红酒，托盘装载，下衬红色衬布撒红玫瑰花瓣。

（5）给车队司机封礼、拆花车的鲜花。车队到了酒店，要按约定给礼车司机封喜礼；安排专人迅速拆花车的鲜花，即花车引擎盖上的花团原样取下送到典礼舞台装饰，花车周边的花只取花头并掰成鲜花瓣，在婚礼中抛撒。

（6）在星级酒店举行婚礼，还要和酒店保安联系，预先安排，不要让其他车辆紧贴酒店大门台阶处停放。因为花车一般不从正常的行车道进入酒店，多是停在酒店台阶下的广场，这样视野开阔，利于制造宏大的现场效果。如果酒店门口有喷泉等，要提醒酒店事先打开。

（7）代表主办方和酒店商定各项事宜。

婚礼结束前不要上菜，因为婚礼开始时要喷礼花、撒花瓣容易污染菜肴，上了菜也不利于来宾集中注意力观礼；

凡是非约定的消费，酒店必须征得婚礼总管或主办方同意，避免非正常支出过多；

与酒店落实婚宴酒席总数，确定首次开席总数，尽可能安排十人一桌后开席，避免浪费；

婚宴安排酒席时，要在现场留出举行婚礼应有的空间以及新人出场的通道；

商定酒水放置地点、供应程序等，并要有专人负责。

（8）婚宴结束后，提醒并帮助主办方收尾。安排工作人员、服务人员就餐，检查是否有客人遗失物品，收拾剩余烟酒、饭菜打包等。

13 怎样既省钱又有面子

如果手头没有足够的经费，你该怎么办呢？这里有一些省钱的办法。把省下来的钱花在紧要处，你们的婚礼一样可以很精彩，客人们也不会察觉。

选择便宜的婚礼场地

如果没有特殊的场地需求，比如教堂、草地、花园酒店，或是其他的另类想法，那么一般的三星级酒店或是知名一些的大饭店都可以满足你们的要求。尤其在淡季，这地方都会有折扣。你们甚至还可以考虑向朋友借一间宽敞的小型别墅，或是复式公寓，搞一场温馨的家庭式婚宴，都是不错的选择。

将婚礼安排在淡季

你肯定有在淡季买衣服的经历，那么为什么不选择在淡季举办婚礼呢？

常规来看，新人大都会将婚期安排在5月、6月、8月、9月、10月举行，而年底（春节、元旦）又是另一个的结婚高峰。正因为这段时间有较多新人结婚，相对地，宴会场地、婚纱礼服、婚庆公司的价格也会随之飙涨。你们不妨避开这些结婚的旺季，不但能够得到较好的服务质量，而且可以减少一些开销。

避开大城市拍婚纱

大城市的言外之意就是"贵"。现在拍摄婚纱的形式有很多种，如果恰巧有一个会摄影的朋友，完全可以邀请他做你们的私人摄影师。带上几件礼服，开着车到郊外，风景秀美随你们挑，而且能节省不少开支。

在食物和酒水上节省

如果选择五星级酒店举办婚礼的话，你根本无法在饭菜和酒水上取得很大的折扣。建议选择一些新建的主题餐厅，在那里你不仅可以获得一个非常优雅的就餐环境，还可以在食物上节省一笔开支。

批发好过单买

烟酒糖茶、水果、婚宴用品这些用量大的东西可以选择批发，只要是大型正规的批发市场，质量都应该没有问题，价格却便宜很多。赶上打折促销，还能有更多优惠。

减少宾客人数

也许这对新人来说是有点为难。由于婚礼中最大的开销是来自于酒水与食物的费用，所以减少宾客人数是最直接有效的方法，可以为你们省下一大笔钱！还要告诉你们的未婚朋友，请他们单独赴宴。

注意宴会装饰的技巧

婚宴的每分钱都要花在刀刃上，所以宴会的装饰一定要有技巧，不要把钱花在不起眼的地方。例如：用鲜花来装饰放蛋糕的小桌子——蛋糕已经够抢眼了，鲜花点缀岂不是有些画蛇添足！不如将装饰的费用花在实用的东西上，比如制作几本空白的留言簿，方便来宾为你们签下祝福的话语；或者为每位宾客都准备一份别致的小礼物，用来答谢大家参加你们的婚礼。

向珠宝店租一些饰品

所有东西都买新的，太费钱了。其实，不少珠宝店都有头饰和珠宝出租，你可以去那里租用你喜欢的饰品！

放弃传统的头纱等饰物

放弃传统的头纱等饰物，就用日常生活中的别致些的发卡或水晶梳子装饰你的头发。做面纱时，你可以建议把它做短小，短的面纱非常别致，而且比长的便宜。

选择实惠的婚庆公司

找到一家可靠又实惠的婚庆公司是一门学问，需要耐心和毅力。要货比三家，要了解市场，还要心明眼亮。一家好的婚庆公司可以帮助你们省去很多时间和精力，为你们策划出物有所值的婚礼。

不请跟妆的化妆师

自己去发型设计室做头发，要比把发型师请到家里经济实惠。在化妆师为你化妆的时候，可以让一位伴娘在旁边注意观察，然后在需要补妆时，你的伴娘就可以代劳了。

请柬不用买价格昂贵的，甚至可以发个 E-mail

买些最简单的请柬，用缎子、薄纱或者漂亮的包装纸进行装饰，又省钱又显心意。或者发个 E-mail 给你的年轻朋友，当然这种形式适合经常上网的朋友和家庭。

借助家人与朋友的资源优势

家人与朋友是你们最大的财富。比如，如果有几个开着好车的铁哥们儿，而你们之间的交情又够深的话，就可以商请他们充当一天的司机，连带租车的费用都可以省下来了！如果你们有个朋友是计算机高手又擅长美术设计，喜帖设计部分就可以交给他全权处理喔！不过婚礼过后最好还是包个小红包，以感谢他们的鼎力相助。

控制红包的发放

很多新人在结婚当天会包一些数额不等的红包，用来发给伴郎、伴娘、小孩子和一些随行的服务人员。对于这些红包的数量和金额，新人一定要做到心中有数。除去必定要给的一些人，剩下的要有限制地散发。因为一旦散开去，也是一笔不小的开支。

削减蜜月花费

选择一家经济实惠的旅行社，避开旅游的旺季和热门路线，只选择一个目的地。

>> 网站轻松链接

一场完美的婚礼是很多人齐心协力努力筹办的结果，准备结婚的新人们要充分利用身边的资源，如好朋友、亲戚等，他们是最了解你的人，能非常默契地替你完成一件事，也会替你处理很多不必要的琐事。还有就是双方的父母，他们都是过来人，对很多事情都有经验，要充分重视他们，让他们把需要注意的东西交代清楚，如一些"老规矩"、"先例"，哪些"吉祥"哪些"犯忌"等事情。新人们一定要认真领教，长辈们阅历丰富，相信他们是没错的。

第二章
做一个最美的新娘

婚礼前的准备阶段，准新娘要开始保养皮肤，护理头发，设计自己完美的新娘妆。可通过进行香薰美肤护理、全身香草磨砂粉去除老化角质、全身紧肤修护、芳香精油按摩等一系列程序，令肌肤晶莹剔透、幽香袭人，在出阁之时成为暗香盈袖的芳香新娘。

 如何挑选婚纱

婚纱，是新娘在结婚当天秀出自己高雅气质的礼服。成功地选购一款适合自己的婚纱，可以让自己在婚礼庆典上集众多焦点于一身，真正成为那一刻世界上最漂亮、最动人、最幸福的新娘，来宾也可以从中看出新娘审美观的雅与俗。婚纱的选择的关键并不单单看时尚和流行，而是要挑选一件具有永恒的优雅元素。

看款式

婚纱的基本款式主要有以下五种：

A字形：A字形婚纱线条流畅，样式经典，适合多种场合，例如安静的花园聚会、传统的教堂典礼等。它适合各种身材的新娘，尤其能使矮小的新娘看起来比较高挑，这个优点也使它在众多款式中备受青睐。

这款婚纱的裙子可长可短，新娘如果娇小可爱，裙子过膝就足够了，但在婚礼的场合中，及地的长裙比较合适。此外，通过搭配蕾丝花边、小珠子、彩带等一些小饰物还能使简单的A字形婚纱看起来更华贵、更时尚。

王后型：王后型婚纱很优雅，设计点集中在胸部，自胸部以下自然垂及地面，宽松舒适。和A字形一样，王后型风格也适应于很多场合。从身材上，它比较适合身长腿短、梨形身材或是已经怀孕的新娘。

这款婚纱最神奇的地方在于对胸部的塑型，无论是小巧还是过于丰满的胸部都能在它的妆点下，获得视觉上的完美效果。一方面，它能把注意力全部集中在领口上，通过无边的袖子或是珠子的润色，凸显胸部和颈部的曲线，营造胸部丰满之感；另一方面，如果胸部太丰满，影响了整体的美感，选择传统的方领王后型婚纱也能弥补这小小的缺憾。

舞会型：舞会型婚纱对幻想童话般婚礼的新娘来说是最完美的选择，尤其适合大型婚礼。它的设计重点突出腰部线条，对于苗条或梨形身材的新娘最适合。尽管舞会型婚纱端庄妩媚，但对两类新娘却是个忌讳：一类是个子较矮的新娘，由于没有足够的高度来平衡这款婚纱上下身的比例，反而使自身看起来更矮小；一类是胸部特别丰满的新娘，突出的胸部与撑开的裙摆很不协调，更谈不上美感了。

直筒形：直筒形的婚纱是一种贴身的款式，前突后翘，一览无余。它最适合身材苗条的新娘，能拉长身段，使新娘显得高挑挺拔。一般在比较随意、亲密的场合，比如沙滩婚宴等，这种款式通常能拔得头筹，引人注目。直筒形风格简洁，彰显新娘爽快的性格。特别提醒，直筒形对身材要求颇高，矮胖身材的新娘要慎选。

美人鱼形：美人鱼形婚纱是最性感的款式，动人的体态、优雅的鱼尾，是吸引眼球的最佳利器，选择这款婚纱的新娘一定对自己的身材无比自信！

这款婚纱并不是对谁都合适的，这种大胆的设计只适合于身材比例特别协调的新娘，过于丰腴或是消瘦的身材都不足以应付这款婚纱的形体需求，尤其他紧贴身的设计往往会让体形不合格的新娘将缺陷暴露无遗，一不小心就会破坏整体的优雅感。

看颜色

随着潮流的不断变更，除了纯白、象牙、米黄等传统颜色外，粉红、粉橙、粉蓝、粉紫及浅银灰色近年也成为婚纱的流行色。在象牙色或纯白的婚纱上缀上粉色的花朵或蝴蝶，以增添色彩，也很受欢迎。

婚纱颜色最重要的是与新娘的肤色相配。东方人肤色深而偏黄，穿雪白婚纱会显得暗哑，穿象牙色较和谐自然，粉蓝、粉紫与黄皮肤都不太协调，粉橙、粉绿则能与偏黄肤色相配。白里透红或古铜色的肤色，穿纯白会很好看。

看质地

目前婚纱采用的面料主要有缎面、欧根纱、雪纺纱、真丝布、真丝绸、蕾丝等，其中最常用的是缎和纱。婚纱胸衣部分的白缎，较好的品种手感绵厚、光泽柔和；较差的则轻飘浮艳、手感僵硬，成衣时必须大量上浆，穿在身上不太舒服，洗了以后更会缩水变形。至于做裙摆的纱料，常用的雪纺纱有化纤的也有真丝的，质地当然是后者为上。罩在缎面外面的则多为欧根纱，建议选择柔软、清透、柔和的产品。如果缎面外有全部或者大量密集的刺绣，就要罩上软网纱，这种纱一要柔软，二要细密。

看版型

有些婚纱摆在那儿漂亮，穿上去却令人失望，这与版型有很大关系。看一件婚纱的版型，一看胸，二看腰。现在很多婚纱胸部都采用立体剪裁，有的还加有胸贴，但依然会存在一些问题，如上半部分空空的，甚至会瘪进去，所以试穿是很有必要的。此外，选抹胸式婚纱时要格外注意服装和胸部的契合度。至于腰部，需要注意的有两点：一看婚纱的收腰，如果收得很好，就可以把胸部的布料支撑起来；二看新娘的腰形，腰形长就要考虑短腰的修饰，腰形短则适合用 V 形的裁减加以修饰。

> **>> 网站轻松链接**
>
> 婚纱要与举办婚礼的场地风格一致。婚纱服饰是依据婚庆场合的不同而决定的。因为尊重基督，所以在教堂举行婚礼时婚纱应该有头纱，有袖并且不可露出胳膊；在豪华宾馆举办婚宴，婚纱以华丽的款式为好，不然与环境相差大，易产生建筑与衣着不相配的感觉；中型酒店是大方、有亲和力的环境，所以婚纱选择要时尚且不要拖尾，裙型不可太大以免行动不便；草坪、庭院应穿着轻松、有亲和力，不要太华贵，选择便于活动、青春、浪漫的婚纱为宜，可以不用头纱，但为了与婚纱相配，可用短小的头纱折成花帽、头巾结等。

❷ 其他服饰如何与婚纱搭配

在确定了婚纱的式样以后，婚纱的搭配也不能够忽略。

鞋子的颜色和款式要注意

身穿白色婚纱，展示的是圣洁、纯洁、雅致，与其搭配的鞋子应是白色或银色、金色。

中国人的婚礼讲究的是喜庆热闹，主色调是红色，即使是一些举行西式婚礼的新人也不忘在自己的服饰上保留一抹红色，时常能见到的一个典型就是披着洁白婚纱的新娘穿一双红色的鞋子，看上去感觉非常不协调。还有些大大咧咧的新娘甚至穿着黑色的皮鞋或者皮凉鞋，这与婚礼上的新娘应有的形象更不相符。

穿婚纱应着专用内衣

与鞋的搭配一样，常常也有新娘穿婚纱时选择红色的内衣，同样存在不协调的问题，还可能由于和婚纱不相配，出现不合体、外露等尴尬情形，所以最好在定做或租赁婚纱的同时，选购专用的内衣。目前，国内很多婚纱专卖店都有这类专用内衣出售。

新娘妆应为淑女型

婚礼中的新娘应该是最美丽的，但是这种美不能太艳丽、冗赘，而应清新淡雅、高贵圣洁，所以新娘化妆应该化淑女型的淡妆。

有的化妆师装扮新娘时，为了"好看"，色彩用得非常浓丽，把新娘化得非常妖艳，再配上满头珠花，各种首饰，热闹是热闹了，但是和婚礼的氛围不符，破坏了新娘单纯、阳光的形象。

手套

新娘的手套应与婚纱、婚礼的氛围、新娘的手形相符。

手套是西方维多利亚时代的产物，戴手套的潮流在二十世纪三、四十年代再次兴起，当时女士出席所有正式场合都一定要配佩手套，否则就有失庄重。时至今日婚礼戴不戴手套已属个人的选择，但一付设计高贵的手套仍是不少新娘的必备品。

● 短袖的婚纱适合搭配长度至手腕的手套，宽肩带的背心婚纱适合搭配肘长度的手套，而无肩带婚纱不妨搭配长至手肘以上的款式。

- 如果你穿的是长袖婚纱，最好避免戴手套，如果一定要戴的话，一副短的就好了。
- 如果你嫌自己的手臂太粗，选择手套就要注意，长过手肘的款式并不适合你。
- 太长的手套也不适合个子小或是手较短的新娘，如果你的高度是标准以下的话，手套其实越短越好。
- 在迎宾、送客及进餐时，最好把手套脱下，否则你最后看照片时会发现，所有照片中你都戴着手套。

西式婚礼新娘应该手捧花

新娘的捧花非常重要，不仅会令你光彩照人，而且还决定着婚礼上其他花束和装饰的风格。白色是新娘捧花最经典的颜色，但色调鲜艳的花束会令你的婚礼更富有生机。

手捧花是目前婚礼上最容易出错的环节之一，往往新娘穿的是婚纱，捧的却是一大捆红玫瑰，而这种手捧花是中式婚礼采用的。

正确的搭配应是拿西式的手捧花。西式手捧花的造型要根据婚纱的造型选择，有瀑布形、球形、半球形、三角形、半月形、象鼻形等，花的颜色应以粉、白、香槟色为主，不宜多用红色。花材一般用玫瑰、百合等适于婚礼使用的花，辅材则可选用情人草、满天星、勿忘我等。康乃馨、马蹄莲、菊花、火鹤等则不适于在婚礼上使用。花材和辅材的选用主要是要求花语与婚礼的主题相对应。

还要注意与你的装扮相配，绚丽的捧花适合样式简洁的婚纱，而精美的礼服则需要搭配素雅、经典的捧花。娇小的新娘不应该选用超大型的捧花，而身材修长的新娘应尽量避免小捧花。

❸ 如何挑选结婚戒指

结婚戒指从古至今都是神圣的象征，当一对新人为对方戴上它时，预示着从此相伴一生。

结婚戒指不能用合金制造，必须用纯金、铂金或白银制成，表示爱情是纯洁的。双方的姓名一定要刻在戒指上，作为永久的纪念。常见的婚戒有以下几种。

（1）黄金戒指

黄金是最能代表中国人婚礼的经典配饰，它亮丽的光泽和质感与可保值的特性是无可取代的。时尚的新娘只需改变一点外观，例如，在戒指的内环刻上一些简短而具有纪念的短句，并把自己的婚纱和其他的金饰搭配起来，就能显出它的光彩了。

（2）钻石戒指

钻石是宝石中最坚硬的。在西方，钻戒是求婚、订婚时使用的戒指，而在中国，人们把它用作婚戒。

选择钻石戒指时要注意其大小和款式。戒指指圈大小的标准，称为手寸。现代的手寸是以号来表示的，最小是5号，最大为35号。东方人的手寸范围在8～28号之间。在按手寸选购戒指时，夏天以戴上戒指后稍紧为宜，冬天则以戴上后可以左右转动又不脱落为宜。在戴戒指时，要是觉得太松，可在戒指的

指轮内绕上几圈丝线，要是觉得太紧，可以在手指上涂点肥皂液，这样就能顺利地戴上脱下了。

款式方面，钻戒的款式多种多样，同一枚钻戒戴在不同的人手上，其效果会因手指的粗细、长短而不同。无论纤细还是丰满的手指，佩戴合适的戒指都能发挥装饰效果，并适时地表现个人特色与风格。如果手指比较纤细，可以随意选择适合您心意的款式；如果手指相对圆润，可以选择戒面较宽或设计主题明显的戒指，将注意力转移至戒指上。

>> 网站轻松链接

珍珠是完美无瑕、高贵、含蓄而典雅的象征，不少新郎会选择珍珠作为结婚戒指的主石。可选择戒面镶有一颗较大的珍珠或两个甚至多个珍珠，周围有若干碎钻石或小宝石嵌物作陪衬，显示出华贵的气质；也可采用多种不同的名贵宝石与珍珠相配制成，色彩绚丽。此外，象征热情的红宝石、情深似海的蓝宝石以及宝石之王的绿宝石等，也是很好的婚戒选择。

④ 如何选择婚礼用花

婚礼用花最关键的是花语、花形、花色的选择以及花卉品种的正确使用，一般多以玫瑰、郁金香、百合、康乃馨等为主。不过，现如今鲜花店的老板们早就为新人们考虑得很周全了，各种档次各种价位的"婚礼鲜花套餐"已拍成样图供人们选择，新人们要做的就是：根据自己的钱包和喜好来挑选！

（1）玫瑰 结婚一般用红玫瑰，寓意真挚的感情。因为红玫瑰是表达爱情的专用花卉，所以它是结婚鲜花配伍中应用最广的一个。玫瑰花容秀美，有"花中皇后"之称。但不是所有红玫瑰品种都是好花材，一般作为结婚用花的红玫瑰品种要求花大、色鲜、形美、梗长（35～45厘米）、花瓣厚实，如沙特阿拉伯的乌丹玫瑰、英国的红玫瑰等，而我国引种的红衣主教、萨曼莎（萨门达）则以它们高雅的气度独占花魁。

（2）郁金香 结婚用花的好材料，常选用红、黄、紫、白几种颜色的郁金香。红色花语为爱的告白；黄色花语为爱的来临；紫色花语为爱的永恒；白色花语为爱的纯洁。

（3）百合 结婚用花中，百合被广泛使用，寓意"百年好合"或"百事合意"。我国种植百合历史悠久，被视为传统吉祥花卉。古代称红百合为"山丹"，又称黄百合为"火王"。有苏东坡诗为证："堂前种山丹，错落玛瑙盘。"

（4）康乃馨 又名香石竹，其中大红和桃红的康乃馨，是结婚用花销量最大的花卉品种之一，前者花语为"女性之爱"，后者花语为"不求代价的爱"，一般常用于新娘手捧花、新郎胸花、婚礼花篮、花车、新房等。

（5）蝴蝶兰 又称蝶兰，花形似蝴蝶，芳姿艳质，艳压群葩，素有"兰中皇后"之称，是新娘手捧花、头花、肩花、腕花、胸花的主要花材，花语为"我爱你，清秀脱俗，青春永驻"。

结婚用花的陪衬花卉有满天星、一叶兰、常春藤、文竹、广东万年青、苏铁、花叶芋、天东草等，这些五彩的花卉为新人的婚事增添了温馨的氛围，以其自身丰富的寓意祝福新人们百年好合，白头偕老。

❺ 如何装饰花车

婚车是送嫁迎亲的重要工具。我国古代结婚迎亲用的是花轿，现代人结婚迎亲用的是鲜花加轿车的"花车"。婚礼花车的装饰也是婚礼筹备过程中的一个重要的环节。

花车的布置有温馨浪漫型、豪华型、创意型等等不一而足。有花束、花篮在中间，丝带缀边的花车造型，这是比较传统和庄重的造型；有的花带"S"盘绕，此造型一般是从车前灯以S形一直盘到车尾，很豪华，当然要多用些花；有的是"心"形或"V"形装饰的花车（这种款式的花车视觉冲击力比较大，显得较豪华）；还有潮流创意型花车，主要是用气球、玩具娃娃、丝带、彩带、鲜花组成，这种造型显得青春活力，别致的造型往往让人过目难忘。

在装饰花车时新娘最好能亲自看过花车图谱，或让经验丰富的父母亲自看过花车造型，以避免婚礼当天发生不愉快。

婚车的鲜花装饰包括车头、车顶、车门、车尾、车体边缘五个部分的装饰。

车头鲜花装饰是整车装饰的关键

车头是整辆婚车装饰的主要部分，也是婚车观赏的重点，装饰的好坏，直接影响整体效果。

形式：常见的形式是用西式插花风格来装饰，用较多的花叶组合成一个相对规则的图案，给人以大气、热烈、喜庆的感觉。用1至2个"心"形或"V"形等图案来装饰较为常见。

部位：用西式插花风格来装饰的，置于前车盖中央位置；用东方式或现代自由式插花风格来装饰的，置于车前盖的一左一右或一前一后。

制作：首先用塑料包装纸和包装带包裹吸足水分的花泥，上半部暴露，下半部包裹，用4个、6个或8个塑料吸盘将包裹的花泥牢牢地固定在车体上，然后依次插入铺垫叶、轮廓花（选型用）、主体花（大体量花）和填充

花（小体量花），最后在上述花材的空隙处适当插入填充叶，这样既体现了虚（指叶）、实（指花）结合的插花要求，又遮盖了固定材料。

要求：一要牢固地吸附在车上，以免车速过快，花的造型受损。二要控制高度，以不影响司机行车安全为标准，其高度一般在30厘米之内。三要花叶混用，体现自然美。四要遮盖花泥、吸盘、包装纸、包装带等固定用材料，避免暴露固定用的附属材料，影响美观。

车顶

以往车顶鲜花装饰较少，原因一是制作困难，二是形状易变，但它独特、新颖、别致的造型，目前正被越来越多的新人所青睐。

形式：常见的形式以下垂的瀑布形造型为主。

部位：主要装饰在副驾驶座位的车体外顶部，也有装饰在车顶中央部位的，忌装饰在驾驶员座位的车体外顶部，若不是瀑布形插花则无妨。

制作：程序基本与车头鲜花装饰一致，插花体积虽小，但固定的部位是在一个较大的曲面上，固定难度大。固定时必须要牢固，可将部分花叶用胶带纸固定在车体上。

要求：同车头鲜花装饰要求基本一致，但高度宜控制在20厘米之内。

车尾

车尾装饰也十分重要，往往会影响整体效果，故马虎不得，相对于车头装饰来说则比较容易。因不受驾驶员视线和行驶时风力较大等因素影响，创作的空间和发挥的余地很大，但在实际装饰中往往过于简单，这在装饰时必须引起注意。

形式：大多同车头鲜花装饰相同，也有用单心或双心交叉图案装饰的，或规则或不规则，形式较多，可自由发挥。

部位：大多装饰在后车盖的中部，也有装饰在一左一右或一前一后的，装饰在后排后车窗上的较少，但效果很好。若装饰在后车盖与车尾接壤处也很别致。

制作：装饰在后车盖上，同前车盖装饰的制作程序一致；若装饰在后排后车窗上或后车盖与车尾接壤处，则难度相对较大。如心形图案，有空心和实心两种，其制作过程为：首先将装有心形图案的花泥吸足水分，用胶带纸、吸盘、包装纸牢固地固定在车体上；然后插入鲜花，如月季、扶郎、百合等，以单品种为宜，忌两个品种以上混用；最后用叶材填充空隙处和花泥。

要求：同车头鲜花装饰的要求基本相同，高度和款式没有严格限制，较为自由，但整体要协调、统一。

车门

车门鲜花装饰必不可少，能起到画龙点睛的作用。普通的装饰以1至2朵月季、扶郎、康乃馨配以少许叶材花卉，品种忌混用，用包装纸包装，扎上蝴蝶结，再用包装带、胶带纸将其固定在车门的把手上即可。若是高档的装饰，则用红掌、百合、跳舞兰、蝴蝶兰等高档花配以少许叶材及满天星、情人草等配花，扎成小束花，再将其固定在车门把手上。

车体边缘

用百合、红掌、月季、扶郎、康乃馨、洋兰等配以天门冬、文松，或点缀满天星、情人草、勿忘我等碎花，一朵一朵地用胶带纸或吸盘组成单体或串状，固定在车体边缘。单体间的间隔距离以15至30厘米为宜，花朵小距离短，花朵大距离长。花朵要盛开，色彩要鲜艳，固定要牢固，并不留痕迹。花材和叶材忌混用，即单个品种的花配单个品种的叶。

在装饰花车时还要考虑到花的颜色深浅与车的搭配，一般来说，对比色越强效果越明显，比如一辆白色的花车配一大丛鲜红的玫瑰花束肯定非常有视觉冲击力，但如果白色的车配白色的百合花，效果就大打折扣，换上有桃红花边的香水百合，视觉效果就会好很多。

在用粉色的丝带缀边的时候，很多工作人员是偷工减料的，只粘2~3个点就算了，其实如果把丝带粘扎的距离缩短，效果会更好看，显得更隆重。

❻ 如何化好新娘妆

要想当一个美丽悦目的新娘，除了天生丽质外，对多数的女性而言，事前的准备工作绝对不能少，整体的搭配更重要。中意的婚纱搭配上适合自己的婚纱妆和发型，会对新娘的美丽更具画龙点睛的效果。

（1）婚纱妆细节

做新娘，是女性一生中最美的时刻，在婚礼上拥有美丽的形象而成为众人瞩目的焦点也是每一位新娘的心愿。浓妆艳抹也好，略施粉黛也罢，让参加婚礼的来宾觉得赏心悦目就不失为一件乐事。可以选择去美容院做一整套的新娘化妆，省事又简单，不过，如果能根据化妆专家的意见，自己在家动手化一个漂亮的新娘妆，一定能为婚礼增色不少。

健康的肤色是新娘化妆的关键，最好是在举行婚礼的前两个月，开始定期做面部护理，皮肤保持润泽、光滑、有质感，才利于上妆。选择粉底时，应采用婚纱与皮肤的中间色，更好地衬托出肤色。如果选择了低领婚纱，则应在脖子上也拍上粉底，自然过渡。使用遮瑕膏，可以很好地掩饰黑眼圈和面部的瑕疵，再在双颊上扫上少许淡粉红的胭脂，整个脸庞看上去会神采奕奕，富于光泽和弹性。

婚纱妆中的唇膏，可以采用中性的杏色，配以略深的同色系唇线笔。如果在婚礼中出现口红脱妆的现象，会极为尴尬，所以，在涂完唇膏后，再涂上一层透明的不褪色唇彩，就可以放心地来往于宾客间了。如果嘴唇过于单薄，可以在涂完唇膏后，扑上一层粉，然后再涂一层唇膏，这样嘴唇看起来就会显得比较丰满。

为防止出现因过敏导致的眉部红肿现象，建议新娘在婚礼前两个星期修剪好眉毛，在婚礼当天，按修好的眉形勾画。睫毛膏一定要选用防水型的，尽量选棕黑色，可以使眼睛的轮廓更明显。眼部的化妆不能过于夸张，因为婚纱妆毕竟不同于戏剧妆。

另外，不要忽略了手部的护理，指甲要修剪整齐，去除一些老化的角质，然后涂上透明或浅粉色的指甲油。

(2) 发型选择

长发比短发的造型变化多一些，所以，留短发的女性可以在婚期前半年到一年间开始留长发，以便在婚礼时可以做出各种不同的造型。倘若不喜欢或觉得自己不适合长发造型，也可利用假发或接发来做头发造型。

对于发色部分则不必过于在意，因为现在都用喷雾式的上色剂，可以请造型师帮着做。若是希望届时能以真发上阵，最好在婚礼一周前就先剪发、染发。染发一周后的颜色较为自然，记着染发的颜色要搭配礼服。婚期前一个月，可以先烫发，使头发更有弹性，看起来较有立体感。

在拍照前或婚礼前，事先与造型师沟通一下要做什么样造型，免得做出来的造型自己不满意。

不同脸形的婚纱妆及梳妆法。婚纱妆切记以突显新娘的五官轮廓为最适宜，下面是几种不同的脸形适合的发型。

中长发清新。适合脸型：方型、三角型；不适合脸型：圆型、长型。方型、三角型脸型新娘适合清新风格发型，把前发和两侧头发向后梳，在头上配入鲜花饰物，看起来显得活泼可爱。

短发古典。适合脸型：圆型、长型、方型；不适合脸型：三角型。这类脸型的新娘可以在发尾处做出波浪纹，再辅以定型水，两侧的卷曲部分让脸型看起来较小，会纤细长一些。

中长发温婉。适合脸型：长型、方型；不适合脸型：圆型、三角型。长脸型新娘可以留一些刘海儿，遮住前额；脸型较胖的可以留一些头发在两侧。头饰部分可以采用鲜花或绿叶，会显得新娘更加温婉可爱。

长发清雅大方。适合脸型：三角型、圆型、长型、方型。所有的新娘都适合这种梳妆法，可先把头发结在头顶上，发尾的头发弄卷，使其自然散落于头顶。脸型较大的新娘可以平衡整个脸型；反之，则会使脸型看起来更为单薄且发型看起来很累赘。

（3）化妆程序和要点

谁都希望自己在婚礼上，像天使一般的圣洁优雅、美丽动人。

①新娘妆化妆程序

用肤色修改液调整肤色。

用偏粉嫩红肤色粉条打底色，压透明散粉。

眼影以粉红色系用晕染上挑手法塑造出温柔甜美的印象。粉红色系：米白色—粉红色—玫瑰红—深灰色。

用液体眼线勾眼线，眼尾稍上翘。

佩戴假睫毛。

描画出平缓甜美温柔的眉型，用灰色眉笔塑造。

以深玫红唇线勾勒出圆润唇峰，下唇线略加厚夸大，以制造甜美印象。唇膏选用粉红色，之后上唇彩，明媚动人。

在颧骨下方扫粉红腮红，增加可爱感。

②化妆要点

底色要用嫩红肤色。

眉型与唇型一定要平缓圆润，不可太夸张。

眼妆使用晕染法以粉红色系描绘，自然、明艳。

整个妆面均为粉红色调。

腮红扫在颧骨下方，有可爱感。

化妆重点，使用晕染上挑手法描绘眼妆。

>> 网站轻松链接

很多中国女性都认为，新娘要浓妆艳抹，与众不同，这个观点是错误的。婚礼当天，新娘当然要漂亮迷人，但是不能把新娘打扮得和平时判若两人，只不过妆容可以略微重一些，口红、胭脂、眼影可以浓一些，但是不能有过多的色彩，自然才是最美的。结婚不同于演戏，化妆不宜太浓也不宜太淡，要做到恰到好处，太浓过于夸张而失真，过淡又显得苍白而无光彩。

怎样为新郎选择礼服

在礼服的选择方面，新郎们一般除了对于颜色、款式大体上发表意见之外，都愿意听自己新娘的意见。在精心为自己定做或租贷婚纱礼服的同时，别忘记为自己的他也选择好适合的礼服，与自己婚纱相配套，充分起到花红叶绿的效果，令人一眼看上去就不禁为你俩喝彩：好一对天造地设的璧人儿！

具体地说，为新郎选择礼服，要充分注意男性以前一般不太注意的细节，展示自己女性特有的温柔贤淑、体贴入微、独具匠心。

新郎礼服一般应当注意的事项：

体形

肥胖者宜深色、单襟礼服，忌浅色礼服；

瘦削者宜坚挺、裹身、对襟礼服；

矮小者宜单襟、领尖向上的礼服，忌燕尾礼服；

高大者宜对襟、燕尾礼服。

肚腹大者宜简单礼服，忌对襟、燕尾礼服；

斜肩者宜在肩部加垫。

时间季节

夏天：宜薄绒质料，易散热的浅色礼服；

冬天：宜厚绒质料，深色礼服。

新郎挑选、定做礼服要素

试穿后，以能感觉到熨帖整齐，前后平衡，领、袖位不起褶为佳。

肩位对称，慎防出现鸳鸯肩和高低肩。伸手、抬手活动自如。

手臂下垂时，袖管长度以到手背中间位置为佳。材料质地可以选用纯羊毛，比较笔挺、不易起皱，且易于家庭整理存放。

色彩搭配

新郎的礼服既要能突出个性特点，又要能与新娘婚纱和谐统一。色彩搭配的原则，应当是贵在和谐，美在协调，好在自然悦目。

如果与白色的婚纱相配，则宜为新郎选择精心制作的礼服，颜色宜选择黑色或深蓝色；如果新娘穿粉红色裙装，则应当为新郎配深色礼服；新娘的红衣黑裙则配以提花西装或米色西装；蓝色天鹅绒礼服配以米色或咖啡色西装；红色礼服则要为新郎配以白衬衫、红领带和深蓝色西装；如果新娘准备有鹅黄色礼服，则可以考虑为新郎配藏蓝西装、白衬衫和红领带。

此外，冬季婚礼，新娘羊毛衫配长裙，则可以为新郎配以深色西装；新娘准备了旗袍的，应当为新郎配以颜色协调的中山装、唐装。

❽ 怎样让新郎英俊潇洒

新郎同样是婚礼的主角，不能新娘光彩照人，新郎蓬头垢面，所以新郎出场前也应请化妆师打理一番，除了干净整洁外，最好也施淡妆。现在的婚礼基本都要摄像，如果不化妆，在聚光灯下，新郎的脸色可能会显得比较苍白，这样留下的婚礼画面显然不会让人满意。

新郎化妆要清晰、自然，既要保留新郎的自然美，又体现一种修饰美。通过化妆，要使新郎的气质与内在美都完美地表现出来。要达到理想的效果，最好请专业的化妆师，并注意以下几个方面：

新郎妆要自然，不留任何痕迹，主要是起修饰作用。

过淡的眉毛可在眉型内轻描几笔，"断眉"用眉笔衔接上。

过于白皙的面部也可用极浅淡的红色修容粉加以弥补。

脸上有青春痘的新郎可用油妆遮盖一下。

干净整洁的新郎应该和新娘一样，全身上下都散发出迷人的气息。那么，就要从每个细节开始打造了。

在婚礼前几天找知名的发型师理发，适宜地修剪头发，让头发有足够时间长出自然的感觉。最好别在此重要时刻尝试新发型，以免效果不理想又来不及补救。

婚礼前几天做一次皮肤护理，有助于新郎在婚礼当天容光焕发。

婚礼当天新郎露出灿烂的微笑时，一口洁白的牙齿一定会美化他的形象。如果有烟渍，一定记得婚礼前去洗牙。尽量于婚礼前洗澡和漱口，以消除体味和口气，做个清爽的新郎。如果新郎是一个爱出汗的人，则要记得选一支适合的止汗剂。

为避免影响结婚当天的整体表现，新郎应事先把指甲修短并洗干净指甲沟。

❾ 如何选择婚纱影楼

拍摄婚纱照是现代婚礼不可缺少的一部分，它可以为新郎新娘留下永久的最美好的回忆。而婚纱照的具体拍摄工作，都应交予专业的婚纱影楼来完成。

一般影楼的整套服务会包括：室内与外景拍摄、婚纱礼服和晚装的提供、整体造型的设计、化妆、手捧花、数码相册、照片放大加框等。

在挑选适合自己的婚纱影楼时，以下几个方面是比较重要的标准。

在婚纱方面

通常整个婚礼中新娘需要一件白色婚纱和至少两套晚礼服。定做一件婚纱比较昂贵，又没什么实用性，不如选一件八成新的来租赁。值得注意的是，一些小型影楼里供新人们摄影用的婚纱不仅清洁度差，有的还会出现破损现象。

新郎礼服方面，通常不会有什么问题，除了西装，要注意其他配饰，如领带、花结、袋中等。另外，整套的服务是否也包括伴娘或伴郎的礼服，拍照当天可以换几套礼服及婚纱，这些都是要提前向影楼咨询的重要问题。

在摄影方面

越来越多的新人在选择影楼时，都希望走到大自然中去，进行一些外景拍摄。室内要考虑的是布景、道具的配合，而室外则涉及具体的摄影场地。通常许多新人都喜欢到比较远的地方拍摄，实际上，只要场地适合，未必要到很远的地方，既费时间又耗体力，何况新娘换上礼服、化好妆后，走太远的路是非常不方便的。这时候影楼能否提供造型师随行的服务，就显得很重要了。

另外，许多影楼会在摄影过程中降低成本以获取更多的利润。这时可以参考每个影楼拍摄的样本，主要考虑摄影师的技术、表现的手法等，还要考虑实际拍摄的张数、照片冲洗的张数如何计算、相簿的设计是否包括后期数码设计、照片放大加框价格多少等。

在造型设计方面

新人的造型会影响整体的视觉效果，尤其是新娘，在拍婚纱照时更需要一些外在的修饰。通常婚纱影楼的整套服务会包括化妆和发型设计，有的也会专门与一些美容店合作，让新人先在那里做好基础的发型，再由影楼的造型师在拍照前按整体造型进行调整。

新人的造型已是影楼不可或缺的服务项目，无论是化妆、头饰或是服装上的变化，都是影楼竞争的主要方向，也是新人们选择影楼的根据之一。像时下流行的让新人穿异国服饰拍照，拍摄时更以多样化的背景渲染气氛。

在具体预算方面

选择影楼的服务前，应先估计出自己在这方面的预算，然后在预算之内作出选择。所谓一分钱一分货，价格多少可以决定所能得到的服务的种类。影楼通常以套装的方式提供服务，一个价位的套装包含多少项的服务通常是固定的，这时候你在衡量自己的预算与想要得到的服务之后，觉得哪家影楼的套系可以达到自己最理想的要求，就可以选择这家影楼了。

在付款方式方面

大部分影楼都会要求先付定金，但交定金之前一定要不厌其烦地把拍摄过程中的各种注意事项及额外付费项目再核实一次，最好把各种口头承诺都清楚地写在订单上。包括能否取回底片、翻拍放大的价钱、礼服租借的费用、照片加洗的价目表、其他装饰品租借的费用等额外收费的项目，都要写得清楚明了。

这个过程可能比较琐碎和复杂，但为了保证影楼的服务及婚纱摄影的整体质量，是势在必行的。

其他方面

在选择婚纱影楼时，尽量选择一些口碑好、规模大、实力强的，因为这类影楼都比较看重自身的品牌，对员工的约束也严格得多。相对而言，发生欺诈行为的可能性就小得多。

>> **专家温馨提示**

不要只去一家之后就马上决定，至少应参考三家以上的影楼后才作决定。通过多家咨询了解，比较它们所提供的服务内容及价格标准，再从容选择。就像其他消费行为一样，货比三家可避免上当受骗，而且可在硬件设施和软件服务各方面挑选到较为称心的影楼。

⑩ 怎样选择摄影师、摄像师

要想锁定婚礼这个人生中最美好的时刻，摄影、摄像无疑是化瞬间为永恒的最佳手段。因此，选择专业的摄影、摄像师是婚礼筹备过程中的关键，因为只有摄影师、摄像师才能为您留下看得见、摸得着的美好影像，能带您

回到那终身难忘的幸福美好的一天。在选择摄影师、摄像师时要注意以下几点：

（1）和摄影师、摄像师面对面交流。了解他的业务和从业经历，获取对方的更多信息，如摄影师的性格、为人、爱好和风格等。

在签单之前，一定要看一下他以前为其他新人拍摄的DVD或照片，以便进一步确定摄影、摄像师和制作公司的能力。要特别留意拍摄角度是否恰当，有没有错失重要场面，有没有捕捉到一些新人身边发生的事情，如果没有成品可作参考，切勿随意做决定。

（2）看作品及后期制作水平。在专业水平方面，一个优秀的摄影、摄像师不仅仅只是简单的记录，还应当具备敏锐的洞察力、准确的判断力和快速的应变能力，能够根据现场情况及时引导和帮助新人，随时随地独立排除拍摄工作中遇到的困难和问题。

可以要求他拿出以前的摄影、摄像作品进行进一步的了解。摄像作品应该画面稳定，推、拉、摇、移使用得当，色彩还原准确，取景构图合理，镜头语言表达和节奏控制得当。

（3）向摄影师描述你的婚礼，询问他针对你的婚礼现场使用什么样的专业设备和器材比较适合；询问设备情况，包括麦克风、录像机、摄像机的数量以及如何配置相关设备，如果万一临时出现问题，他们有什么备用设备和补求手段。

（4）了解他每星期为多少婚礼服务，如果他的日程很满，你最好不要再试图插进去。

（5）签订合同。合同应包括双方的姓名、联系方式，当天来参加拍摄的工作人员的姓名和人数，以及他们所用器材的种类，连同紧急情况下的后援设备与人员。还要列明最终录像带的长度，哪些人和活动必须上，你看到初版和最终版本的日期，多少备份等。

另外还要列明录像带的价钱以及你可能要订的其他项目的额外支出，录像超时的部分也要写清楚，以及付款时间表和多余部分如何退款。了解摄影公司所提供的服务范围细则，例如拍摄时间限制几个小时之内、会拍摄多少胶卷、数码摄影拍摄多少张照片、婚礼当日整个拍摄队伍有多少人、有无其他附加费用标准（餐费、交通费）等等，这些问题都需要在签订合同前了解清楚。

第三章
举办欢乐隆重的婚礼

当你和你的爱人即将走上婚姻红地毯的时候，婚礼形式是绚丽多姿，举不胜举的。不同民族有不同的婚礼形式，同一民族不同地区婚礼形式也各有不同。选择婚礼的形式，要根据双方的民族习惯、时代风尚、生活条件及个人兴趣来确定。我国目前城乡通行的婚礼形式有：家庭婚礼、集体婚礼、舞会婚礼、酒会婚礼、茶点婚礼、旅行婚礼、新闻婚礼等。

 常用婚礼庆典仪式程序（一）

办好结婚典礼，须充分做好准备工作，布置好现场。尤其重要的是，须事先商定好典礼程序，把活动程序工整地写在红纸上，贴在现场的醒目处。

结婚典礼程序的简要参考格式：
- 宣布结婚典礼开始；
- 奏乐（燃放爆竹）；
- 新郎新娘、证婚人、介绍人、主持人就位；
- 证婚人宣读结婚证书；
- 新郎新娘向证婚人、介绍人、主婚人、嘉宾行礼；
- 新郎新娘互相行礼；
- 主婚人致辞；
- 介绍人致辞；
- 嘉宾致辞；
- 新郎新娘讲话（或介绍恋爱过程）；
- 主婚人致谢辞；
- 礼成。

❷ 常用婚礼庆典仪式程序（二）

婚礼时间：×年×月×日；

婚礼现场：×街×号×饭店（酒楼）。

司仪应当事先向宾客介绍婚礼仪式及程序安排，以便来宾了解婚礼程序，在仪式过程中积极配合互动。

（1）婚礼仪式（前场）

①司仪向来宾致欢迎词或开场白；

②婚礼进行曲——庆典乐曲；

③新婚夫妻入场；

A：共同携手入场；

B：新娘在父亲的陪伴下入场，新郎前台迎接，同时可安排通道两侧的宾客一起抛撒玫瑰花瓣；

新郎新娘登台后，司仪向来宾介绍新郎新娘以及双方的父母家人。

④证婚仪式：

A：新婚夫妻彼此表达爱情誓言；

B：彼此交换爱情信物；

C：证婚人登台证婚，宣读证婚词，出示结婚证书。

⑤双方父母或家长代表致辞；

新婚夫妻双方父母一起登台，分别站立儿女身边，依次由双方父亲代表双亲致辞。

⑥结拜仪式：

新郎新娘向父母行礼鞠躬——（拜高堂）；主持人提示：选择向双方的母亲献花，表达敬意，然后跟双方父母在舞台上集体合影留念，父母入座；

新婚夫妻向来宾鞠躬行礼——（拜天地）；

新婚夫妻相对鞠躬行礼——（夫妻对拜）。

⑦开香槟：

A：倾注香槟塔；

B：夫妻共饮新婚交杯酒。

⑧司仪邀请全体来宾举杯祝福新人，新人入席开宴。

（2）婚宴庆典（中场）

宴会进行期间：新娘更换礼服，准备再次入场；

新婚夫妻换装、补妆的时候，婚礼的主角退场，要想宾客们等待时不冷场，少不了请大家一起参与做一些有趣的游戏、穿插演艺者的文艺表演，或现场播放婚纱照外景光碟等。

①新郎携手新娘，二次入场，来宾和朋友可以用热烈轻松的方式表示欢迎；

②新人登台，向来宾致谢，同切新婚蛋糕——彼此分享幸福甜蜜；

③邀请现场亲友团，以及年轻的朋友上台给新郎新娘祝福；

④新婚夫妻准备的富于个性、特殊含意的仪式，如抛掷花球，新娘抛掷手捧花，把幸福和幸运传递给现场的未婚女友，来宾和亲友共同参与活动；

⑤入席就餐，司仪组织宾客参与游戏活动。

（3）新婚夫妻向宾客们依次敬酒： 准备适量的红包、毛绒玩具、纪念品，分送参与的宾客。

❸ 教堂婚礼仪式程序

许多都市白领阶层钟情于教堂婚礼。教堂婚礼一般是在教堂举办婚礼后，再到饭店举行婚宴和简单的答谢客人仪式。

参加婚礼的人员包括新郎、新娘、伴郎、伴娘、新郎新娘的父母、神父、花童和戒童。新娘一定要穿上白色的婚纱，新郎穿上燕尾服，系上红色或黑色的领结。在《婚礼进行曲》的伴随下，新娘的父亲携领女儿，缓缓地走向圣坛，把她交付给新郎，婚礼正式开始。婚礼流程如下。

（1）宣告

神父：各位来宾，我们今天欢聚在这里，一起来参加××和××的婚礼。婚姻是爱情的升华，它不仅需要双方一生一世的相爱，更需要一生一世的相互信赖。今天××和××将在这里向大家庄严宣告他们对对方的爱情和信任的承诺。

神父：××和××，现在请你们向在座的来宾宣告你们结婚的心愿。

神父：××，你是否愿意娶××作为你的妻子，无论是顺境或逆境，富裕或贫穷，健康或疾病，快乐或忧愁，你都将毫无保留地爱她，对她忠诚直到永远？

新郎：我愿意。

神父：××，你是否愿意嫁给××作为你的丈夫，无论是顺境或逆境，富裕或贫穷，健康或疾病，快乐或忧愁，你都将毫无保留地爱他，对他忠诚直到永远？

新娘：我愿意。

(2) 誓言

神父：××和××，现在请你们面向对方，握住对方的双手，作为妻子和丈夫向对方宣告誓言。（新娘将手捧花交给主伴娘）

神父：××请跟我说。我——××全心全意娶你做我的妻子，无论是顺境或逆境，富裕或贫穷，健康或疾病，快乐或忧愁，我都将毫无保留地爱你，我将努力去理解你，完完全全信任你。我们将成为一个整体，互为彼此的一部分，我们将一起面对人生的一切，去分享我们的梦想，作为平等的忠实伴侣，度过今后的一生。

神父：××请跟我重复。我全心全意嫁给你作为你的妻子，无论是顺境或逆境，富裕或贫穷，健康或疾病，快乐或忧愁，我都将毫无保留地爱你，我将努力去理解你，完完全全信任你。我们将成为一个整体，互为彼此的一部分，我们将一起面对人生的一切，去分享我们的梦想，作为平等的忠实伴侣，度过今后的一生。

(3) 交换戒指

神父：这里现在有两枚戒指，它们是婚姻的象征，它们完美的圆环代表着生命与爱，象征永恒的爱情。

神父：现在请××把戒指戴在新娘的手上。（主伴郎从戒童手中的戒枕上取下戒指，递给新郎。新郎将戒指戴在新娘左手的无名指上，然后双手捧着新娘的左手。）

神父：××，请跟我重复，你是我的生命，我的爱，我的挚友。我今天娶你为妻，这个戒指将永远印证我对你的挚爱和我今天对你的庄严承诺。

神父：现在请××把戒指戴在新郎的手上。（主伴娘从戒童手中的戒枕上取下戒指，递给新娘。新娘将戒指戴在新郎左手的无名指上，然后双手捧着新郎的左手。）

神父：××，请跟我重复，你是我的生命，我的爱，我的挚友。我今天嫁你为妻，这枚戒指将永远印证我对你的挚爱和我今天对你的庄严承诺。

神父：现在，××，你可以掀开面纱亲吻你的新娘了。

神父：从今以后，你不再被湿冷雨水所淋，因为你们彼此成为遮蔽的保障。从今以后，你不再觉得寒冷，因为你们互相温暖彼此的心灵。从今以后，不再有孤单寂寞。从今以后，你们仍然是两个人，但只有一个生命。唯愿你们的日子，天天美好直到地久天长。

神父：现在请允许我向大家介绍：这是××及他的夫人××。让我们一起为他们祝福。（众人鼓掌）

(4) 宣告完婚

神父：婚礼仪式礼成，请新人退场。

在观礼嘉宾的起立鼓掌声中，新郎和新娘原地转身，走过甬道，走出仪式区。戒童拉着花童的手，主伴郎、主伴娘尾随其后，次伴郎、次伴娘再后，相继退场。如果是室外婚礼，客人们可以在此时抛撒花瓣，如果是在教堂，可以在新人走出教堂的时候，有人等候在外面抛撒花瓣。

>> 网站轻松链接

"秦晋之好"的由来

春秋时，秦国（今陕西一带）与晋国（今山西和河北南部一带）是相邻的两个强国。两国之间世代交好，互通婚姻，结成关系密切的亲家。秦秋五霸之一的秦穆公，他的夫人就是晋献公的女儿；晋献公的儿子、五霸之一的晋文公，其夫人文嬴就是秦穆公的女儿。秦、晋两国之间虽然也互有矛盾，但彼此能一再联姻，维持了秦、晋两国的友好关系。

由于秦、晋两国世代联姻，后人便把两家联姻称为"互结秦晋"，也称为"秦晋之好"。

❹ 如何用音乐烘托婚礼欢乐的气氛

每个人都希望自己婚礼上的音乐能够烘托气氛、动人心弦。但是，不同类型的婚礼仪式需要选择不同类型的婚礼音乐，好的婚礼背景音乐能够将婚礼的每一篇章划分得一目了然，更能制造一个个的婚礼高潮，让在场的所有人都融入喜庆的气氛中。

迎宾

在宾客们入场、就座和等候时播放的音乐，至少应该准备 45 分钟长度；仪式前的音乐是烘托气氛的；小提琴、钢琴或四重奏的浪漫音乐是好的选择。

《欢乐颂》

使用理由：愉悦欢快的节奏，欢喜雀跃的气氛能够让到场的来宾"热身"，也可缓解新人的紧张情绪。

《龙凤呈祥》

使用理由：极富中华民族特色，曲调高亢，节奏激昂，体现了中华民族博大、深厚的情怀，喜庆而大气，隆重而亲切。

新人的婚礼队伍入场时的音乐，只要是能够与婚礼的气氛和风格相融合就可以。

新人入场

《婚礼进行曲》

为人们熟知的《婚礼进行曲》共有两首，分别为门德尔松和瓦格纳的作品。门德尔松的《婚礼进行曲》是为莎士比亚戏剧《仲夏夜之梦》所作的配乐。乐曲以响亮的小号声开始，接着进入到一段庄严的列队进行音乐，接下来是较轻松活泼的进行曲。重复两次后与木管乐器的优雅声混为一片，逐渐淡去。新人入场时只是播放开头部分，曲调庄严雄伟，气势昂扬。常被教堂婚礼选用为新娘进场时的曲目。

在非教堂婚礼中，更为普遍使用的是瓦格纳的《婚礼进行曲》。这是瓦格纳所作歌剧《罗恩格林》的第三幕中贵妇们引导新人入新房的混声合唱，改编后就成了现在的《婚礼进行曲》。这首乐曲曲调优美，速度徐缓，庄重中不失浪漫，是新人入场的绝配。

对两首乐曲都割舍不下的新人，常常会用瓦格纳的为进场曲，门德尔松的为退场曲。

交换戒指

《I believe》

使用理由：这首曲子尽显浪漫的情调和感觉，在戒指交换时更让人感到此刻就是天长地久。

举杯同庆

《干杯吧，朋友》

使用理由：用餐的前曲当然要欢快的旋律，这首曲子节奏活泼明快、旋律优美，来宾可以从屏息凝神中舒缓精神，开始愉悦地用餐。

用餐时

《高山流水》

使用理由：轻松、愉悦，是能让人放松的曲目。来宾无须顾虑太多，可开怀畅饮。

退场时

新人退场可选用的曲目除了上述门德尔松的《婚礼进行曲》外，还可以选用其他一些轻快的乐曲，请记住这种时刻是高兴的，喜悦的，选一些欢快的、令人难忘的曲子较好。退场时所选择的音乐也应该接近婚礼风格，如你的婚礼是纯西式的，那么就不妨准备一些西式古典音乐，如《欢乐颂》（贝多芬）；如是传统的中式婚宴，则可安排《最浪漫的事》等，让宾客沉浸在幸福的旋律中。

❺ 如何接待婚宴来宾

无论你邀请多少客人，你都要让每一位宾客知道他们的到来使你感到非常荣幸，并乐于接受他们的祝福。所以，必须保证在婚礼那天至少有一分钟与每一位宾客面对面的时间。这个时间并不局限在门口迎宾的时候，你可选择任何合适的时间、地点与你的客人打招呼。下面具体说明婚宴当天在接待宾客时需注意的几个问题。

了解来宾背景。在喜宴前对来宾有个大致了解是非常重要的，因为邀请的来宾都是新人双方的亲朋好友，可能有一些是此前没有接触过的，所以先对着请柬名册大概了解一下，可避免在婚宴中出现尴尬的场面。了解来宾身份背景也便于分析来宾性格，宾客性格不一而足，要针对他们的性格特点合理安排座次：让外向的朋友尽可能与内向朋友相配而坐，最好是相识的坐在同一桌，招呼来宾时不要忘记性格内向的朋友，适时地与他们打个招呼，又不要过于关注他们，以免让人觉得局促不安。

用语言拉近距离。一定要让客人感到他是你最尊贵的客人，而且一定要把你的配偶和你的父母介绍给所有没见过他们的客人。如果说：这是王某某；小王，这位是我的××。这样介绍就显得过于敷衍，而如果这样介绍：小王和我是大学同学。这样就分清了人们的身份，也拉近了宾客的距离。

考虑特殊情况，不要让客人混淆关系。现在有很多重组家庭，所以新娘和新郎就要考虑到婚礼上继父母的介绍方式，礼数周全又体面的介绍办法是：在介绍宾客入座时，让你的父亲与他现在的妻子站在一起，或者让你的母亲与她现在的丈夫站在一起，这样客人们自然就会明白他们的关系。

如果你的朋友带上了男女朋友赴宴，应该很自然地表示欢迎，身份介绍可尽量忽略，免得人多记错名字，引起尴尬。

在签到台多安排接待人员，争取每一个客人到来的时候都有熟人招呼，不至于因为人多事杂而让客人受到冷落。

要考虑到赴宴的客人当中可能有身体不太好的。

特别是在户外举行婚礼的时候，对身体欠佳和年纪大的宾客要让接待人员多多照顾。

❻ 如何安排婚宴座位

在中国传统礼仪中，座位是与个人身份和地位紧密联系在一起的。所以，在你的终身大事上，在这个细节上千万不可以马虎。

师长与长辈

如果是一场只有家人和亲近朋友参加的小型婚礼，可预先为你的长辈留出一部分座位。如果是一场大型婚礼，就需要准备座位卡，以减少客人们为寻找座位花费的时间。一般来讲，双方的父母应坐主桌，父母的长辈、姐妹兄弟可安排在同一桌或相邻的同区域桌，给长辈一个较尊贵的席位也方便双方父母沟通。

新人的同事、朋友、业务伙伴

这部分人应在安排好长辈之后首先招呼，互相熟识的尽量安排在同一桌，不熟识的则需在每桌安排一位熟悉的好友及时照顾，并把他们安排在整个宴会区的中段。这样整个宴席的热闹氛围也会感染他们，让他们体会到在这个婚礼中，他们是格外受到重视的。

同学、亲近好友

大多是新人的死党，不必刻意招呼，不妨把他们安排在宴会区最后几桌，既让他们自得其乐，也避免了这些好友闹酒影响整个婚礼的进程。这部分人也包括婚礼筹备人员。

> **>> 专家温馨提示**
>
> 如果宾客中有你的（或者是他的）以前的恋人，千万不要安排得离新人的座位太近，特别是熟人区，你们的事情虽然已经过去，但是对于这些比较敏感的问题，人们的记忆力往往特别好。因为在婚礼上新人经常会有一些比较亲密的举动，如果有客人经常去注意他（她）的反应，容易使大家觉得尴尬。

怎样迎接新娘

送嫁迎亲是婚礼当日的第一个重点环节，将美丽的新娘从娘家接至婚礼仪式的现场或是新郎家中，预示着一对新人将从这里拉开一场完美婚礼的序幕。

车队迎亲： 新郎召集好车队，安排了车队顺序，就可以出发去接新娘了。行进中，跟车不要太近，也不要太远，不然中途容易插进其他车辆。有些地方的风俗是，婚车不可掉头，车队不走回头路。

叫门抢亲： 新郎怀着忐忑又兴奋的心情来到新娘家，迎头就吃了个闭门羹。美丽的新娘可不是随随便便就能让新郎带走的，女方当然要设置障碍，以考验新郎的诚意。因此，新郎在叫门时，红包要包大点，这对迅速迎到新娘绝对有好处!

新郎找鞋：顺利进了新娘家的第二个遭遇，就是寻找新娘的新鞋，找不到可就带不走新娘了。当然新娘也别把鞋子藏得太隐蔽，以免急得新郎满头大汗。

新郎敬茶：在迎走新娘前，新郎要郑重向岳父岳母敬茶，改口称父母，并向他们承诺，要让他们最心爱的女儿幸福。这时，女方父母会给新人红包，并送上祝福。

上车：新郎将新娘抱上第一辆婚车，其他车辆都就绪后，才可出发至男方家。

新娘进门：各地有不同的风俗，例如挂门帘、子孙桶、滚床、跨火盆等，新娘子要从容应对，同时控制好时间。

新娘敬茶：新娘向男方父母敬茶，改口称父母，之后就是男方父母给新人红包，给予祝福。

> **>> 专家温馨提示**
>
> 各地有一些有趣的风俗，均伴随美好的祝愿：
>
> 迎亲人员和迎亲车辆，去时为单数，返回时迎送亲人员和迎送亲车辆为双数（意在成双成对），到女方家和返回新房时，行车往里拐（意在不往外去）、不走重复路线（意在结婚只此一次）。
>
> 新郎新娘下花车后车上的花牌立即拆除（意在结婚坐喜车就这一次）。
>
> 喜车返回遇到喜车、过路口或过桥时，新娘对窗外挥红手帕（意在喜上加喜）。

8 婚礼庆典最隆重的时刻

新人在亲友面前许下诺言的精彩一环，正式确立了夫妻关系，是婚礼中最隆重的时刻。

具体的流程细节如下：

迎宾签到：所有到场来宾都是这场婚礼的见证人，可用签名来表示对新人的祝福。

主持人到位：宣布婚礼开始。

新人入场：在结婚进行曲中，新人入场。新人适当放慢脚步，自然大方地向沿途的亲友致意。最关键的是要保持良好的精神状态且步伐一致，新娘不可将新郎挽得太紧。新郎可略提前新娘半步，呈引导姿态，避免不小心踩到新娘的长裙。新娘则要注意裙身，尤其是及地长裙，走时将脚尖轻轻踢起，可防止踩到裙子，绊倒自己。

主持人介绍：主持人介绍新人、双方父母、特邀嘉宾，其余宾客采取整体介绍方式。此时，乐队改变背景音乐。

证婚人致辞：宣读新人结婚证书，祝福新人。

新人宣誓：在证婚人的主持下，新人当众宣誓一生相守、不离不弃。

交换戒指：新人替对方将戒指戴在左手无名指上，左手连心，意为心心相印。

相互拥吻：既不可像盖邮戳一样轻吻，也不可进行法式长吻，之前新娘可擦去口红。如果需要掀头纱，新娘可一脚稍微后退一小步，微微低头，新郎掀开时要特别注意展开双臂，抬高手，动作要轻，小心弄掉了头纱上面的皇冠或是鲜花。

主婚人致辞：祝福新人，并对新人的未来提出期许。

新娘发言：对两人的相恋相爱做简短的回忆，并感谢父母和来宾。建议新郎新娘提前准备好发言稿，但又不要照本宣科地念出来，真情流露的发言最能打动人。

新人给父母敬茶：感激父母的养育之恩，并改口，这时候说话一定要响亮、大方。父母们可能很想却不好意思拥抱新人，新人就主动点拥抱父母，这将是你跟你的父母一辈子最难忘的时刻了。

父母发言：祝福新人，答谢来宾。此时的父母必定是激动又欣慰，是婚礼的一个小高潮。

点花烛：新人共点花烛，许下白首之约。

倒香槟： 预计一下香槟塔的高度，千万不可过高，到时候新人垫起脚也够不着，可就尴尬了。建议新郎也不要亲自开香槟，到时候万一打不开，出大洋相了。倒香槟时控制力度和流量，别冲垮了香槟塔。

喝交杯酒： 预演绝对有用，找到两人最合适的角度，防止酒洒在礼服上。

切蛋糕： 切的时候，刀口尽量放平，不要向上对着宾客，切好后再向宾客微笑致意。新人品尝了第一口蛋糕之后，还会把蛋糕分给在场的宾客，在一片分享甜蜜、其乐融融的气氛中，婚礼仪式结束，进入婚宴阶段。

>> 网站轻松链接

婚宴上有一个特别需要注意的地方，就是把握上菜的时间。菜肴上得太早会影响仪式的进行，太晚的话让宾客饿肚子就不好了。如果婚礼仪式和婚宴在同一个场地举行，通常会选在仪式结束时开始上菜，但是上菜的速度要快。新人应事先要跟场地负责人沟通婚礼流程，确定大致的时间，后厨和服务人员都好有所准备。

⑨ 婚礼司仪主持辞范例

各位亲朋好友：

在这灯火辉煌的时刻，我们迎来了××先生和××小姐的结婚庆典。缘分把一对钟爱一生的新人结合得甜甜蜜蜜，融合得恩恩爱爱，美满幸福。

下面请新郎新娘入场！

身披着洁白的婚纱，头上戴着美丽的鲜花，沐浴在幸福甜蜜之中的佳人在庄严的婚礼进行曲当中，和新郎心贴着心、手牵着手，面带着微笑向我们款款走来。

朋友们，让我们衷心地为他们祝福，为他们祈祷，为他们欢呼，为他们喝彩！为了他们完美的结合，让我们再一次热烈鼓掌，祝福他们美好的未来！

各位来宾、各位领导，今天是××年××月××日，现在是北京时间××点××分。据善观天象的权威人士说，此时此刻正是成婚的黄道吉时，在这个吉祥的时辰，我们的××先生和××小姐怀着两颗彼此相爱的心，走进了这庄严神圣的婚礼殿堂！这样一个吉利的日子，是他们幸福生活的开端，

大家说是不是啊?

新郎和新娘,结婚以后不要忘记了父母的恩情。他们把你们从小拉扯大,其中的辛苦也许你们还无法体会。如今,你们俩成了家,可是你们的父母却已经老了,他们的头发白了,皱纹也爬上了脸颊。我希望你们俩有好房要请爹娘一起住,有好饭菜要和父母一起尝,父母晚年过得快乐,你们做儿女的脸上也有光。大家说是不是啊?

接下来请我们的新人给父母三鞠躬。

一鞠躬,感谢父母养育恩;二鞠躬,孝敬父母见行动;三鞠躬,早日让父母抱胖孙。

美丽的彩蝶恋牡丹,天上的星星把月亮陪伴,从今以后,你们将是恩爱的夫妻,甜蜜的伴侣,今后你们俩将要共同生活在一起,妻敬夫来夫敬妻,请喝上一杯交杯酒表表心意。请新人喜喝交杯酒。

我们所有的人都觉得,×先生能得到×小姐这样的娇妻,可以说是男方家的骄傲。×小姐能够找到×先生这样的丈夫,可以说是女方家慧眼识英才。他们俩真可谓是郎才女貌,不!应该说是才貌双全。我不是诗人,无法用世上最美好的语言来赞美他们,但是我要说,他们的结合是天赐良缘,珠联璧合。我不是牧师,无法向上帝去祈祷,但我要祝福他们琴瑟甚笃,白头偕老。在此,我提议,全体起立,为了新郎新娘的幸福,干杯!

10 户外婚礼主持辞范例

各位来宾,大家好!

阳光明媚,歌声飞扬,欢声笑语,天降吉祥。在这美好的日子里,在这初春的大好时光里,我们迎来了一对神仙眷侣×先生和×小姐幸福的结合。在这里首先请允许我代表二位新人以及他们的家人对各位来宾的光临表示衷心感谢和热烈的欢迎!

接下来,我宣布新婚庆典仪式现在开始!

下面,请我们的音响师奏响庄严的婚礼进行曲,让我们大家以最热烈的掌声有请二位新人登场!

(问新郎)累不累啊?不累那再抱着新娘绕场20圈。开个玩笑。

大家看,今天的新郎是不是要比任何时候都要英俊潇洒,新娘要比平时

任何一个时候都更楚楚动人和漂亮温柔呀，大家说是不是？（嘉宾掌声）

俗话说，水有源树有根，儿女不忘养育恩。在儿女成婚的大好日子里，除了我们的新郎新娘特别高兴之外，还有两对夫妻也是心花怒放，新郎新娘请你们分别请自己的父母大人上座。先请新娘为婆婆戴花，改口叫妈。新上任的婆婆您坐好，戴花有个小说法，戴在左面以后生男孩，右面生女孩，至于中间嘛，朋友们你们说是什么？双胞胎啊！问一下婆婆，您觉得戴在哪里合适？（中间——婆婆回答）好，现在开始戴花。请礼仪小姐送上孝敬茶，新郎新娘请将这一杯茶水送到父母手上，改口叫爸妈。哇！送茶还有红包拿呀，我建议你们以后这周到这边爸妈家，下周到那边爸妈家，只要嘴甜，就有钱拿，是一条发财致富的捷径呢！开个玩笑。拿了这个有特殊意义的红包，就表示你们以后就是由两个小家庭组合成了一个大家庭了。父母有什么要对儿女嘱咐的吗？（家长代表讲话）

接下来，请证婚人致证婚词。（略）

现在请新郎新娘的双方代表致主婚词。（略）

现在请来宾代表致贺词。（略）

现在请介绍人致贺词。（略）

现在请新郎新娘致答谢词（略）

各位来宾，现在最激动人心、最圣洁庄严的时刻到来了，那就是新郎新娘交换结婚戒指！这将象征着他们永远心心相印、美满幸福。

现在请新郎新娘互敬交杯美酒，这象征着他们俩永远甜甜蜜蜜，恩恩爱爱，永浴爱河。

各位来宾，××先生与××小姐将会给我们留下深刻的记忆。今天的婚礼，喜庆而热烈，优雅而高贵，大家都沉浸在愉悦的氛围里。现在，由新郎和新娘共切百年好合的蛋糕。洁白美味的蛋糕象征着他们俩团团圆圆，事业兴旺，生活美满。

各位来宾，让我们祈祷，让我们祝福，让我们举起手中的酒杯，共同祝福这对龙凤新人新婚愉快、白头偕老、永结同心！

各位来宾，××先生与××小姐的婚礼庆典仪式到此就要告一段落了，等一会儿，新娘新郎将穿着更加漂亮的礼服来到大家身边，依次向来宾们敬酒敬烟，以表达新郎新娘的感谢之情。最后让我们再次地祝福新郎和新娘，祝各位来宾家庭幸福，合家欢乐。谢谢大家！

⑪ 新人（新娘）致辞范例

各位领导、各位来宾：

大家好！

今天是我和××结婚的日子，激动的心情真是无法用言语来表达。

和他相识、相知、相恋、直至现在携手走进神圣的婚姻殿堂，我觉得除了缘分，还有我们彼此的真诚和珍惜。

在这里，我要感谢我们的父母，是你们的付出，才让我们能够拥有现在的幸福生活！我们会珍惜现在，努力工作，做你们的孝顺儿女。另外还要感谢领导和亲戚朋友的光临，谢谢你们！你们的到来使我们感受到了你们的祝福和期望，也祝你们健康快乐！谢谢！

⑫ 新人（新郎）致辞范例

尊敬的各位领导、各位来宾：

大家好！

今天我特别的开心和激动，因为我终于结婚了。一时间纵有千言万语却不知从何说起。但我知道，这千言万语最终只能汇聚成两个字，那就是"感谢"。除了感谢，还是感谢。你们的到来为我们的婚礼增添了不同寻常的意义，在以后的日子里，我们将永远记得，有你们在祝福、关注着我们。

在这个美好的日子里，你们将是我和××爱情的见证人，你们的祝福我们会好好珍惜；没有你们，也就没有这场让我和我妻子终生难忘的婚礼。没有你们，我们的婚礼将冷冷清清。谢谢你们！

我要感谢我的爸爸妈妈。妈妈，是您用您的靓丽青春和婀娜的身姿，把一个生命带到了这个世界，教我学知识，教我学做人，让我体会到世界上最无私的爱，您给了我最温暖的家。爸爸，我小的时候常惹您生气，这些年您的身体不太好，更是让我体会到您在我生命中的重要，我也不会忘记我在外漂泊的日子里，度过的那几千个思念的日日夜夜。现在，我想说，爸爸，妈妈，你们辛苦了，咱家好了，儿子长大了，儿子结婚了。你们可以放心了。

我还要感谢我的岳父岳母，爸爸，妈妈，我想对您二老说，您二老把你

们的掌上明珠交付给我这个年轻人,我知道自己肩负的责任重大,我这辈子可能无法让您的女儿成为世界上最富有的女人,但我会用我的生命使她成为世界上最幸福的女人。在以后的日子里,我将用我全部的爱来关心她,呵护她。请你们放心吧!

最后,我想对这个将在我身边占据我整个生命的爱人说,谢谢你答应和我厮守一生,虽然我们现在拥有的不多,但为了我们美好的明天,我们一定会努力地拼搏,共同建造美满的家庭。

最后,希望大家能够开心,吃好喝好,招待不周到的地方,请大家多多包涵!谢谢大家!

>> 网站轻松链接

交杯酒的由来

新郎、新娘在婚礼上喝"交杯酒"是婚礼上的重要仪式之一,这个习俗起源于秦代。据记载,当时使用瓢饮,二者相合,即成葫芦状,象征夫妇二人有相同的地位,婚后相亲相爱,百事和谐。

交杯酒又被称为"合卺酒",主要表达了夫妇连为一体的美好祝愿,寄寓生活幸福美满。由于交杯酒"合"的意义深远,它象征着夫妻之间永结同好、永不分离,所以后来的婚礼中都少不了这一节目,只是形式有了很大变化。

13 新郎新娘的基本礼节

几乎每个婚礼上,新郎新娘都会像雕像摆设般,频繁地调换宾客拍照,每对新人要在众目睽睽下站立、走动、就座。一想到你的举动无一能逃过众人的目光,是不是心里紧张?不用担心,下面教你一些基本的礼节,保管用得上。

优雅柔和的笑容

完美的妆容加上幸福的笑容,新娘才会给人一种真实的感觉。一对新人脸上幸福柔和的笑容是宾客们喜欢看到的。很多人拍照时的笑脸是刻意堆出来的,拍完了,脸上的笑容立刻就消失了,这样的笑很假。微笑的练习方法是：嘴里横含一根筷子，嘴角上翘，样子看上去像笑一般，保持嘴形不变，把筷子拿出来，便完成了微笑，然后反复操练，练到笑不露齿的程度便大功告成。

婚宴中自始至终都要满面春风，把自己融入轻松愉快的婚宴氛围中去。

坐姿：膝盖并拢腰挺直

和亲属拍照时，上半身的姿态最关键，所以，若有了"啊，好不容易能坐下了"这种想法，瞬间就会像泄了气的皮球似的猫起腰来，很难看。坐姿不能大意，要时刻保持紧张感，特别是如果新娘穿着低胸礼服，坐在椅子的中心处，猫着腰，这样显得肩幅很宽，更不雅观。正确的坐姿是：只坐到椅子的三分之一处，腰挺直，膝盖并拢，双手自然放置。

站姿：自然挺直，脊柱伸展

在婚礼仪式或宴会上，有相当长的时间新人是以站立的姿态出现在大家面前的。所以新娘的基本站立姿势和视线眼神比其他礼仪更为重要。优雅的站姿是：脊柱伸展，收腹挺胸，气沉丹田，直视正前方。两臂略微向后伸展，这样就能够自然地使胸部挺起。两臂不要夹得太紧，否则会显得生硬。双脚不要紧紧并齐，脚尖稍微分开一定的角度，这样就可以完美地展示婚纱的轮廓。为了确保万无一失，结婚前最好能够穿着礼服在镜子前练习一下。如果你有些驼背，那么高跟鞋是你婚礼前的矫正师。新娘应整理好礼服的裙摆后再自然站立，否则裙摆凌乱地摊在地上，无论你站得多美都会显得不太协调。

新娘站在新郎旁边时不要拉着新郎的衣服，这会给人胆怯的感觉，不要死死地抱着新郎的胳膊，好像生怕他会逃跑似的。新娘和新郎站在一起的正确姿势是：站在新郎身边靠后约15厘米处，右手挽新郎左胳膊，两人的位置像"八"字，正面拍照感觉最佳。

行走：引人注目的入场仪式

有些新娘由于不习惯穿婚纱和高跟鞋，可能会有踩到裙子的意外情况，所以礼服不宜过长。正确的走路方式是：用脚尖轻踢着裙边，足底轻擦过地面，徐徐向前。严格地讲，新娘的目光应该是始终直视前方，尽量将视线放于 10 米前，这样有利于拍照，但为了安全起见，新娘的视线可以稍稍向下，但不可太过以免影响形象。走路摆动双手时，手臂不应该太直，且摆动的幅度不应太大。

优雅转身

礼服和一般衣服不同，想只改变一点方向是做不到的，不拖着裙子以夸张姿态转身的诀窍在于，转身时用与旋转方向相反的手轻轻抓住裙边和裙撑稍微向上提，在穿着长裙，披着长披纱时，把它们挂在自己的手腕上，瞬间快速地转身。

鞠躬

婚礼上免不了频频鞠躬，鞠躬的要领是：第一，背要直，腰部以上的身体向前倾，注意鞠躬的时候不要抬眼看人。第二，鞠躬时要满怀感情，弯腰的幅度约 15 度左右，可以保持一秒钟的停顿。两个人要配合好，不要"此起彼伏"。注意不要突出下巴，只点头行礼或弯腰过度都会显得不文雅。

交换戒指

给心爱的人戴上结婚戒指是很经典的一刻。这一刻很多新人都因为太过激动而不知该怎样从容面对，自然的姿势为：新娘帮新郎戴戒指时，新郎弯曲肘部，把手伸到自然弯曲的高度，新娘用左手托着新郎的手，右手的拇指、食指和中指握戒指，戴入新郎的无名指。通常，在戴不上去时，新娘会不自觉地紧紧抓住新郎的手，放到自己的眼皮底下仔细将戒指往他无名指上戴，其实这种姿势很失态，拍出的照片也不好看，容易紧张的人最好事先多练习几次交换戒指的姿势。

切蛋糕

新人切蛋糕在婚宴中是拍照次数最多的场面，切蛋糕最美观的姿势是新娘右手持刀，新郎将右手盖在新娘的右手上，左手搂住新娘的腰，新娘的左手辅助右手切蛋糕，并在站姿上依旧保持亲密的八字形。两人的视线必须一致，回头时不要只转脸，整个身体都要转，这样有利于把照片拍得更完美。

点蜡烛

经常有很多新郎拿着点火棒在离蜡烛很远的地方伸手点火，这种姿势会让两人突起下巴，张开嘴巴，样子很可笑，且两人手臂长度不同，若新郎把

手臂完全伸直，新娘就会身体前倾。新郎要考虑新娘手臂的长度以决定站的位置，新娘则要注意将手中的花束正面朝外，尽可能靠近桌子。新郎的另一只手放于新娘腰上，像跳舞一样，通过手指的暗示来调节距离，将新娘引到离桌子半步之遥处。

干杯

首先，在听祝酒词时，新娘应摘下手套，放在桌子上。用左手稳托杯底，酒杯端至胸前，随着干杯声怀着感激心情将酒杯稍斜上举，幅度不要过大，不要让酒杯遮住脸部。若两个人的椅子离得远，可以在站立时靠得近一点，这样整体才显得美观。另外，要用正确的指法拿酒杯。

揭面纱

为了使新郎更容易地掀起面纱，新娘应该挺直背，微微蹲身以配合新郎。新娘应以惯用脚为主心支撑点，另一脚向后跨小半步，直着腰板微曲膝盖。那种曲腰突臀的姿势会很难看。还有，掀起的面纱不要让它乱糟糟地放在头上，新郎在掀起爱人面纱的同时应该顺手帮忙整理一下，这样无论是从侧面还是后面拍照都会相当美观。

>> 网站轻松链接

仪式上的亲吻具有神圣的意义，二人应该表现得自然大方，当进行宣誓亲吻时，莫名其妙的害羞、扭扭捏捏或做作地突出嘴唇接吻反而令人厌恶，照相也好录像也好，都会相当不自然。正确姿势如下，新郎轻轻搭着新娘的胳膊，另一只手搂住她的腰，以此作为暗示，新娘将脸稍稍抬起，让旁观者感觉二人是以很自然的姿态靠近，有一种神秘感，显得漂亮。接吻的时机二人应事先说好，这样到时候才不会出差错，新娘应事先用餐巾纸轻轻拭去表面浓艳的口红，免得在新郎脸上留下很清晰的唇印。

14 新娘怎样留住最美的瞬间

在婚礼过程中，最能够反映出新嫁娘的美丽，真实记录场景和心情，值得留念的经典瞬间包括：

（1）头戴婚纱的新娘

把自己的俏脸，藏进朦胧的头纱后面，能让人感到新娘的些许羞涩，以及对于未来生活的一种幸福憧憬。在这一天以后，一切都将成为新的开始，新嫁娘的心中到底是怎么样的一种思绪和情怀呢？透过半遮掩的头纱，让人猜测，余味无穷。

提示：可以站在窗前，借助自然光线，新娘还可以手捧着鲜花，两眼望着鲜花，效果会更加完美。

（2）对镜理妆

结婚当天的早晨最忙碌，一早起来就梳妆打扮，忙这忙那，好不容易把礼服穿好，头发盘好，新娘化妆也差不多完成，对镜子看着自己，镜子里的新娘真美丽！可还不放心地检查一下：耳环、项链、头饰是不是都戴好了？怎么看都不放心！——毕竟，今天对自己是多么重要啊！

提示：拍这张照片，最好能把镜中人也拍进去，化妆台上凌乱的样子作为背景会更有风味，结婚纪念册里收纳进这张照片，效果会不一般。

（3）戴头纱一瞬

画面构图中，由母亲亲手为待嫁女儿戴上头纱。此时，母亲心中应当有无限感慨，女儿和母亲一边低声地说悄悄话，母亲一边温柔地帮着女儿打理，关照这个，唠叨那个，天下慈母心，女儿身上有母亲的影子！

提示：镜头可以处理得朦胧一些，借助窗口自然光线，用镜头留下那温柔一瞬间。

（4）新娘和父母坐等新郎

早晨忙碌的一切都准备完毕，待嫁新娘和父母一起坐着，等待迎亲的新郎到来，虽然是大喜的日子，父母的脸上难掩一种不舍、一种依恋。

提示：可在客厅拍摄，父母和新娘不必摆姿势，不刻意追求，效果自然最佳。

（5）新娘独自在房里

新娘还在房间里忙这弄那，时间很快就要到了，新郎也快要来了。妈妈又一次催促时，新娘显出一副很紧张、忙碌的样子。

提示：拍摄新娘的侧身影，不必进房间拍摄，也能形成一种很微妙的效果。

（6）背影

新娘站在窗前，面对着窗口，若有所思，不知道是为自己找到了一个意中人偷偷地开心，还是伤心舍不得和父母分开，总之会思绪万千。一个人静静地站在窗前，微微打开窗纱，有些朦胧的背影，非常能表现一位新娘的复杂心绪。

提示：不需强光，不需很多修饰，一个简单的背影就足够。

(7) 新娘下婚车走向庆典现场

新娘从婚车上下来，一手捧着漂亮的鲜花，一手扶住车门，满脸幸福的笑容，准备走向婚礼的现场，也走向自己新的幸福生活，脸上自然又真切的笑容，足以感染旁观者。

提示：由于技术原因，婚车从一地到另一地之间无法拍摄，也不必傻乎乎地全程追拍，只抓住主要的一瞬。

(8) 鲜花

没有新娘，也没有新郎，没有任何人物，画面中只有一束新娘将要手捧的鲜花静静地放在桌上，无论婚庆现场会有多嘈杂，静静的花儿，就像新娘的影子，静静地等待着新郎，等待被捧起的时刻。

提示：画面中不需要任何人物，当然，用人影来点缀也是一种风格。

(9) 著名建筑前留影

离开家，看到自己所居住城市的日新月异变化，在著名的建筑物前，或是恋爱时曾经约会、初次相识的地方拍下结婚当天的照片，会很特别、很有纪念意义，一起走过的日子以前是这样，未来，则更值得期待。

提示：由于穿着礼服到处走不方便，可以事先选好一两个地方。

(10) 合影

新郎新娘在标志性建筑物前合影，手拿报纸显示结婚当天的日期，用翻开的报纸，见证一起开始新的生活。

提示：在自己家门口就可以，两个人应当表现得亲昵一些。

15 敬酒的礼仪和技巧

敬酒这个环节是重头好戏，是新人和宾客互动的大好时机。敬酒时，新人应事先了解嘉宾背景，并注意敬酒的顺序，首先是主桌，先敬女方父母和男方父母，再敬其他长辈，然后是次桌。不仅每桌都要敬到，而且桌上的宾客也要一一敬到，不可失礼。

无论新人的酒量如何,面对数十人甚至上百人的亲友敬酒阵容,谁也不敢掉以轻心。特别是新郎,一方面要顾及场面的气氛和亲友的情分,把礼数做周到,一方面要维持大婚之日的光辉形象,不能轻易醉倒。如何做到情谊和形象兼顾呢?新人敬酒要本着长幼有序,先女方客人,后男方客人,先长辈,后一般朋友的原则。

中国人的好客,在酒席上发挥得淋漓尽致。中国人相信人与人的感情交流在敬酒时得到升华,都想让对方多喝点酒,以表示自己尽到了地主之谊。客人喝得越多,主人就越高兴,说明客人看得起自己,如果客人不喝酒,主人就会觉得扫兴。

劝人饮酒有如下几种方式:

文敬、回敬、互敬、罚敬及代饮。

文敬:这是传统酒德的一种体现,即有礼、有节、有理地劝客人饮酒。

回敬:这是客人向主人敬酒。

互敬:这是客人之间的敬酒,为了使对方多喝酒,敬酒者会找出种种必须喝酒的理由,若被敬酒者无法找出反驳的理由,就得喝酒。

罚敬:这是中国人敬酒的一种独特方式。罚酒的理由也是五花八门,最为常见的可能是对酒席迟到者的"罚酒三杯"了。

代饮:在婚礼上,不会饮酒,或已饮酒太多,但是主人或客人又非得敬酒以表达敬意,这时,就可请人代饮,既不失风度,又不使大家扫兴。

在宴会上,致祝酒词通常是男主人或女主人的权利。如果无人祝酒,客人则可以提议向主人祝酒。如果主人第一个祝酒,客人可以接下话茬儿继续祝酒。提议干杯时,应起身站立,右手端起酒杯,或者用右手拿起酒杯后,再以左手托扶杯底,面带微笑,目视其他人特别是自己的祝酒对象。

婚礼上有人提议干杯后,要手拿酒杯起身站立。即使是滴酒不沾,也要拿起杯子做做样子。将酒杯举到眼睛高度,说完"干杯"后,将酒一饮而尽或适量喝一些。然后,还要手拿酒杯与提议者对观一下,这样礼数才算做周全了。

干杯前，可以象征性地和对方碰一下酒杯，碰杯的时候，应该让自己的酒杯低于对方的酒杯，表示你对对方的尊敬。用酒杯杯底轻碰桌面，也可以表示和对方碰杯。当离对方比较远时，完全可以用这种方式代劳。如果主人亲自过来敬酒一定要在干杯后再回敬主人一杯。

一般情况下，敬酒应以年龄大小、职位高低、宾主身份为序，敬酒前一定要充分考虑好敬酒的顺序，分清主次。与不熟识的人喝酒，要先打听一下身份或是留意别人如何称呼，避免出现尴尬的局面。如果在宴席中恰巧碰到更高身份或年长的人，要先给尊长者敬酒。

如果因为生活习惯或健康等原因不适合饮酒，也可以委托亲友、晚辈代饮或者以饮料、茶水代替。作为敬酒人，应充分体谅对方，在对方请人代酒或用饮料代替时，不要死缠烂打，也不应该好奇地"打破砂锅问到底"。要知道，别人没主动说明原因就表示对方认为这是他的隐私。

敬酒时要语言得当，诙谐幽默。声音不要太小，也不要大声喧哗，敬酒一般不超过三分钟时间。

> **>>网站轻松链接**
>
> 在婚礼上对你来说最重要的人是谁？当然是你的爱人。在喧闹、忙乱与应接不暇中，不要只顾招呼他人，而忽略了你身边的他（她）。说到底，这个婚礼是属于你们的，要时常提醒自己拉一拉对方的手，看一看他（她）的状态如何，把你们互相之间的爱护与体贴在这一天充分地表现出来。

16 常用的婚礼娱乐节目

婚宴中，有些宾客，尤其是新人的好友，会特意设计一些小游戏，例如口喂葡萄、共吃苹果等来"刁难"新人。新人要对此有所准备，落落大方地迎合宾客的要求，否则你越扭捏，众人就越起哄。这类节目无非就是让新人表现出他们的亲密与甜蜜，顺便出出丑，娱乐大家。

常见的节目有：

共吃樱桃或糖果：

用一根绳子吊起樱桃或糖块，找一个人举高吊起绳子，让两位新人同时咬住樱桃或糖块，然后吃掉。

吹蜡烛
将两支蜡烛点燃置于桌上，蒙上新郎新娘双眼，相对而立。迅速将一盆面粉代替蜡烛。新人一吹，面粉扬起，两人顿成白面人，寓意"白头偕老"。

亲亲甜心
新郎仰面躺在床上，然后把切得薄薄的香蕉片贴在他的脸上和脖子上，让蒙着眼睛的新娘用嘴去找那些香蕉片并吃掉。

夫妻识字
让新郎选一个字或一个短语，然后请新郎做各种动作（不准说话，不准用手描笔画）给新娘看，要使新娘能认出这个字。选字的时候，要挑那些与新婚气氛相吻合的内容，例如：爱、恋、夫妻等等。

吃瓜子
绑住两人的手。其中一人叼一粒瓜子，另一人要用嘴将其剥开，剥下的壳要完好，吐在一个盘子里，做不好，则罚酒一杯。

背媳妇
取材猪八戒背媳妇，在新郎两个耳朵上各夹一张纸，口里叼个纸杯当鼻子，地上每隔两步放个空啤酒瓶子，让新郎背着新娘绕着瓶子走三圈。

甜如蜜
找一个深一点的盘子，然后在盘子里放一块糖，最好是加热一下让糖粘在盘子底，让新郎和新娘用舌头把糖舔起来。

点火柴
将火柴插于红枣上，在盛水的盆里漂浮。一根红线中间扎一支点燃的香烟，两头分别由新人咬住，两人你进我退，合力用烟点燃盆中的火柴。要屏住呼吸，用扎实的"牙功"与眼光才能获得成功。

吃香蕉
用弹性绳捆住香蕉，吊于新郎跃起能够到的高度，新郎用嘴拉下香蕉。

新郎、新娘用嘴剥皮，然后共同把它吃完。为了不让绳子缩回，一个做动作，另一个必须咬住香蕉，这就要看两人的配合了。

热热闹闹进洞房

婚礼的最后一个项目自然就是闹洞房了。在婚礼宴会结束之后，一些亲朋好友仍旧沉浸在婚礼的喜悦之中，想到新房中去热热闹闹地闹洞房。总的说来，传统的闹洞房都比较讲究方式，在喜庆的氛围中与新人和谐地闹洞房，最终达到皆大欢喜的效果。

(1) 闹洞房的时间

闹洞房的时间一般在晚上的 10 点到 12 点之间，时间不宜过长，否则会影响到邻居家的休息。新婚之夜年轻人喜欢狂欢，但前提是不给别人带来影响，这也是为新人今后的生活考虑。同时新人可以"自私"一点，别让闹洞房错过了新婚之夜的和谐，要有这样的想法：我的新婚之夜，我做主！

(2) 闹洞房的人员

不是所有的人都要去闹洞房。在去洞房之前，除了和自己关系最亲近的人，一般的来宾就不需要我们发出特别邀请。还有，不要同意"酒鬼"去闹洞房，一来可以避免"酒鬼"酒后惹事；二来可以避免"酒鬼"在酒精作用下把婚房吐得乱七八糟。当然，平日里不自重、爱动手动脚的人也不要允许其闹洞房，这样很容易让其有借口，不怀好意地乘机"揩油"，破坏轻松友好与喜庆的气氛。

(3) 闹洞房的手段

◆娱乐游戏　做游戏是闹洞房最普遍、最大众的一项活动，以往的经验告诉我们，做游戏往往是宾客"整"新人的最佳机会，其实新人没必要一味地被人"捉弄"，也可以学会主动出击。谁说游戏只能新人做，结合下一节的闹洞房小游戏，让闹的人也一起秀秀游戏细胞，给大家一个展现自我的机会。

◆表演节目　也就是"才艺展示"，是给新人一个在大家面前充分展示自己特长的机会。很可能有平时难得一见、深藏不露的"绝技"，在这个时候能让大家开开眼，长长见识。尽管表演可能达不到十全十美，但一定会表演得很真实。

◆恋爱绝密大曝光　在闹洞房时，很多人会要求新人自爆恋爱时的一些秘密，比如新郎怎样追新娘、新娘为什么会答应新郎求婚等问题，想要"无可奉告"是不可能的，不如事前先对好台词，为大家讲一个美丽的爱情故事。

◆ 闹洞房的注意事项　为了避免闹洞房出现难堪，新人最好在结婚前就要准备好一些个人节目，例如自己擅长的歌舞、笑话、魔术等，有备无患，当需要的时候正好可以派上用场。如果实在找不到节目也不用担心，准备一些谜语，大家一起来猜谜，猜中的送给一份小小的礼物，不中的可以给个惩罚，这样就能顺水推舟地把节目转移到别人身上。

新郎要特别注意，一定要守护好你的新娘，不管任何人给新娘出难题，新郎都要第一时间帮助新娘摆脱困境，别让她陷入难堪的境地。

如果个别闹洞房的人久久不愿离去，新人可以婉转表示由于一天的婚礼下来身心疲惫需要休息，建议闹洞房早点结束，但不能直接下驱逐令，这样会给人留下糟糕的印象。

在客人闹完洞房后，尽管新人真的疲惫不堪，也要热情相送客人，并对客人再次表示感谢，恳切欢迎大家日后常来做客。

>> 网站轻松链接

闹洞房时，一般都要讲讲罗曼史，你不妨事先理清头绪，把要讲的内容想好。在洞房里，新郎、新娘要积极配合，协调行动。特别是新郎，一定要时刻记得注意为新娘解围，别陷入难堪。如果有个别不懂事的客人越闹越晚，还全然没有要走的意思，那么新人可以委婉地表述自己累了，切不可直接下逐客令。

18 如何安排蜜月旅行

近年来，到风景名胜区或国外度蜜月，逐渐成为都市年轻一族结婚新时尚。新人如果决定蜜月旅游，一定要提前做好安排。

无论是海外游还是国内游，在选择蜜月行程时，最好先考虑以下几个要素：

婚假的天数：最好给蜜月旅程多预留1～2天，调整心情，才好收心上班。

旅游方式：比较省事的方式是确定蜜月地点后，选择跟团旅游，但跟团行程固定，无法随心所欲；若是选择自由行，则出发前一定要对蜜月地点做足准备功课。

财政预算：选择一个符合自己预算的行程，玩得较为安心，才不至于日后烦恼，先甘后苦就不理想了。

地点的选择：如果没有足够的假期，不要选择一些需要长途飞行或舟车劳顿的地区，这样只会累坏自己，选择近一些地区，行程从容悠闲地玩乐比较适合。

旅行团的品质：订购前多比较行程内容，多打听承办旅行社的口碑，才能避免遇上劣质的旅行团，花钱又受气。

如何选择服务质量可靠的蜜月旅行社

第一，选择有照有证件、有经营旅游业务资格的旅行社。

如果碰到服务质量违约问题，可以到旅游质量监督机构投诉，以保护旅游者自身权益。千万不能贪一时之快去找无照经营的"野马"个体户，到时吃苦的还是自己。

第二，选择信誉好、价格合理的旅行社。

选择信誉好、价格合理、旅游节目明码标价，并有质量服务反馈卡的旅行社。

旅行前无论个人还是团体应签订旅游合同书，包括住宿条件、交通工具、景点安排、游览时间、购物细节都应写具体，以免旅行社降低服务质量和标准，使旅游者的权益受到侵害。

第三，注重导游的素质。不管到哪里旅游，一个好的导游能够让你玩得更尽兴，导游的素质也反映了旅行社自身的实力。

第四，留心旅行社是否为自己投保旅游人身平安保险。

旅行社必须为每个旅游者投保旅游人身平安保险，一旦遇到人身意外伤害，保险公司会作出相应的赔偿。

19 蜜月旅行注意事项

穿戴舒适

新嫁娘多数年轻好动，旅游中少不了跋山涉水，因此，出门时最好穿一双布鞋、旅游鞋或休闲鞋。这一类鞋子穿着舒适，能减轻旅行疲劳。细高跟女式皮鞋应尽量避免，以防发生摔伤、扭伤。

炎热夏季节出游，为遮阳防暑，新娘应戴上遮阳凉帽和太阳镜，还要擦一些防晒霜和润肤露，不宜浓妆艳抹。

冬季旅游度蜜月，穿着宜轻软保暖，羽绒服太空棉衣类最为合适。

因为旅游中出汗多，内衣裤最好准备吸汗性能好、无刺激的棉织品，不宜穿戴涤纶树脂衬的胸罩和化纤三角裤，这一类面料通透性差，汗水不易蒸发，涤纶纤维刺激乳头和会阴部黏膜后，容易诱发乳腺管阻塞和外阴瘙痒症。

坚持避孕

旅游度蜜月，一路劳乏。下榻旅馆后，即使有条件洗个澡使身体放松一下，也不能完全消除旅途的疲劳，再说，翌日还要登程继续游玩。从优生角度讲，新婚蜜月里不宜受孕，因为新婚期间性生活次数频繁，男性的精子质量不高，对未来胎儿的健康发育不利。一结婚就怀孕的女性，比婚后过一年再受孕的女性更容易罹患妊娠中毒症。这与新婚夫妇过度疲劳、性生活过频等因素，有着密切关系。所以，为了自身健康和优生优育，在旅途中性爱时应坚持避孕，备足避孕药具。

>> **专家温馨提示**

新婚旅游，出门在外，随身携带的行李显得特别重要，证件、护照、随身携带的衣物、保养品、清洁用品、信用卡、现金等等，要依照使用习惯仔细打理，以备出行所需。还可以在行李中准备一个简易医药包，放些随身药品如防治蚊虫咬伤、腹泻、胃痛、头痛、晕机、晕车之类的，以备不时之需。如果有病在身，还要随身携带药物。

制订完美的孕育计划

第一章　和谐甜蜜的性生活

第二章　常用的避孕方法

第三章　为怀孕做准备

第一章
和谐甜蜜的性生活

性爱是一种艺术，需要进入一种美好的、艺术的意境当中。这种意境的营造对缺乏经验和心理紧张的新婚夫妻而言，尤其重要。它可以使人在温馨甜美的气氛中，不知不觉地进入角色，自然而然地领略性爱的美好。

❶ 营造温馨浪漫的性爱气氛

新婚初夜，对于相亲相爱的新郎新娘来说，是一个神秘而幸福的时刻。性爱的帷幕即将开启，羞涩、紧张、不安伴和着欢乐，这将是终身难忘的一夜。也许，它会对你们的一生产生影响。让初夜在你们的未来记忆中留下美好的印象一定是你们共同的期望。那么，达到这个期望的关键的第一步是——营造温馨的性爱气氛。

性爱是一种艺术，需要进入一种美好的、艺术的意境当中。这种意境的营造对缺乏经验和心理紧张的新婚夫妻而言，尤其重要。它可以使人在温馨甜美的气氛中，不知不觉地进入角色，自然而然地领略性爱的美好。

温馨气氛的营造可以从几个方面入手，主要是利用视、听、味、嗅几种可以导致性唤起的感官刺激，来创造和布置性爱的气氛和环境。

几乎我们看到的所有东西都可能成为性的刺激物，虽然它们和性之间的关系只是间接的，但这些间接、次等的视觉刺激很重要，它们构成了浪漫的基调，或称之为爱的环境。将新房内的灯关掉，点上殷红的蜡烛，一根、两根、或者整整一圈，任烛光摇曳，脸儿绯红；或者只留一盏壁灯，让柔和、暗淡的光笼罩新房，形成朦胧、梦幻般的环境。即使婚房不够豪华，插上一束鲜艳或淡雅的花束，挂上一幅秀美的风景画，也足以逸出浪漫的气氛。新娘透明的睡衣、飘散的秀发,新郎强壮的身体、深情的微笑,是这浪漫基调中更生动的形象刺激。对大多数妻子来说,浪漫的环境对于她们的性欲反应有着至关重要的影响,对于充满爱情的丈夫们来说,也同样如此。

听觉和人的心理感受更是密切相关,某些声音也能成为性的间接刺激物。尤其是音乐,在柔和的、委婉的、流畅的、有节奏的、冲动人心的乐曲声中,人们往往会产生性的激动和性的联想。与音乐相关的记忆,特别是两人曾经共享过的那些音乐所激发的情绪,会构成"背景音乐"。在卧室里放一曲有两人美好记忆的乐曲,静静地聆听、默默地对视,或在乐曲声中翩翩起舞,将使深深的情爱在这温馨的气氛中渐渐化为炽热的性爱。音乐之外,充满爱意的喃喃情话,轻声的呼唤,都可以唤起彼此爱的激情。

口与舌在性爱中有着特殊的重要的作用,因此味觉会影响性爱的情绪。主要是口腔的异味、怪味最容易破坏情绪,敏感的女性,尤其容易如此。所以,注意口腔的卫生,忌食有刺激味道的食物,保持口气清新,可使温馨浪漫的气氛免遭破坏。

相对于味觉而言,嗅觉或许更为重要。男女身上特殊的气味对双方都是一种吸引或刺激。新娘在身上某些部位,譬如头发、颈部、耳后、腋下等喷洒香水,淡淡的幽香会巧妙地刺激男性的欲望。在新房中适当地喷洒气味淡雅的清新剂,也可制造浪漫的嗅觉效应。与此相反,浓重的汗味、烟味和酒味会严重破坏人的嗅觉美感。性生活前的沐浴更衣、清洁肌肤是不可缺少的工作,它对于温馨气氛的营造绝不是可有可无的。

此外,新房环境的温度、湿度也很重要,过冷过热都会分散注意力,过于潮湿会使人的兴奋点受到限制,过于干燥又会令人感到滞闷不安。所以,有条件的话,应对新房温度进行调节,如果不行,起码应保持居室空气的清新。空气是否清新,会对人的情绪产生很大的影响。

>> 网站轻松链接

温馨气氛的营造，不仅在新婚之夜，而且在婚后的性生活中，都是同样重要的。它制造浪漫的做爱环境，引发美妙的感官刺激，从而唤起性的兴奋和激情，使婚后的性爱一如婚前的恋爱那样浪漫、多姿、多彩，给人无限的遐想和回味。

❷ 爱抚，绝对不容忽视的一步

新婚之夜，当性爱的帷幕拉开之后，在进入真正交合之前，有一个阶段绝对不可忽视，那就是爱抚。

爱抚是男女双方启动性欲的手段，对女性而言，爱抚尤其重要。她需要靠爱抚来完成性欲的激发，排除各种顾忌和担忧，需要通过爱抚来体会丈夫的温情、细心和体贴，需要从爱抚中感受丈夫对自己的爱和欣赏。而对新婚初夜尚无性经验的新娘，爱抚，更具有特殊的重要意义。爱抚可以消除她内心的紧张甚至恐惧，爱抚可以缓慢地开发她处女的性潜力，使她全身放松，被性爱的刺激所包围，渐渐唤起性的欲望。长久而温情的爱抚会使她的阴道开始分泌润滑液，阴道口微微张开，以迎接交合的真正到来。性欲的全面唤起有助于减轻处女膜破裂和阴道扩张的痛楚，使这种痛楚在充分的性快感中变得微不足道。就这个意义而言，爱抚，确实至关重要。没有爱抚过程的直接插入，是对新娘的极大伤害，是必须禁绝的。

爱抚阶段，严格地说，是从最初产生性冲动到性交合的开端，也就是阴茎插入阴道之前。这个阶段的爱抚作为一种艺术，可以导致极大的快感，其程度绝不亚于交合本身的快感。爱抚不应是机械的，而应充满艺术性和极大的热情，具有极丰富的内容。

吻，通常是爱抚的开始。此时亲吻不是一般接吻的那种轻柔淡雅，而是直接转化为亲昵的音阶以至"强高音"。夫妻二人相互用舌头探索着、爱抚着，双方都会感受到一种极为鲜明的性快感。爱抚中的亲吻不仅包括嘴对嘴的性感接吻，还要热烈而持久地亲吻身体的各个部分，双方可以从额头吻到面颊和颈部，从指尖到手掌和臂膀，从脚面吻到小腿、大腿，逐渐接近生殖器，交替使用轻的、重的或一掠而过的亲吻，并配之以用力的吸吮和牙齿的挤压。这种对身体的亲吻，双方既充当亲吻者，又充当被亲吻者，其刺激效果十分强烈，心里感觉也非常幸福。

　　刺激性敏感区可以说是爱抚的主要手段。女性的性感区分布较为广泛，最敏感点是阴蒂。男性可以用手轻轻抚摸女性的大腿内侧和阴道周围区域，对阴蒂的爱抚最初应一触而过，因为阴蒂尽管是最敏感点，但在不同的人身上表现出的性激发效果却大不一样。有的女性需要在其他部位交替刺激的综合作用下，方可逐渐受到激发；而对从未接受过性刺激的新娘来说，过早地接受阴蒂刺激可能会使她感觉不愉快，如果阴道口尚未润滑，那么这种刺激会更加令人不快。所以，对阴蒂的刺激应谨慎和掌握火候。

　　女性乳房是仅次于阴蒂的性感区。用手掌轻轻地揉捏和按摩乳腺，用嘴亲吻乳头，足以唤起大多数女性的性冲动，而拥抱和胸部的紧紧相贴与摩擦更能表达夫妻情爱的亲密和热烈，形成美好的心理感受。

　　此外，女性的耳垂、耳根等也是较明显的性感区，亲吻和强烈的吸吮会取得较好的效果。

　　男性的性感区比较集中，其中阴茎是最敏感部位。女性的轻轻触摸一般便可以导致男性的性兴奋。另外，睾丸、阴囊部位也可以进行适当的爱抚。男性乳头的性敏感性因人而异，一部分男性，一旦乳头受到刺激，会立即产生强烈的性欲，而另一部分男性的乳头敏感性则需要被开发。因此对男性乳头的刺激无法一概而论，需视个人的承受和喜爱程度而定。

　　在爱抚的丰富内容中，用眼睛流露爱意进行交流，用绵绵的情话和亲昵的呼唤来表达深长的情爱，也是不可缺少、并具有重要作用的。

　　在爱抚阶段接近尾声，即将开始交合之前，进行生殖器之间的爱抚是一种奇妙的刺激，并为正式的交合做充足准备。这种爱抚是由男方或女方握住阴茎，在外部反复地刺激阴蒂，这种触摸形式，对于妻子是极端愉快的。这种刺激辅以亲吻和情话，使双方性欲逐渐膨胀，感情不断升级，阴茎进入阴道几乎是水到渠成、顺理成章的事。爱抚阶段到此便结束了，性爱将进入高潮阶段。

> **>> 专家温馨提示**
>
> 爱抚在性高潮之后，同样不可忽视，此时的爱抚主要是静静的拥抱、深情的亲吻和欣慰体贴的话语，以表达对对方的爱和感谢对方为爱的付出，满足彼此的心理需要，使双方深深地体会到灵肉交融的完美的幸福。

③ 初夜的成功尝试

即使经过了长长的爱抚阶段，新婚之夜的初次性交通常也是困难和不那么尽如人意的。所以，男女双方除了有必要的思想准备之外，还须互相体贴并掌握必要的技术，以顺利而较为圆满地度过一生中具有特殊意义的一夜。

对于纯洁的新娘而言，不管她的爱有多深，对性知识的了解有多全面，面对将要结束的处女生活，她都会或多或少有精神上的恐惧和不安。所以，新郎给予新娘的爱抚、安慰是必需的。在此之后，当真正的性交开始时，新郎会遇到新娘的肉体抵抗——她的处女膜和从未扩张过的紧缩的阴道，这会使初次的阴茎插入十分困难。为了减轻新娘的痛苦和顺利地破膜，采取传统的男上女下的姿势较为合适。女方平躺，两腿向上屈曲分开，男方应使阴茎从上面、从正面推进，用一种不强硬然而迅速、坚决地挤压来达到破膜。此时，在阴茎的压力之下，处女膜会紧张地抽动，接着通常是向左右两边撕裂，女方会感到某种程度的痛楚。此时，女方如果不是畏缩或向后退却，而是给予一种快速轻微的反向挤压，也可用手托住臀部，同时屏气向下用力，那么，处女膜会立即破裂，阴茎得以顺利地进入阴道。

一旦顺利地穿破了处女膜，一般来说，新郎只要稍许的抽动就会导致射精。此时，需注意，由于处女膜破裂的伤口，抽动的摩擦很可能难以给予新娘充分的快感，而是带来不适，因此应尽量避免连续的抽动。

在阴茎插入阴道前，如果新娘没有获得充分的唤起，阴道分泌物不足，会增加破膜时的痛苦。此时，应使用人造润滑剂，涂擦在阴道口，补充自然润滑的不足。

性交完成之后，处女膜破裂可能引起少量的出血，一般会很快停止。如果持续时间过长，血流量较多，新娘应继续仰卧并紧闭双腿，避免伤口接触，这种出血一般会自动停止。大量出血不止，发生阴道损伤，需送医院救治的情况是很少的。如果当夜性交穿破处女膜的尝试没有成功，那么，应把破膜的意图延迟到第二夜、第三夜。这样，可以缓解新娘的恐惧感和过分剧烈的疼痛。如果几天的努力都没有成功，那么，就应去请教医生，是否新娘患有处女膜先天闭锁或其他问题。在初夜成功的破膜之后，应间隔两三天，再行性交，使处女膜破裂的伤口得以良好地复原。

  新婚一定见红吗

在过去的年代，新婚第二天，新娘子会出示一块带血的白布，以向世人宣告她的贞洁。这就是初夜的见红。那么，是否所有女性的初夜都会见红呢？不见红的女性是否不贞洁呢？

初夜见红来自于处女膜的破裂。处女膜是阴道外口的一圈膜样组织，中间有孔，为月经排出的通道。处女膜孔有半月形、不整形及筛形等，大小和膜的厚薄因人而异。一般处女膜在初次性交时，孔被撕裂变大，伴有轻微的疼痛和少量的出血。处女膜破裂而带来的这一现象使得处女膜在社会和道德观念上，扮演着比其他性器官更为重要的角色，成为鉴别女性是否处女的唯一标准。

事实上，用处女膜判定女性的贞操是不可靠的。原因有二：其一，剧烈运动、骑自行车、骑马、劳动甚至震动都可使处女膜破裂。现代社会女性参与的运动是多方面的，所以遭遇运动所带来的处女膜破裂的可能性很大，过去大门不出、二门不迈的女子碰到这种状况的当然要少得多，那些处女膜较薄的女性更容易发生非性交的处女膜破裂。其二，有的人处女膜较厚较韧，或较松弛，即使性交也不致破裂，当然也就不会出血了。所以，根据初夜是否见红来"鉴定"一位姑娘是否是处女是不确切的。在现代社会，依旧把处女膜当做处女的象征、贞操的标记，对新婚之夜妻子的不见红疑神疑鬼、耿

耿于怀，可以说是一种庸人自扰和不公平的行为。

>> 专家温馨提示

爱情靠忠诚和信赖，不靠处女膜的破裂与否。贞操不仅表现在肉体，而且首先表现在灵魂上，自尊自爱本身就是高尚灵魂的组成部分，又是对纯洁肉体的保护力量。对处女膜的偏见是危险的，它可能为爱情、婚姻、家庭投下阴影，带来危机。所以，如果你相信妻子的爱和感情，就不必去在意初夜是否见红。

❺ 怎样对待羞怯的新娘

新婚之夜，突然有一个男子在自己身边，将要为他的缘故遭受一次新奇而且痛苦的经历，她自然会有些胆怯和踌躇，处于一种心神不安而又满怀期待的心情之中。而新婚之夜的男子往往是理智为热情所淹没，以致采取突击式的接近方法，使新娘的不安和恐惧剧增，形成了"一个跃跃欲试，一个欲拒不能"的局面。此时如不顾新娘内心的痛苦，强行交合，势必伤害她的心理，不仅夫妻生活无法和谐，甚至会因此形成心理阴影，成为难以逾越的婚姻障碍。其实，新婚女性因房事而紧张，恐惧不安是一种常见现象。除少数是因为成年之前受到过"性伤害"，而形成了性心理障碍所致外，绝大多都发生于正常女子。因为女性在生理、心理、性观念等方面都与男性有一定的差异，不仅性唤起较迟，而且对性生活的羞涩感也比男性重。

所以，新婚之夜，新郎要了解新娘这些心理特点，理解新娘的心情，用理智控制自己的热情，用爱情博得新娘的完全信赖，化解其内心的不安。当客人散尽之后，先不要急于就寝，可陪新娘说说话，缓解一下劳累紧张的身心，或暂时离开一下洞房，让新娘可以脱去衣服，有一个心理上的准备。就寝之后，首先要卧在新娘的旁边，轻轻地爱抚她，温和地用手摸她的脸、双手和肩部，使她觉得丈夫触摸她的身体是一种幸福。在她没有任何反感，身体悄悄向新郎挨近时，一面动作，一面用表示爱情的话语向她叙说，告诉她你是如何地爱她，两人结合后将永不分离等。这些做法可以帮助新娘克服羞怯和恐惧，释放内心的不安。最后新郎可一步一步地将身体与新娘紧紧挨近，使她感到新郎的温暖，而她的性欲亦逐渐为这样的挨近所激动。这些温和的动作、甜美的语言和亲密的接吻,越来越激烈,不久就可觉察出新娘对于新郎的情爱和逐步的逼近已经起了反应,再继续抚摸、接吻、拥抱和交谈一阵子,待新娘也有了强烈的性欲时,便可正式交合。这种双方都达到性唤起时进行的肉体结合,才是灵与肉的巧妙结合,才会使双方都享受到那种难以言状的快乐和甜蜜。等到性交合已经圆满完成,那么新娘所有的羞涩和惧怕便会自然地完全消失,存留在脑海里的便只有爱丈夫的心和应尽做妻子义务的感觉了。至此,便为家庭生活的幸福奠定了良好的基础。如果新郎抚摸她的秘密部位,她还是感觉有些恐惧,拒绝新郎或将新郎推开的话,新郎决不可一意孤行,而应该暂时中止进展。但是可以继续尝试接吻或者拥抱,看能不能将新娘的拒绝慢慢克服,假若新郎觉得新娘的拒绝是真实的,一时难以克服,便应停止进行,待明晚再重新开始,千万不要操之过急。由于恐慌惧怕、过分害羞或往日的性心理伤害,有些新娘在结婚后的数日内拒绝性交合是常有的事,只要新郎能不断地应用上述方式刺激她的性欲,最后她终会被完全征服,而热烈的欲望和要求终究会同新郎结合起来,使心灵和肉体的欲望同步。

总之,有理智、有耐心、有技巧,是"开放的"丈夫征服"害羞"妻子的唯一诀窍。

6 初次性生活常见的意外情况

初次同房时,男女双方尚未形成默契,一般较为紧张、羞涩,因此很多人的性生活不能令人满意。但是,随着双方的相互了解、相互交流,均会逐渐走进性生活的美妙天堂。

(1)早泄。一旦与新娘性器官接触,就会出现射精,这是新婚男子的正常现象。

(2)阳痿。阴茎不能勃起或勃起不坚硬,原因可能是过度疲劳或精神过度紧张。

(3)不射精。阴茎勃起并插入阴道,但迟迟不能射精,原因有性交动作不当、包皮包茎过长、精神过于紧张等。

(4)阴道痉挛。阴道及临近部位肌肉强烈收缩,使性生活无法正常进行,原因大多为新娘害怕初次性交疼痛、出血或害怕怀孕,新郎动作粗暴,性器官干燥。

（5）性高潮抑制。表现为缺乏性快感，多见于女方，一般为厌恶、害怕情绪所致。

（6）房事晕厥。性交时突然出现头晕目眩、面色苍白、浑身出虚汗等，原因为情绪过分激动、兴奋或恐惧、紧张，反射性引起一过性脑缺血。可让患者头低脚高侧卧，也可以针刺人中、十宣穴或闻氨水。

（7）颈动脉窦压迫症。轻者心率减慢、血压降低，重者心脏骤停，多为亲吻不当、不慎压迫了颈动脉窦引起，处理方法为让患者头低位平卧于床，针刺人中、合谷穴，或闻氨水可促使患者清醒。

（8）嵌顿包茎。由于包茎或包皮过长，阴茎勃起时抽插动作，使包皮强行向上翻转，不能复位造成局部肿胀、疼痛。处理方法：用手紧握包皮水肿处，使水肿逐渐消退，再用左手拇指及食指捏住阴茎头同时向外牵引，使包皮皱折变平，这时放开左手，右手用力将包皮向龟头部推移，使包茎恢复原位，可自行不能复位，应前往医院手术治疗。

（9）处女膜破裂出血过多。一般情况会有少许出血，并有轻微疼痛。但也有出血较严重的，此时可用云南白药撒在创面上，然后用消毒纱条压迫伤口，再夹紧双腿，必要时请医生处理。

❼ 渐入佳境——性生活的四个阶段

性反应在男女两性非常相似，从性欲开始被唤起到重新平复，一般需经过4个阶段：兴奋期、平台期、高潮期和消退期。在每个阶段，身体都有固定的生理变化。因此，遵循性反应的规律，循序渐进，才能渐入佳境，获得性爱的最高享受。

第一阶段——兴奋期： 由肉体和精神的刺激唤起性兴奋，男女肌肉紧张，生殖器充血，心率及呼吸频率增加，血压升高，注意力越来越集中于与性生活有关的事。男性主要表现为盆腔充血、阴茎勃起，女性则是阴道渗出大量液体，阴道上部松弛，阴蒂也由于充血开始肿胀，使阴蒂头从包下凸出，有的清晰可见，乳头也开始变硬而凸起。子宫颈和子宫体向上提升，阴道内 2/3 部分发生扩张，使阴道腔伸长 1/4，以有足够的空间来容纳阴茎。

达到性兴奋的时间，男女差异较大，一般男子能较快地进入平台期，而女性则需要较长的性唤起时间，有时可能长达几小时。这便需要男方的耐心等待和温柔刺激，以帮助妻子较快地进入兴奋期。

第二阶段——平台期：兴奋期的生理反应持续和进一步加剧。呼吸加深、加快，生殖器充血更加显著，男性阴茎变得非常坚硬，女性阴道内 2/3 段随子宫提升进一步扩张，阴道外 1/3 段发生显著的充血而缩窄，以"紧握"阴茎，乳房也增大 1/4。

平台期可持续 30 秒到几分钟。男女双方在此期对生殖器区域的接触产生高度的敏感性。如不想很快达到性高潮，或希望双方同时进入高潮期，此时应控制运动的速度和强度，并用语言和动作做性感觉的交流和暗示。

第三阶段——高潮期：性高潮是性反应过程中最短暂的一个阶段，大绝只持续几秒钟，女性可稍长些。性高潮的来临，在男性，以输尿管和尿道肌肉发生收缩而射精为标志；女性则是阴道和子宫的节律性收缩。性高潮的强度由肌肉的痉挛次数来决定，强烈的达 8~10 次，轻度的达 3~5 次。女性性高潮肌肉痉挛的次数较多，时间也较长。平台期的高度，肌肉紧张在性高潮的几秒钟内，会通过这种不随意的肌肉痉挛而得到释放，并感觉到波浪式的快感。

男性在高潮到来前的瞬间会有一种预感，高潮产生时，人会感到身体和精神的紧张突然出现了松弛，随之对周围环境有一时的意识模糊，但清楚地感觉到有大量液体在压力下由阴茎射出。女性性高潮的发生是以身体紧张的突然停止为标志的，接着便是高潮的快感，这种快感由阴蒂开始，向整个阴部放射，同时也有片刻的眩晕，一股温暖的浪潮从阴部流向全身，充满整个身体。性高潮的主观感觉在男女两性没有太大的差异。

如果在平台期后没有达到高潮期，那阴部的敏感性和身体紧张要过很久才能平复。这往往是一种令人不快的事，常会导致失眠或烦躁不安。绝大多数是女性遭遇这种情况。所以，如果夫妻不能同时达到性高潮，最好让妻子先达到，或许她还有能力在丈夫达到性高潮时再次体验性高潮。因为性高潮在男性基本是终止性高潮，而女性可以在一次高潮后很快获得第二次、第三次甚至更多次的高潮。

第四阶段——消退期： 性高潮过后，在平台期和兴奋期发生的一系列变化的身体，在此期恢复到性唤起以前的状态。男性的性兴奋消退一般快于女性，阴茎的勃起消失比阴蒂和阴道充血消失快得多。肌肉紧张两性均可在5分钟内消退。消退期内两性最大的生理反应差异是男子会在性高潮之后有一个"不应期"，在"不应期"内阴茎难以再度勃起。"不应期"的时间短则几分钟，长则几天。

>> 专家温馨提示

由于女性性兴奋的消退要慢于男性，如果她没有达到性高潮，消退的时间可能会更长，所以，丈夫在此时，最不应忽略表达温存和爱意，此时，夫妻继续拥抱一段时间，互相给予亲吻和爱抚，可以获得最大的心理满足。如果性交没有获得完全的成功，此时的情感交流能使双方恢复信心，并对部分失败有所补偿。

8 常用的做爱姿势

做爱姿势是性爱的一种自然要求与表达，古今中外皆不例外。了解和掌握做爱姿势，不仅仅是性快感的需要，更是情感交流、美感追求和防止某些损伤的需要，所以说它是性爱性艺术的一个方面，并不过分。

性爱中姿势的作用不外乎以下几个方面：

◆ 增加性刺激和性快感；

◆ 由于配偶、时间、地点情况而变换与适宜；

◆ 防止发生生理方面的危险和损伤；

◆ 控制、促进或防止受孕。

通常人们采用的做爱姿势包括：男俯女仰式、对面全站式、屈腿搭肩式、男仰女骑式、对面坐抱式、对面侧卧式、背身后交式、背后侧卧式。屈身跪交式、背后坐交式等。每种姿势一般都有其利弊和作用，选择何种姿势取决于男女双方的习惯、爱好和特殊目的。

最平常的男俯女仰的上下姿势是人们自然而习惯于采用的，它有利于受孕，特别是女子臀部垫一枕头，可防止精液外流。而面对面女上男下的骑跨姿势，使女方能够采取主动，比较能满足女方的需要并容易获得心理满足感；但这种姿势精液易流出，会减少受孕机会。对于患有心脏病、高血压或体态肥胖的男士，"屈尊"于下，彼此都会感到轻松而愉快。如果女方怀孕，应避免直接压迫腹部，可采取背后侧卧式，或跪式和坐式，以减少女方的运动，并切忌剧烈。对面侧卧和背后侧卧式是两种较为省力的姿势，比较适合较为疲劳或年纪较大的夫妇。对面坐抱的姿势对妻子体态娇小玲珑而丈夫高大强壮，无疑可以扬长避短。一般而言，新婚夫妇情绪激动，又缺乏经验和默契，最好暂勿别出心裁，还是以"循规蹈矩"为好。

从性生活的愉快或质量而言，做爱姿势占有一定地位，始终如一的姿势毕竟使性生活趋于平淡，而在姿势的选择和转换中，或许会发现新的潜力，获得更多幸福。在一次做爱中，变换几种姿势是可取的，可以在延长时间、变换方式中领略性爱的美妙；也可以在一次做爱中侧重一两种姿势，下次再另换一种姿势；或者根据双方的优势与条件，通过尝试和体验找到了一种最适合双方的姿势，那就不妨以这种姿势为主，以其他姿势为铺。因为各种姿势对性爱当中的性快感和心理感受来说，都是各有利弊的，所以适当地变换姿势，可以享受各种姿势当中的优越性，增加性爱的满意度。如在双方需要充分交流感情，需要进一步增加爱抚的时候，或者需要推迟射精时间的时候，需要通过加强刺激而使性高潮到来的时候，等等，都可以通过双方的交流而转换适当的姿势。

做爱姿势虽然是增加性爱满意度的一个方面，但过分地迷信，认为性乐皆在其中，是不足取的。对这个问题，有必要强调以下四个基本观念：

①性爱是一门需要知识和努力的艺术，不是一个人本能地、偶然幸运地体验与陶醉的快感。因此，我们要去学习，逐渐掌握这灵与肉相结合的艺术，

不是敷衍，更不可玷辱。

②性爱是夫妇双方的相互作用，要会爱，会被人爱。俩人坦诚的、创造性的、富于想象的变换体位，能够克服单调，增加情趣。对于至亲至爱的配偶来说，寻找自己的满足，也寻找爱人的满足，为此而移动调控，都是各自的特权与义务，这不是爱的庸俗，而是对爱的尊重。

③不要迷信性技术，不要以为性生活的满足一定要有各种技术变化。如果双方同床异梦，或心存芥蒂，那么任何技术都是暗淡无光的；如果放荡纵欲，那所谓技术不过是玩弄的手段；如果勉强从就，那所谓技术则只是假作欢颜。一对夫妇如若把姿势之类看得很重，反而会引起心理负担和焦虑。

④感情仍然是第一位的，情深意切、如胶似漆；既追求，又奉献，才能发现和产生两个人最愉悦、最和谐的做爱方式。

❾ 性与爱的和谐共振

所谓性生活和谐，是指夫妇双方都能得到满足的性活动过程。和谐的建立是由双方感情状态、积累经验、默契合作完成的。应该说，没有一个谁用都灵的"处方"，每对夫妇都可能形成自己的和谐方式。性生活是个"双人驾驭车"，只要"学习本领，遵守规则"，便会获得成功。

首先，感情是性和谐的基础。夫妇之间的年龄、身体状况、气质、性格和行为特点不同，工作性质、时间安排不同，都使性意识和反应上有所差别。建立在真挚、忠诚、平等、尊重和体谅基础上的夫妇关系，则完全可以弥补彼此间的差别。比如，当妻子劳累或略感不适的时候，丈夫的要求会遭到冷遇，或者虽然勉强顺就，却很难谈得上和谐。此时，丈夫稍加克制，会使妻子在感情上得到慰藉。在性生活上，男女也同样没有主从之分，不能认为"妻子必须满足丈夫"，也不能抱着应付的态度。对待性生活的态度有时也很能反映一个人的短长，一个遇事不如意便发作的男子，对性的要求可能显得粗暴；一个任性不驯的女子，对丈夫也许不够体谅配合。因此，为了美满的婚后生活，双方都应该克服自己的不足。还应知道，在现代社会里，社会因素常影响和改变着人的性功能和性和谐。

其次，掌握规律、彼此体贴配合是性和谐的保证。从男女性功能的差异上可以看出，要想达到男女和谐，主要要解决"男快女慢、男强女弱"的不平衡问题。当然，这是一般规律，也有与此不同的。女子的性冲动常处于一种蛰伏状态，调动其情欲是必要的准备，也是丈夫的义务。轻柔的抚摸（例如抚摸那些性敏感部位），爱的表情和暗示，会很快地引起全身的性反应，使彼此进入高潮。

当男子感觉性高潮即将到来时，并用其他方法刺激促进女方，使"步伐"一致。男女同时达到性欲高潮，固然是最为和谐者，而其中有一方先达到，另一方后达到，只要有高潮和满足，均可认为是和谐的。所谓不和谐通常是男子高潮渐退，女子的性欲尚未充分发展，性快感不明显或没有性快感。偶尔一两次不和谐并不意味着总不和谐，过去和现在不和谐也非注定永远不和谐。成见和灰心会加重不和谐。

人们常常忽略"解除期"的活动，此点尤其要向男方提出。男子射精后，带着满足和疲惫竟独自酣然睡去，很少再去理会妻子了。而女子的兴奋解除却是缓慢下降，她还需要抚爱、温存以至情话。这对双方感情的亲昵和性的依恋颇为重要，否则，妻子对丈夫的自私而不顾自己难免会有些怅惘之感。至于那些尚未达到性满足的女子，心境自然很郁闷。时间久了，就可能引起女子对性的冷淡，这岂不是对自私者的"报复"？射精后延续适当的爱抚活动，会增加和谐，补救不和谐。

>> 专家温馨提示

满意和谐的性生活，能使家庭生活融洽美好，夫妇情绪饱满地迎接第二天的学习和工作。所以，一方面要学习和创造这一特殊的夫妇间的"爱情艺术"；一方面也要正确对待其中的不快和问题。人的爱情是多方面的，把性生活看得高于一切，也是不对的。

第二章

常用的避孕方法

节育,是现代社会人们普遍采取的常用措施。尤其是我国,为控制人口增长,将计划生育列为基本国策之一,人们已经习惯于自觉采取不同的避孕方式来节育。对于步入婚姻生活的男女双方来说,了解避孕知识,事先采取避孕措施来进行节育和计划生育,当为必不可少的一课。因此,了解和掌握避孕知识,是新婚夫妻所必备常识和措施。

❶ 避孕具有非常重要的现实意义

运用避孕的方法节制生育是非常重要的。无计划的妊娠,靠进行人工流产来维持"计划生育",可造成不孕症,以后悔恨也无济于事。

为了控制人口的数量,提高人口的素质,做到优生优育,目前国家号召每对夫妇只生一个孩子。因此,认真做到计划生育十分重要。每个家庭的实际情况不同,所以首先要制订家庭计划,必须实行避孕。

由于科学的进步,人类已能把"性"与"生育"区别对待了,在科学不发达的时代,在知识落后的地区,性与生育是不可分割的双胞胎,几乎可以说生育是性的必然结果,而如今人们并不这样认为了。人类已可以掌握自己的生育大权,按自己的意志计划生育了。随着科学知识的普及,做好计划生育,杜绝未婚先育,保护少女,从而尽量减少人工流产的人数,以减少女性的痛苦和疾病。随随便便地受孕,随随便便地人工流产结束妊娠,笔者认为这对女性是不负责任的。随随便便地受孕,也说明女性知识的贫乏和缺乏自我保护意识。

前面已说过,要计划生育才能优生优育,包括计划生育前的各种准备工作,比如戒酒对父亲就很重要,这是为了精子不受酒精的损害,母亲戒酒则是为了不出生"胎儿酒精综合征"的低智儿。当然也包括戒烟。还应做好经济上的准备和工作上的安排等等。总之,为了迎接小宝宝的到来,必须做好心理的、物质的、身体的诸多准备，计划生育对每个家庭都是一件大事。计划生育决不是女性一个人的事情，决不能用人工流产来完成计划生育，不要做一个无知的家庭成员。只有做好计划生育的家庭才会是一个健康美满的家庭，才会给孩子无限的幸福！

 常用的避孕方法

对于步入婚姻生活的男女双方来说，了解避孕知识，事先采取避孕措施来进行节育和计划生育，当为必不可少的一课。因此，了解和掌握避孕知识，是新婚夫妻所必备常识和措施。

常用避孕方法包括：

（1）**外用避孕工具**。如使用阴茎套可以阻止精子进入阴道。使用阴道隔膜和子宫颈帽，使已进入阴道的精子不能进入子宫腔。

（2）**药物避孕法**。分为口服避孕药和外用避孕药，口服避孕药通过干扰男女双方的激素分泌或生理周期达到避孕效果。外用避孕药物包括外用避孕药片、避孕药膜、避孕药膏、避孕栓、杀精海绵等化学药品，放入女性阴道内能杀死进入阴道的精子或使精子失去活动能力。

（3）**手术避孕法**。通过手术或其他方法，切断或堵塞输精管和输卵管。前者使睾丸中产生的精子不能排出，后者阴止卵子和精子相遇，是一种通过手术施行的长久避孕措施。

（4）**安全避孕法**。即利用月经周期推算法，或基础体温测量法或宫颈黏液观察法等，掌握女性的排卵期，选择在非排卵期（即安全期）内性爱、排卵期不性爱的方法来避孕，使精子和卵子错过相遇的机会，从而达到避孕目的。这种方法因为人体情况的变化和差异较大，计算准确率得不到保证，往往容易失误而造成避孕失败，发生计划外怀孕。

体外排精和会阴尿道压迫法。在性爱过程中，男方即将射精时，把阴茎从阴道里抽出，将精液排泄在体外，称为体外排精法。在性爱过程中，男方即将射精时，用手指压迫会阴部尿道，使精液逆行射入膀胱，叫会阴尿道压迫法。因为需要男性动作的高度准确无误，失败率较高，而且，在高潮时采取措施也会影响到性快感，可靠程度不高。

❸ 新婚避孕方法的选择

对新婚避孕方法的选择，目前主要有两种观点：其一，认为采用避孕套最好；其二，认为服用口服避孕药合适。其实，任何一种避孕方法都各有利弊，这两种也不例外。

对于任何避孕方法的要求不外乎两条：一是要可靠，二是要安全。

主张服用低剂量短效口服避孕药的医生认为，新婚时期女方阴道较紧，避孕套容易脱落，加上新婚后性中枢兴奋性很高，性交频繁，用避孕套会带来不便，不如让女方服用短效或探亲避孕药，待双方性生活趋于稳定，有规律后，再换用避孕套。因为短期服用激素类避孕药，只要停药后不马上怀孕，比如间隔半年后再怀孕，就不会对小孩有影响。但服药期不要长于2～3个月。

主张采用避孕套的医生认为，采用避孕套的优点是从根本上排除了激素类避孕药的副作用，至于阴道较紧的问题，可以考虑配合使用避孕药膏的办法来解决。这样做的好处是增强了避孕效果，增加润滑程度，克服了容易脱落的问题。看来，采用避孕套来避孕更理想，只是需要正确使用，才能保证避孕效果。

总之，以上两种方法都可考虑。

>> 专家温馨提示

对于新婚的妇女来说，不主张立即放置宫内节育器。因为，①未育妇女的子宫对节育器的容受性较差，脱落率高，副反应也较明显（如腹痛、淋漓出血等）；②节育器在子宫腔内产生无菌性炎性反应，阻止受精卵着床发育。不能完全排除可能会对子宫内膜造成损伤以导致将来不孕。安全期避孕也不适合，因为卵巢有时会出现额外排卵，所以此方法不大可靠。外用避孕药可以使用，但由于使用时间要求比较严格，新婚夫妇不易掌握好，易于失败。

④ 怎样进行紧急避孕

紧急避孕，顾名思义是一种临时措施，在特殊而"紧张"的情况下采用的避孕方法。

所谓"紧急"情况，是指在性生活时未采取任何防护措施，或采用方法失败。如使用避孕套不当，避孕套破裂、滑脱、漏服药或宫内节育器脱落，或遭到坏人强暴等特殊和意外情况。这时候可以采取一些紧急避孕的防护措施作为补救，以免发生妊娠。

必须在性生活后 72 小时之内采取措施方有效，而且服药一次只限在短时期内有效，不能再有无保护的性生活。

经过临床试验的紧急避孕法有多种，其中已明确有效的紧急避孕药主要有左旋炔诺孕酮和正在研究中的低剂量米非司酮。前者商品名又叫毓婷、慧婷，属非处方用药，每片含左旋炔诺孕酮 0.75 毫克，性爱后尽快服一片，间隔 12 小时后再服一片即可避孕。米非司酮 80 年代由法国人首先研究成功，几年前我国药厂也生产，商品名叫息隐、含珠停，现在被广泛用于药物流产。其实该药很有可能是人类迄今为止最有希望的紧急避孕药物，优点是高效、简便、安全，价格也比较便宜，每次仅需口服 25 毫克米非司酮一片即可。目前仍属处方用药，每个医院妇产科门诊均有。

性生活后 5 天内放置带铜的宫内育器作为紧急避孕，高度有效。特别适用于对上述激素方法禁忌的女性或计划继续使用宫内节育器作为长期避孕方法的女性，并且对同一时期内以后的性生活均有保护作用。

要做好紧急避孕，还需注意以下几点：

（1）要有时间观念。已有研究资料表明，服药越早效果越好，不要延误时机，药物避孕不能超过 72 小时，尤其是正当排卵期同房，更应尽早服药。

（2）紧急避孕是一种临时性补救措施，而且必须按指导在规定时期内服

用，它不能替代常规避孕方法，原因：一是紧急避孕不如常规避孕效果好，前者使80%~85%女性避免妊娠；二是紧急避孕药左旋炔诺孕酮（毓婷）较常规口服避孕药剂量大10倍，如果在每次性爱后重复使用，长此以往将会对身体健康有影响；三是紧急避孕药对月经周期有一定改变，可能提早或延迟，多次重复服用紧急避孕药，则会导致月经紊乱、出血或点滴出血延长，给女性生活、工作带来不便。

（3）紧急避孕对预防性病、艾滋病毫无防护作用。

❺ 避孕套的使用方法

避孕套也叫阴茎套，是一种简便实用的避孕工具。避孕套为光滑、菲薄、富有弹性的乳胶制品，性交时将阴茎头与阴道隔离开来，使精子不能与卵子结合而达到避孕目的。避孕套的另一妙处是对阴茎头神经末梢易兴奋者，可因隔离而防止早泄。此外，也有防止部分性传播疾病传染的作用。

阴茎套呈长筒状，顶端有一特制的突出小袋以贮藏精液，以免挤压溢出。按阴茎体积大小制成大中小三种型号，任凭选用。性交前先将阴茎套鼓气，检验有无漏气，如无，将气排空，套于龟头部，推置至阴茎根部。为防阴道干燥，摩擦刺痛，阴茎套表面可涂以少量石蜡油或避孕油、膏润滑剂，以助增加快感。射精后用手捂住阴茎套，趁阴茎仍挺举未消时抽出，这样精液不致外溢，随后将阴茎套取出。阴茎套质量为避免失败的关键，若有破损，精液流失于阴道内，也不必惊慌，性交后立即用温水冲洗阴道，再用避孕膏或避孕药膜灭精，多能成功。

选购避孕套提示：①选择不渗漏、拉伸性能和爆破性能优异的品牌。以确保安全套的韧力和弹性好，不至于出现使用时破裂和断开的现象。②根据需要选择适合自己的型号（分大、中、小三个型号），型号过大则易脱落。过小则既紧绷（不舒服）又易破裂。③选择注明生产日期或有效期的产品。安全套的韧力和弹性在出厂12个月内最高。切勿购买包装破损的避孕套。④选择放置在阴凉、通风之处的避孕套，不要购买摆放在受热或有强光照射处的产品。因为受热和光照都会加速安全套老化，影响其使用性能。

正确使用避孕套的方法：①每次性生活时使用一只新的避孕套。②小心地打开包装，不要撕破避孕套，不要使用已损伤的避孕套。③在往阴茎上戴之前，不要事先展开它。④在阴茎勃起后，插入阴道之前就应将避孕套戴在阴茎上。⑤如果未行包皮环切术，将包皮向后翻起，捏住阴茎套前端的小泡，将它戴到阴茎末端。⑥在展开避孕套直至阴茎根部时，仍继续捏紧避孕套尖端的空泡。⑦如果在戴套时看到有破口，或在使用时感到已经破了，立即停止下来换一个新的。⑧在射精之后，当阴茎尚处于勃起状态时，捏紧它的根部，小心地将阴茎从阴道中抽出。⑨轻轻地取下避孕套，注意不要让精液漏出。

> **>> 专家温馨提示**
>
> 性交过程中，如果发现避孕套滑落在阴道里，要立即停止性交，并且用洗净的两手指轻轻伸入阴道，将其取出，不要继续使用该套，最好更换一个避孕套再性交。如果是射精后滑落在阴道里，那么，要积极采取补救措施，立即嘱女方蹲下，让精液从阴道里流出，并且将阴道内外的精液洗尽，为慎重起见，最好立即口服事后避孕药。

❻ 口服避孕药物

避孕药自1960年开始使用于临床，数十年来颇受到广大女性的青睐。目前，世界上采用避孕药进行避孕的女性约有7500万人。避孕药的主要作用，包括抑制排卵，并改变子宫颈黏液黏稠程度，使精子不易穿透；或使子宫腺体减少肝糖的制造，使囊胚不易存活，或是改变子宫和输卵管的活动方式，阻碍受精卵的运送。

避孕药也有一些副作用，如类似早孕反应，出血、闭经或经量减少、白带增多、胃痛、头痛、皮疹等，有些症状在坚持服药2～3个月后会自然消失，或在停药后自行恢复。在出现不适时最好到医院就诊，听取医生意见并对症治疗。

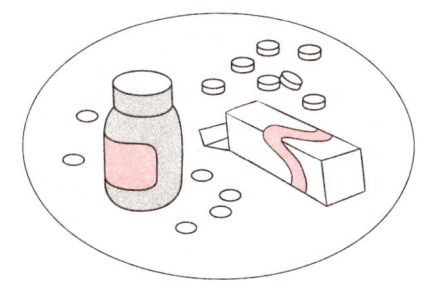

服用避孕药进行避孕，是一种比较安全、有效的避孕方法，能够大大减

少妊娠的可能性，适用于除哺乳期外的所有正常健康的女性。

避孕药的优点，一是成功率比较高，坚持使用，能达到99%的避孕率。二是具有可逆性，停药后即可再次怀孕。三是具有一些治疗作用。四是紧急事后避孕药，能够做到紧急避孕。

避孕药又分为短期口服避孕药、长效口服避孕药、速效口服避孕药等，针对不同的避孕需求，可针对性服用。

(1) 口服避孕药的服用

一般为28粒，各医院和卫生所都有提供。在月经来潮第五天可开始服用第一粒，若哪一天忘了吃，应该在12小时内补吃一粒，若连续两天忘记吃药应连续两天每天服用两粒，以后应每天服用一粒，若仍然忘记的，要采取其他避孕方式。

(2) 不适合服用避孕药的女性

各种重大疾病患者如急慢性肝炎、肾炎、恶性肿瘤、糖尿病患者等；血液病及内分泌疾病患者；妇科肿瘤患者；哺乳期女性；年龄大于45岁者；精神病患者；有吸烟嗜好的女性。

(3) 服用避孕药要注意的问题

①服用各种避孕药必须养成准确、按时、按量服用的良好习惯；不能随意改变或延长服药时间。不要漏服、迟服，发现漏服应于次日补服，否则易造成不规则出血或避孕失败。

②避孕药应妥善保存，避免小孩误服。药片如果受潮、溶化或糖衣层磨损、压碎时，都不要服用，以免影响避孕效果或造成阴道出血。

③长期避孕者，应在医生指导下服用。服药期限通常短效药6~7年，长效药3~4年为宜。短效的探亲避孕药每年不超过2次。可与其他避孕措施交替使用。

④服药期间发生避孕失败意外受孕的，应终止妊娠。需要生育时应停药半年后再孕，以防生育畸形胎。

  宫内节育器的选用

宫内节育器是一种安全、有效、简便、经济的避孕工具，一次放置能长期避孕，取出后可以很快恢复生育能力。

我国现在已能生产多种不同形状和材质的宫内节育器。第一代惰性节育

器，如不锈钢单环，是我国最广泛使用的节育器类型，但不锈钢单环存在着带器妊娠率高和脱落率高的缺点。第二代活性节育器，带有活性物质如铜、锌等金属、孕激素和止血药等，如T形节育器（铜）、母体乐节育器（铜）、V形节育器（铜）、吉妮固定式节育器（铜）、曼月乐节育器（孕酮）等，目前活性节育器已取代了惰性节育器。通过释放铜离子、药物或其他活性物质，较好地克服了不锈钢单环的缺点，明显增强了避孕效果。

在决定使用宫内节育器以前，应首先考虑下列问题：

①目前是否已有怀孕的可能？②有无淋病史？有无盆腔感染症状？有无性交痛？有无异常出血及阴道分泌物增多？③有无输卵管妊娠史？④是否出现过以下情况：乳液涂片异常；子宫内膜增厚；子宫纤维瘤；子宫息肉；子宫形状或大小的异常；对铜有无过敏史（如果要用带铜避孕器）；有无糖尿病史，风湿性心脏病史？⑤是否正在服用类固醇类药物或抗血凝药物？⑥是否有严重痛经或月经量过多？⑦是否在近期内打算怀孕？⑧有无晕厥史？

如存在上述问题，需详细听取医生意见之后再做决定。

放器时间应选择在月经干净后3~7天（无性生活），哺乳期闭经者须先排除早孕可能后再放器，在产后42天，剖宫产半年后放器比较合适。人工流产同时（子宫收缩不良，出血过多有感染可能或组织残留者暂不放）药流后两次正常月经后，自然流产或中期妊娠引产待经后子宫已恢复正常。用于紧急避孕，在无保护性交后5天内放置。

放器后会有腹痛现象，腹痛的时间因人而异，有人可持续几小时，一般均可自行缓解。

宫内节育器失败及副反应（脱落、带器妊娠、月经过多等），以放器一年内较多见，尤其在放器后最初3个月内最多，以后逐渐稳定。因此，应于放器后1、3、6、12月各去医院检查1次，以后每年查一次。若发现下列情况应随时就诊：

①月经延迟说明可能妊娠（包括宫外孕）；

②持续少量出血、严重出血或月经异常；

③痛经及急性或剧烈腹痛；

④阴道分泌物量过多或有臭味；

⑤节育器尾丝消失、变长、变短或尾丝脱出；

⑥节育器排出。

如有下列情况，应取出宫内节育器：

①因放器后不规则阴道出血、炎症等副反应或并发症，经治疗无效需要取出者。

②带器妊娠。

③改换其他节育方法（如绝育等）。

④绝经半年以上者。

⑤放置年限已到取出或更换时间者。

各种节育器类型及使用年限

种　类	建议使用年限
宫腔形节育器（铜）	10 年以上
T 形节育器（铜）	10 年以上
母体乐节育器（铜）	8～10 年以上
环形节育器（铜）	10 年以上
V 形节育器（铜）	5～8 年以上
吉妮节育器（铜）	5～8 年以上
曼月乐节育器（LNG）	5 年

⑧ 避孕针和皮下药物埋植

避孕针和皮下药物埋植也属于激素类药物避孕，是两种长效避孕方法。

避孕针有长效避孕针 1 号等，每月注射 1 次，主要成分是己酸孕酮。注射方法：第一次月经周期第五天注射 2 支，以后于每次月经的第 10～12 天注射 1 支。

狄波—普维拉 150 长效避孕针。

注射方法：每 3 个月注射 1 次，每次 150mg/mL。

注射时间在月经周期第五天内。

不哺乳妇女在产后 5 天内，哺乳期妇女在产后 6 周内。

注射避孕针的副反应是可能出现月经不规律或闭经等。

长效缓释避孕皮下埋植剂是将避孕药（18 甲基炔诺酮）装在硅胶囊内（6 根）在局麻下埋入妇女上臂皮下，避孕药以缓慢稳定的速度释放，避孕有效期为5年。

优点是妊娠率极低,平均每年每百名妇女妊娠率为0.5%;高效、长效、可逆、简便、不影响性生活;如有副反应可以随时取出;取出后可以很快恢复生育力;为不宜服避孕药和放置宫内节育器失败的育龄妇女理想的新型节育方法。

缺点是有的人出现月经不规律或点滴出血等副反应。

埋植时间一般在月经来潮的第1～5天内保证没有怀孕情况时,术后24小时即可产生避孕作用。

正常情况下,5年后需将埋植剂取出。如有不规律阴道出血等副作用,治疗无效,可遵医嘱取出。

40岁以上妇女不宜使用。

9 外用避孕药

外用避孕药的优点是使用方便,不影响内分泌和月经,如使用正确,效果也很好。

外用避孕药的缺点,是避孕效果维持时间短,一般是一到数小时,另外,要求在性爱前将药物放入阴道的深处,待三五分钟药物溶化后才能性爱,如果掌握不当则影响避孕效果。

外用避孕药片是一种酸性杀精药物。使用方法:先将手洗净,用手指把药片推入阴道深部,紧贴在子宫颈口处,经过5～10分钟,待药片完全溶化后即可性爱。如药片放入阴道后超过半小时性爱,或性爱后半小时未射精,这时需要再放入1片,以保证避孕效果。性爱结束后6～8小时,方可用温水清洗外阴部,不要提前清洗,以免影响药效。

外用避孕药分别介绍如下:

(1) 外用避孕药膜

外用药膜也叫外用烷醇避孕膜,有很强的杀精作用,避孕有效率达96%以上。

避孕药膜男女均能使用。

性爱前将一张避孕药膜对折两次,呈原来的1/4大小,或将药膜揉成松软的团,然后再用手指将它推入阴道深部的子宫颈口附近。如感觉药膜粘在手指上，可在阴道内转一圈，药膜从手指上脱下后，再将它推入阴道深处，放入 5 分钟后，待药膜溶化即可性爱。

(2) 外用避孕药栓

使用时，把手洗净，取避孕栓 1 枚，剥去外面的一层锡纸或蜡纸，用手指将药栓尖头向前，慢慢推入阴道深部，经过 5～10 分钟，待避孕栓全部溶化后，即可性爱。如避孕栓放入阴道半小时尚未性爱，应再补放 1 枚，以免避孕失败。性爱结束后 6～8 小时可用温水洗净外阴部。

①外用避孕栓剂含油质，容易损坏橡胶，不宜与阴道隔膜、避孕套同时使用。

②患有阴道炎、子宫脱垂、重度宫颈糜烂及阴道松弛者不宜使用。

(3) 女性外用避孕膏

性爱前，把避孕膏注入器旋接在避孕膏管口上，压迫药管将药膏挤入注射器内（避孕膏注入器上如有刻度，将药膏挤入到刻度为止），女方仰卧于床上，两腿分开，将盛有药膏的注入器慢慢插入阴道深处，注入药膏，然后取出注入器即可进行性爱。

如果注入药膏时间过久尚未性爱，插入时需要再注入一次，否则会导致避孕失败。

安全期避孕法

安全期避孕法是在每月的女性排卵期，即易受孕期避免性交以达到避孕目的的方法。这是顺应和利用自然的生理现象而进行的一种节育措施，因此又称为自然避孕法。

此法的优点是可减少避孕的副作用及麻烦、器械和工具避孕法的副作用以及对手术的顾虑等。但缺点是失败率较高，每年每 100 名女性采用此法避孕有 20 人受孕。

安全期避孕法主要有3种：

（1）日历法

在正常情况下，女性的月经周期为28天左右，排卵日在下次月经来前的14天前后。因此易受孕期可以这样计算：先查出最近8个月经周期中的最长周期和最短周期，然后将最短周期的天数减去18，所得的数字就是在周期中易受孕期开始的第一天；将最长周期天数减去11，所得的数字为周期中易受孕期的最末一天。这样，算好一次月经周期中从第几天到第几天为易受孕期，这个计算结果在下一次月经周期中也适用。如，最短周期为23天，23－18＝5；最长周期为28天，28－11＝17，即：每次月经来潮后的第五天至第17天为易受孕期。如果2日月经开始的话，则6～18日为易受孕期。

（2）基础体温法

基础体温是指健康人早晨醒来时的体温，它一般是一天中的最低体温。正常生育期妇女的基础体温在排卵后立即升高，并一直持续到下个月经周期的开始。因此女性可通过记录每天的体温变化来推测排卵期。具体方法如下：

①每天早晨醒来后，不要起床，不做任何活动，先测量体温，一般用口表需5分钟。

②把每天测得的体温记录在空白表格里，各个点用线连起来，得到一条基础体温线。

③记录后如果发现在月经周期的某一天体温突然升高0.4℃～0.8℃，这便是排卵的征象，而在排卵前24小时内基础体温是最低的。

由于精子在阴道中可存活3天左右，卵子排出最长可活2天，基础体温最低的时候性交很容易怀孕，所以，使用此法避孕最可靠的是从月经周期的第一天起就避免性交或采用其他避孕方法，直到基础体温升高3天以后，才能认为安全期已经开始。

（3）观察阴道内分泌物变化

受体内激素的调节，女性阴道内的湿度会有规律地随月经周期的不同时期而变化，根据这些变化，可以推测排卵的时间。

女性的黏液在月经周期内有如下变化：

● 月经期后几天内可以感到阴道发潮，没有黏液，内裤干燥，无分泌物。

● 上期过后，阴道内开始有明显的湿润感，内裤可见少许黄、白色的分泌物，这时应认为处于可受孕期。

●排卵期：黏液越来越多，阴道内有湿润感，黏液变清，黏滑且富有伸展性，用手纸擦拭外阴时，可将黏液明显拉长，可达20厘米。此时为最易受孕期。这种性质的黏液持续的最后一天，一般为排卵日。

●澄清而黏滑的黏液减少并消失，回到黏稠、浑稠的黏液阶段，或者干脆没有黏液，直到下个月经周期开始。

观察黏液时可将清洁的一个手指插入阴道内，注意手指上有无黏液以及黏液的厚度和伸展性，然后做记录。一旦发现阴道湿润或黏稠的黏液有变稀的趋势，就应认为处于受孕期，直到稀薄、透明、有伸展性的黏液高峰过后第四天，才能解除有受孕危险的警报。

使用此法不能预测排卵时间，为保险起见，最好在月经第一天至黏液高峰第四天之内采用其他避孕措施或避免性交。

上述三种安全期避孕法最好能合理使用，以收到更好的效果。

由于女性的月经周期很容易受许多因素的干扰，因此安全期并非绝对安全。采用此法避孕的夫妻应该认识到这一点。月经周期不规则的女性不宜采用此法。

11 人工手术流产

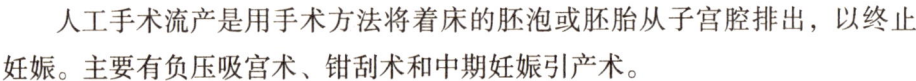

人工手术流产是用手术方法将着床的胚泡或胚胎从子宫腔排出，以终止妊娠。主要有负压吸宫术、钳刮术和中期妊娠引产术。

负压吸宫术一般用于早期妊娠，即妊娠10周以内；钳刮术用于妊娠10～14周；13～24周之间的妊娠，需采用引产术，其中以利凡诺宫腔注入法效果最好，副作用及并发症少。

人工流产手术的安全性与妊娠月份成正比，小月份人流比较安全，随着妊娠月份的增长，子宫增大、充血，胎体骨化，手术的难度、出血量以及并发症的发生率也相应提高。因此，暂时不想生育或已生育过的女性一旦发现月经延期或不至有妊娠的可能时，应及时到医院检查，

以便在妊娠早期就采取措施终止妊娠。

人工流产只能作为偶然避孕失败后的补救措施或因某种疾病不宜继续妊娠及预防先天性畸形、遗传性疾病等所采取的医疗措施，绝不能依靠人流来控制生育。从医学上讲，在妊娠的任何时期施行人流都是违反生理的，对女性健康不利。尤其在哺乳期，有剖宫产史或短期内连续做人工流产手术的，危害性更大，其不良后果主要有以下几点：

①月经过多，月经过少，或月经紊乱，甚至闭经，导致继发不孕。
②手术中和手术后感染，导致盆腔炎。
③宫颈粘连，导致闭经，下腹部疼痛，并周期性反复发作。
④腰酸腹痛，体质下降。
⑤如手术时过分紧张，可发生心脑综合征。

因此，一定要采取有效的避孕措施，切不可有怕麻烦和侥幸心理，以尽量避免人工流产尤其是多次人工流产。

12 药物流产

药物流产是用米非司酮（RU486）和前列腺素类药物配合服用，以终止早孕。这是一种安全、简便、无损伤的非手术终止早孕方法。药物流产适用于早孕49天以内的女性，确诊为正常宫内妊娠，年龄20～40岁。有多次人流史及半年内有人流史、剖宫产术后、年内哺乳期等高危人流对象和对手术有恐惧心理者，也适用于药物流产。

使用药物流产的禁忌症是：

①患全身性疾病、血栓病史、严重肝病史、带器妊娠、吸烟一天多于10支。
②米非司酮禁忌症：肾上腺皮质疾病、垂体肿瘤等。
③前列腺素禁忌症：心血管疾患、青光眼、哮喘、高血压等。
④过敏体质者，妊娠剧吐者。
⑤贫血，血色素（Hb）低于100g/L者。
⑥宫外孕或葡萄胎者。
⑦经常出差，外地旅游者，居住距离医疗单位远不能及时随访者。药物流产不仅有其严格的适应对象，而且虽然成功率很高，但并不是百分之百的

完全流产率，如果没有达到完全流产，就有可能出现阴道大出血，反复淋漓出血，宫内残留组织及子宫不能恢复正常等。有时还需用刮宫术作为补充。因此，药物流产必须在具有急诊、刮宫手术、输液、输血条件的医疗保健机构进行，在医生指导和监护下使用，切不可自己随意用药，以免发生危险。

第三章
为怀孕做准备

有些地方民间传说"坐上喜"吉利，也就是结婚当月怀孕，这是不科学的。蜜月期宴客、饮酒、吸烟，各种应酬繁多，夫妇疲劳，双方对对方尚不完全适应，不利于精卵细胞保持理想的活性及胚胎的健康发育，蜜月旅行期怀孕，由于旅途劳顿，生活不安定，性生活频繁，同样不利于优生。

❶ 孕前保持乐观健康的心理

未来宝宝的健康与母亲孕前和孕后的精神健康有着密不可分的微妙关系。乐观的心态、健康的心理对未来宝宝的成长大有助益。所以，夫妇双方在决定要孩子之后，要努力调整自己的情绪，以一种积极乐观的心态面对未来，把忧愁抛在脑后，让希望充满生活中的每一天。在打算怀孕的日子里，夫妇双方尽可能放松身心，快乐生活，多做一些有趣有益的活动，尽量减轻生活所带来的心理压力，让彼此都宽心、开心、顺心、安心。要相信，如果你们整日开心快乐，就会带来一个同样开心快乐的孩子；相反，如果你们整日愁眉苦脸，就可能会带来一个同样愁眉苦脸的孩子。

❷ 剔除不必要的担心

一些年轻女性对怀孕存在惧怕心理，一是怕怀孕后影响自己优美体型；二是难以忍受分娩时产生的疼痛；三是怕自己没有经验带不好孩子。其实，这些顾虑都是没有必要的。毫无疑问，怀孕后，由于生理上一系列的变化，体型也会发生较大的变化，但只要坚持锻炼，产后体型就会很快得到恢复。事实证明，凡是在产前做孕妈咪体操，产后认真进行健美锻炼的年轻妇女，身体的素质和体型都会很快地恢复原状并有所增强。另外，分娩时所产生的疼痛也只是短暂的一阵，只要能够很好地按照要求去做，同医生密切配合，就能减少痛苦，平安分娩。

孩子是夫妻爱情的结晶，是夫妻共同生命的延续，为了夫妻间诚挚的爱，为了人类的不断繁衍，做妻子的应当有信心去承担孕育、生育的重担。有了强烈的责任感和坚定的信念，就一定能克服所遇到的一切困难，迎接小宝宝的诞生，从而体验到人类最美好的情感——母爱和父爱。

妻子怀孕之后，由于生理发生变化，心理上也会发生变化，如烦躁不安、唠叨、爱发脾气、对感情要求过于强烈或冷淡等。对于这些变化，丈夫应当理解和体谅，并采取各种方法使妻子的心情愉快，顺利地度过孕期和产期。尤其要主动从事家务劳动，对妻子更加体贴，这既可减少妻子的疲劳，又可增加妻子的欢愉。妻子怀孕之后，对食物的要求千奇百怪，为此，当丈夫的要有心理准备，做好经常采购、挑选、更换的思想准备。

❸ 需要改变的避孕措施

当今社会竞争激烈，许多年轻夫妇都选择婚后暂时不要孩子，等事业有成，经济稳定后，才考虑生育之事。这是值得提倡和鼓励的，但有些人却又因此而产生了疑问：避免生育当然就得采取避孕措施，现在的人们大多采用口服避孕药的方法避孕，很多人担心今后会在怀孕时怀上畸形胎儿，因而忧心忡忡，甚至有些人要求人工流产。避孕药的致畸效应确实存在，但是也不必过于担心，研究表明，避孕药的致畸效应与停药后受孕的时间间隔密切相关，只要在停药后掌握好怀孕时机，胎儿的安全和健康就有保障。

国内外的医学工作者对避孕药的致畸效应进行了大量、细致的研究。研究资料显示：

在妊娠6个月内曾服用避孕药的妇女，其自然流产胎儿染色体畸变率有增高趋势；妊娠时误服避孕药以及停药后1个月内妊娠的胎儿，其先天畸形发生率有增高的趋势；大剂量避孕药对人体细胞 DNA 有损伤作用，但停药后可以修复。药物避孕刚停药后不宜受孕。停药后 1~3 个月，机体即可恢复排卵，但此时不宜妊娠。避孕药有抑制排卵和干扰子宫内膜生长发育的作用，怀孕后产生质量不高或畸形胎儿的可能性也增高，最好在怀孕前 6 个月就停用。一般六次正常的经期后，身体基本恢复正常周期，这时尝试怀孕，受孕成功率和质量会有保证。在这期间可以用避孕套、子宫帽等避孕措施防止怀孕。若在恢复正常周期前怀孕，胎儿的质量将难以保证，预产期的计算也较为困难。万一在此期间怀孕，应主动到医院就诊，向妇产科医生说明详情，咨询意见，必要的情况下可以进行染色体、羊水的检测及超声波检查，以正确处理此次妊娠。

>> 专家温馨提示

目前在我国旅行结婚者甚多，这些新婚夫妻多数不带避孕工具和避孕药品。并且由于新婚性生活比较频繁，不但精子质量不好，而且旅游途中往往生活起居没有规律，饮食失调饥饱无常，加上过度疲劳和旅途颠簸，可影响孕卵生长或引起子宫收缩，易导致流产或先兆流产。

❹ 孕前也需要加强营养

一般来说，人们比较重视怀孕后的营养，但实际上，孕前营养也很重要。

计划受孕前的食物不要太精细，食用五谷杂粮最好，加上花生、芝麻等含有丰富促进生育的微量元素锌和各种维生素。适量的含动物蛋白质较多的猪肝、瘦肉，以及新鲜蔬菜和各种水果，会对男子精液的产生起到良好的促进作用。同时应注意食物不能太咸，尤其是炒菜应少放盐，过多摄入盐，可能是怀孕期间出现高血压和水肿的隐患。

合理的饮食除能提供合格的精子、

卵子外，还给准备受孕的妇女提供了在体内储存一定营养的机会。因为在妊娠早期，胚胎需要的营养还不是靠母亲每日饮食和通过胎盘来输送到胎儿体内的，主要是从子宫内膜储存的营养中取得的。倘若在怀孕前期营养不足，无法储备，怀孕后又因妊娠反应较大，呕吐频繁，不思饮食，势必影响到胎儿大脑发育时所需要的营养供给。这是因为胚胎先发育大脑，在妊娠第10～16周这段时间，是胎儿大脑发育的第一个高峰，所以孕前一定要加强营养。

为了能生个健康聪明的孩子，女性在想要孩子的时候，就必须做准备，开始适当增加营养。当然，具体从何时起做准备，增加什么营养，增加多少，还要因人而异。一般来说，到怀孕时能达到比一般人体质稍好一些即可。如果是营养状况一般的妇女，应该从孕前3个月开始，注意多摄入含优质蛋白质、脂肪、矿物质、维生素和微量元素丰富的食品；其中尤其不可忘记钙、铁、碘、维生素A和维生素C的摄入，要多吃些水产品、骨头汤、瘦肉、动物肝脏、新鲜蔬菜和水果等。这些食品会满足孕妈咪本身和胎儿各方面营养的需要，有利于孕产妇和胎儿、新生儿的健康发育。如果自己觉得可能缺乏营养，可请医生检查，缺什么补什么。

5 男女最佳的生育年龄是多少

按照我国婚姻法的规定，男子不得早于22周岁、女子不得早于20周岁结婚。这是符合青年男女的心理和生理发育特点的，也是适合我国国情的。但是法定的结婚年龄并不是说达到这个年龄就一定要结婚，适当地推迟一点结婚和生育年龄是于国于家于己都有利的事情。

我国古代就有结婚必须选择适当的年龄这一提法，"合男女必当其年"，"男虽十六而精通，必三十而娶，女虽十四而天癸至，必二十而嫁"。这是说只有在适当的年龄内结婚，才能有健全合格的精子和卵子。过早生育，则后代的先天性疾病较多。

普查资料表明，20岁以前结婚者比20～25岁时结婚生育者得子宫癌的人数高3倍，比26岁后结婚生育者高77倍。这是因为23岁前，女性正处在身体器官急速发育时期，生殖系统还不完全成熟，过早结婚生育，容易给生殖器官留下致病的隐患。而且，正值发育期的女性本身需要大量的营养物质，如蛋白质、碳水化合物、维生素、各种矿物质、微量元素等等。倘若过早结婚生育，胎儿就要从母体内获得以上营养物质，母体和胎儿的同时需求势必造成营养供应不足，其结果可能使胎儿的体质受到影响，也可能使母体受到影响，甚至出现未老先衰，腰腿疼痛等症状。对孩子的影响有时还会造成身体和智力发育上的不良，以致终生痛苦。

女性一般在20～23岁左右身体发育开始进入成熟阶段，但心理发育情况却要根据每个人的具体情况而定。一般来讲，进入成熟阶段后结婚生育比较合适。

青年夫妇结婚两三年后再生育，对国家来说，有利于控制人口增长；对个人和家庭来说，婚后有个缓冲的时间，经济和精力上不至于过分紧张，有利于夫妇的健康、工作和生活，从身体来看，24～27岁正是生育的最佳时期，妊娠和分娩一般都比较顺利，难产的发生率很低，产后身体恢复较快。

晚婚晚育也要注意年龄合适。由于种种原因，一些女性希望能够推迟生育的时间，但最好不要超过35周岁。因为过晚怀孕，卵子容易老化，胎儿也容易受致畸因素的影响，同时先天愚型胎儿出生率较高。据统计，在25～29岁的产妇中，先天愚型儿的发病率仅为1:1500；在30～34岁的产妇中为1:900；35～39岁的产妇中为1:300；45岁以上时竟达到1:40。但这也不是绝对的。经常运动的妇女和不运动的妇女情况就不大一样，女运动员一般生育年龄都较晚，但很少有先天愚型儿出生。据研究这是因为运动使血管中胆固醇含量较少，卵子不易老化。虽然有个别女运动员在35～42岁时生育，但据观察，子女都很正常。如果由于某种原因（如结婚晚、疾病以及其他特殊原因），年龄较大时才怀孕，也不必过分紧张，但要做好产前诊断，以便发现可能出的胎儿畸形，及时处理。

❻ 受孕的最佳月份是4～7月

制定怀孕计划时，要选择怀孕季节和月份，目的是使胎细胞分裂好，神经和身体系统发育协调得好。

胚胎的发育有三个关键时期：大脑生成期（怀孕的第三个月）；脑细胞分裂期（怀孕的第六个月到生产）；神经及身体系统的发育协调期（怀孕的第七、八、九三月）。所以，在胚胎发育中的第三个月、第六个月直到婴儿出生的这两段时间内，如果气候宜人、各种营养充足，则可能生育一个聪明漂

亮的孩子。

结合我国的自然情况，从怀孕过程来分析，一般认为怀孕的最佳月份是4~7月。因为受孕后第三个月正是胎儿的大脑皮层开始形成阶段，而大脑皮层纹沟的多少与深浅，是孩子智力高低的物质基础。在这几个月怀胎，3个月后一般已避开了高温季节，孕妈咪的食欲增加，瓜果、蔬菜供应充足，特别是食用西瓜对大脑皮层形成十分有利。在这种情况下，便于孕妈咪充分吸取维生素和矿物质，对胎儿摄取某些微量元素也有很大好处，有益于胎儿的健康成长和大脑发育。但孕妈咪在这一阶段应注意不要大量吃肉，因为过多的食肉会使胎儿大脑平滑、纹沟减少，从而影响到后代的智力发展。

由于受文化传统和风俗习惯的影响，我国的成年男女多喜欢把婚礼安排在某个重大节日里举行，最多见的是春节和国庆。而据国内资料表明，约有一半以上的女性是在蜜月时就怀孕了。与结婚时间相应的是差不多每年都会形成两个生育高峰期，这可是不容轻视的问题，我们不妨给这些新婚夫妇泼点凉水：仅靠父母的良好素质是难以完全保证优生的，有许多客观因素可能干扰优生。因此，新婚后准备马上怀孕的青年夫妇须选择好自己的婚期。既然出生季节对孩子的体质和智力有一定的影响，那么就应该从一开始就为未来的小生命创造一些更好的条件。

依据人体生物节律进行受孕

据国内外一些科学家的研究表现，人的情绪、智力和体力在每个月都有高潮和低潮。在高潮期，人表现得情绪盎然、谈笑风生、体力充沛、智力提高。若夫妇双方都处在高潮期怀孕，能孕育出特别健康聪明的宝宝。这种具有一定规律的现象，被称作人体生物节律或人体生物钟。

据观察，制约人体情绪的生物钟周期是28天；制约人的体力的生物钟周期是23天；制约人体智力的生物钟周期是33天。人体的这三种生物钟，又是互相影响、密切相关的。当人的三种生物钟都处在周期线上，这时人就会情绪高昂、体力充沛、智力很高，呈现出最理想的状态。

利用人体生物节律推算夫妇受孕日，应先计划好在某年的某个月份受孕，然后算出女方在这个月的排卵日，即月经来潮当日加15天，即为排卵日，当然月经周期要准确。一般以28~30天计算。如果月经不像这里说的这样准确，则按预计下次月经来潮日向前推 14 天即是排卵日。再计算排卵日时夫妇双方的人体生物节律运行值分别处于哪一期。倘若夫妻双方的智力钟同步都运行在高潮期，孩子智力优秀；若夫妻有一条体力曲线处在高潮期，则又好了一些；若再有一条情绪曲线在高潮期，则更好。一般来讲，夫妻六条曲线有四条运行在高潮期，其中智力、体力钟同步或基本同步，就可孕育出先天智商最高、体质又好的胎儿。

8 怀孕前应改变的生活方式

唯有健康快乐的父母才能孕育出健康快乐的子女。宝宝健康与否，不仅与父母亲的医疗记录和家庭遗传疾病有密切关系，父母亲在受孕前的生活方式，也是婴儿健康与否的决定因素。一旦为人父母，你的生活将会彻底改变。利用这个机会，重新评估你们的生活形态：

（1）**时间**　现代人异常忙碌，许多初为人父母者，假设子女可适应他们的生活节奏，事实却不然。婴幼儿需要双亲投注心力，父母亲的个人时间必然会减少许多。

（2）**支出**　您的收入通常 15%～25% 花费在与孩子有关衣物及各种设备上。您必须为小宝宝牺牲掉外出吃饭、旅行以及种种有兴趣的计划。

（3）**人际关系**　小宝宝出生后，夫妻间亲密的关系自然而然地会受到影响。您会发现自己与父母的关系亦渐渐地在改变，同时，您会逐渐与那些没有孩子的朋友远离，开始结交一些有为人父母经验的新朋友。

（4）**抽烟**　首先，会造成精子数目不足。抽烟可能使流产、胎死腹中、胎盘受损、新生儿体重过轻、畸形儿的概率增加。妊娠妇女因吸入二手烟，会影响胎儿健康。研究指出，老烟枪的子女，年龄分别为 5 岁、7 岁和 11 岁，都发现有较高比例的生长迟滞和学习障碍问题。

(5) **酗酒** 妇女的酒精耐受性低于男性，酒精容易集中于滋养胎儿的血液中，造成胎儿酒精症候，增加心智障碍、生长迟滞、危及大脑神经发育症状的概率。根据研究，酒精对胎儿的影响差异极大，有些严重酗酒者竟可逃过危害，少量者反而不能。最保险的做法就是远离酒精。

(6) **药物** 如非必要应避免服用药物。准备受孕前，全面停止服用避孕药，麻醉干扰男性精子生成，需3～9个月方能使精子正常生长。海洛因及吗啡等毒品，会破坏精子及卵子的染色体，导致畸形儿的产生。

(7) **饮食和运动** 力求均衡饮食，减少脂肪摄取，多食用蔬果。良好的饮食习惯必须与适度的运动配合。怀孕时骨盆会逐渐扩大，韧带及软骨会变得比较迟钝，肌肉和关节的负担会加重。所以，你愈健康适应得就愈好。

(8) **年龄** 30岁以上的高龄妇女，只要保持身体健康，危险性绝不会大于20岁的孕妈咪。不孕症及唐氏综合征的发生率会随双亲年纪渐长而增加，但是不要怕，只要紧密进行染色体异常的检查，您还是会正常妊娠的。

(9) **停止避孕** 可立即停止阻隔性的保险套避孕方法。但若服用避孕药或使用子宫内避孕器，过程就比较麻烦。避孕药：在准备受孕前6个月停止服用。在怀孕前至少有6次正常的月经周期。如果您是在服用避孕药期间受孕，请立即与医师咨询。某些避孕药含有高量的黄体素，会干扰胎儿前几周的发育。

❾ 调养身体为优生做准备

良好的身体素质是优生的前提条件。所以，全面合理地摄取营养可以保持良好的身体状况，为优生提供可靠保证。计划怀孕的夫妇所需要的蛋白质、脂肪、碳水化合物、维生素与矿物质等，要比不准备怀孕的夫妇多，但并不是没有限量。不同身体状况的夫妇应该根据自己的实际情况，有针对性地补充身体所需要的营养素。

首先，要有良好的饮食习惯。孕前夫妇可以根据各自家庭、地区、季节等情况，科学地安排好一日三餐，保证营养。在饮食时应养成好的膳食习惯，种类丰富，杂一些，不要偏食，才能博采众家之长。

其次，不同食物中所含的营养成分及含量都不尽相同，在饮食中注意加强蛋白质、矿物质和维生素的摄入。例如：动物性食物含锌、铜较多；各种豆类、蛋、瘦肉、鱼等都含有丰富的蛋白质；瓜果、蔬菜中含有丰富的维生素；海带、紫菜、海蜇等食品含碘较多；芝麻酱、猪肝、黄豆、红腐乳中含有较多的铁……如有需要也可适量的服用维生素或微量元素制剂，但补充也不宜过量。

再次，重视饮食卫生，避免各种食物污染。蔬菜、水果应充分清洗干净，并用水冲洗干净残留的洗洁精，必要时可以浸泡一下，水果应去皮后再食用，以避免农药污染；尽量饮用白开水，避免饮用各种咖啡、饮料、果汁等饮品，坚决戒酒；尽量选用新鲜天然食品，避免食用含食品添加剂、色素、防腐剂物质的食品；在家庭

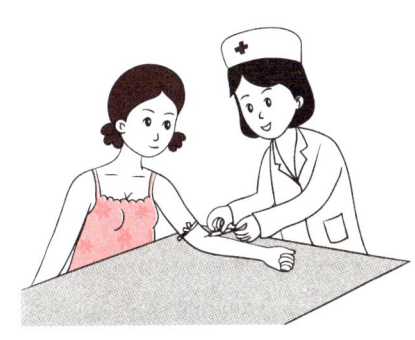

炊具中应尽量使用铁锅或不锈钢炊具。避免使用铝制品及彩色搪瓷制品，以防止铝元素、铅元素对人体细胞的伤害。

强调营养的同时还要防止营养过剩，来者不拒、没有节制的饮食会造成夫妻体重过重，增加身体负担，从而使胎儿生长过度，分娩困难。饮食失调造成肥胖，使产后体形长期难以恢复。而且营养过剩会使糖尿病、慢性高血压、血栓性疾病等发病的机会增大。因此，营养的摄取必须科学、合理，既能满足孕产妇的需要，又不过量。

>> 网站轻松链接

现代科学证明，夫妇经常进行锻炼，保持身体健康，则为他们的下一代提供了较好的遗传素质，特别是对加强下一代的心肺功能、减少单纯性肥胖等遗传因素产生明显的影响。女性通过体育锻炼增强体质，有利于怀孕时心肺功能和体力的大量需求，可保证胎儿的血氧供应，使胎儿健康发育；可以减少流产的发生，保证正常分娩的顺利进行及产后产妇的身体恢复。

在孕前半年中，男女双方都应该坚持体育锻炼，保持良好的健康状况，加强身体的综合素质，切记过犹不及。体育锻炼必须进行，但应适量，不宜

运动时间过长、强度过大，不应造成身体的疲劳。应避免参加剧烈的运动竞赛，过度的疲劳和激烈、紧张的竞技心理状态。这些都会妨碍人体生理机能的平衡，对女性尤其如此。

孕前锻炼一般适于在清晨进行，持续时间每天应不少于 15～30 分钟。长距离慢跑、长距离散步、健美操等都是较好的运动形式。节假日还可以从事登山、郊游等活动。应根据每对夫妇的具体情况合理安排运动的时间和方式，以达到保持良好的健康状况，加强身体素质，孕育优秀后代的目的。

⑩ 为什么生育时间不宜过晚

对于女性来说，女性生育最晚不应超过 30 岁，尤其不要超过 35 岁。因为年龄过大，卵巢功能衰退，卵子中染色体畸变增多，容易造成胎儿畸形流产和死胎等。据相关调查表明，女性年龄与葡萄胎的发生显著相关，年龄大于 40 岁者发生率比年轻妇女高 20 倍；35 岁以上的高龄孕妈咪，染色体不分离的机会增加，胎儿染色体畸变率增高，例如先天愚型发生率达 1%。另外，高龄产妇在妊娠分娩过程中常发生宫缩无力，产程延长，产后大出血等现象，难产率也较高，35 岁以上的高龄初产妇宫缩乏力很常见。当女子 40 岁以后，其生育能力明显下降，受精机会减少，流产率、胎儿畸形率显著增多。

对于男子来说，生殖腺功能的减退主要表现为曲细精管基底膜增厚，生精上皮变薄，曲细精管间纤维化，睾丸体积变小、生精和内分泌功能减弱，各级生精细胞减少，精液中精子活动力下降，畸形精子和死精增多。科学研究显示：男子 40 岁以前生育能力一般无明显变化，40～45 岁约下降 10%，45～50 岁下降 50%，70 岁以后有生育能力者只有 10%。

11 怎样做到有计划地怀孕

计划受孕就是有计划地怀孕，是夫妇双方根据个人情况，选择最佳受孕时间，创造最优受孕环境，推算宝宝的出生时间，并做好充分准备，实现后代优生的措施。

要实现计划受孕，必须掌握一些受孕方法和技巧，必须了解妇女生殖系统周期性的变化，通过日程表推算，基础体温测量或宫颈黏液观察，掌握排卵规律，鉴别"易孕阶段"和"不易孕阶段"，才能达到计划受孕的目的。

在计划怀孕前，还应先冷静下来分析和考虑一些问题：如你是否长期患有某种疾病？你是否服用避孕药丸？你的工作是否对胎儿有危害……你应该把这些问题的每一项都在脑子里过一遍，认真地考虑这些带有危害性的问题。最好是制定好妊娠计划，请教医生，并做一些检查。这样，不但可以使夫妻二人在心理上做好妊娠的准备，而且能够采取很多措施，以避免不良因素对于受孕的影响，增加受孕的机会。如果你们所制定的妊娠计划科学而又合理，且能严格执行，那么，你们就一定能够正常和顺利的妊娠、分娩，孕育高素质的后代。

12 如何控制怀孕时间

精子与卵子的存活和受精都有一定的时间限制，超过这一时间，精子和卵子就失去受精能力，并进而萎缩、退化和死亡。所以掌握适当的时机进行房事，对受孕是十分重要的。

正常成年男子每次射入阴道内的精子虽有数千万到2亿个左右，但最后能到达受精部位的精子只有几百个，而能和卵子结合的就只有一个。精子排出后在阴道的酸性环境里只能存活几个小时，在输卵管内也只能生存1~2天。一般性交后36~48小时内才有受精能力。生殖系统发育成熟的妇女双侧卵巢每月只排出一个卵子，卵子排出后约存活16~24小时，在12小时内活力最好，如24小时内未受精则死亡。所以准确推算女性的排卵期，找出最佳受孕期对于计划受孕有着非常重要的意义。

妇女的月经周期从子宫出血的第一日开始，两次月经第一日的间隔时间称一个月经周期，一般28~30天为一个周期。周期长短因人而异，但每个妇

女的月经周期有自己的规律性。一般卵巢排卵大约在月经周期的中间，即在两次月经中间。同时，排卵期女性体内的雌、孕激素及其他相关激素的分泌和比例关系也最适合，使生殖器官处在便于精子进入、存活、运动及与卵子结合的最佳状态。

如果一个妇女的月经周期是 28 天时，排卵多在月经周期的第 14~16 天，亦即在下次月经来潮前的第 14 天是最佳受孕期。此时，男女双方的精子和卵子在成熟度、活力和相遇时间上都能很好地配合，而且精子和卵子结合后受精卵的质量较高。

13 如何确定排卵日期

根据女性生殖系统的周期性生理变化，通过一些医学方法掌握排卵规律，判断易于受孕的时期和不易于受孕的时期，择日性交提高受孕机会，以实现计划受孕的目的。通常易于受孕的时期也就是女性的排卵期。应用以下一些方法和手段可以使你掌握排卵期的规律：

基础体温测量法。妇女可每天晨起测量体温，将其记录并画成曲线，以便观察发现规律，来掌握排卵期。正常女性月经周期中其基础体温也呈周期性变化，排卵后基础体温一般升高 0.3~0.5℃，温度上升提示已经排卵。一般看来，排卵发生在基础体温上升的前一天或体温上升的过程中，基础体温处于升高水平的 3 天内为易于受孕的时期。

日程推断法。一般女性卵巢排卵大约在月经周期的中间，即在两次月经中间，即下次月经来潮前 12~16 天（平均 14 天）。下面介绍的公式可以用来计算排卵期较为方便：

以往月经最短周期天数 − 19 = 不易于受孕时期的最后一天，次日即为易于受孕时期的开始。以往月经最长周期天数 − 10 = 易于受孕时期的最后一天。

例如：最短月经周期天数为 28 天，28 − 19 = 9。月经来临后的第 10 天为易于受孕时期的第一天。如月经最长的周期天数为 32 天，32 − 10 = 22，月经来临后的第 22 天为易于受孕的时期最后一天。

宫颈黏液观察法。性激素水平在妇女月经周期不同阶段出现高低变化，宫颈黏液的性状也随之发生相应变化。在月经期前或后雌激素水平较低，宫颈黏液稠厚、量少，精子难以穿过，不易受孕。在月经周期中期雌激素水平逐步升高，宫颈黏液越变越稀薄，量也增多；接近排卵期，宫颈黏液清澈透亮，似蛋清状，而且能保护、营养精子，增强精子的活力，引导精子进入子宫，有助于受孕。另外，此时阴部湿润感明显，利于性交。这一时期相当于排卵日或排卵的前一天。

14 人工流产或早产的女性怎样怀孕

人工流产、早产的妇女应在至少 3 个月后才可以再次怀孕。因为人工流产或早产后子宫的恢复最少约需 3 个月左右，而有些器官的完全恢复时间还要更长一些，因此在 1 年后怀孕最好。

无论人流或早产，都已经进入了一个妊娠的过程。只要一开始妊娠，身体各器官都会为适应怀孕而发生一系列相应的变化，如子宫逐渐增大变薄；子宫峡部逐渐伸展拉长变薄扩张成为子宫的一部分；卵巢增大，停止排卵；乳房增大，腺管发育；心肺负担和功能增强，心排出量增加，血压变化，循环血容量增加；内分泌系统发生变化等。这一系列的变化要完全恢复，机体需要长时间的调整。妊娠是一个需要多方面、多系统协调和配合的复杂精密的生理过程，无论哪一方面准备不协调，都会影响妊娠的过程及质量。在机体，尤其卵巢功能、子宫内膜、激素和内分泌调整好之前发生的妊娠，卵子质量、受精卵着床和胚胎的发育都不可能得到很好的保证。

15 哪些情况下不宜受孕

生育后代是一件关系重大的事情，如果你不是专业人士，那么有很多事情是你所不知道的。例如，并不是什么情况都可以怀孕的。计划怀孕之前应该做好孕前咨询，了解清楚自己是否可以怀孕，哪些情况不宜妊娠，以利于优生和提高后代质量。为了生育健康、聪明的后代，选择受孕的时机也非常重要，通常在下列情况下不宜受孕：

旅行结婚时不宜怀孕。目前在我国旅行结婚者甚多，这些新婚夫妻多数不带避孕工具和避孕药品。并且由于新婚性生活比较频繁，不但精子质量不好，而且旅游途中往往生活起居没有规律，饮食失调，饥饱无常，营养偏缺不匀，睡眠不足，使大脑皮质经常处于兴奋状态。加上过度疲劳和旅途颠簸，

可影响孕卵生长或引起子宫收缩，易导致流产或先兆流产。

>> 专家温馨提示

在停服避孕药后不宜立即怀孕。避孕药有抑制排卵的作用，并干扰子宫内膜生长发育。长期口服避孕药的妇女，最好停药后半年再怀孕为好，在暂时停药的半年期间，可用避孕套等方法避孕。这样可使子宫内膜和排卵功能在半年内完全恢复。

在盛夏和严冬季节最好不要怀孕。酷暑高温，孕妈咪妊娠反应重，食欲不佳，蛋白质及各种营养摄入量减少，机体消耗量大，会影响胎儿大脑的发育。另外，冬季过于寒冷，室内空气不好，并且感冒及呼吸道病毒感染的机会多，对胎儿不利。

在情绪压抑时不宜怀孕。情绪与健康息息相关，还可影响精子质量，同时不良的情绪刺激可影响母体激素分泌，使胎儿不安，躁动而影响生长发育，甚至流产。因此，精神不愉快时可暂避免受孕，待精神愉快时受孕为佳。

在患病期间不宜怀孕。当身体患病时不但影响受精卵的质量及宫内着床环境，而且病期服用的药物也可能对精子和卵子的结构产生不良影响。所以，夫妻双方任何一方患病，应等病愈后再考虑受孕。

16 为什么孕前要忌烟

吸烟的危害越来越受到人们的重视。烟雾中含有一些致畸物质，如尼古丁、焦油、辐射物和多环烃类。尼古丁及其代谢产物，可以改变催乳素和孕酮的分泌，破坏受精卵的着床过程；尼古丁还能提高妊娠子宫的紧张度，增加子宫的收缩力，从而造成自发性流产的增多。有人统计吸烟孕妈咪的自发性流产率为41%，不吸烟孕妈咪仅为28%。尼古丁对胎儿交感神经系统有毒害作用，可以引起胎儿心动过速、心动过缓或心律不齐，从而引起心脏先天性机能和形态的损伤。

吸烟孕妈咪生下的新生儿容易由于呼吸困难和发育不正常而死亡。有人统计孕妈咪每日吸烟20支以下，死产发生率为20%，每日吸烟20支以上死产发生率为35%。在存活的新生儿中先天性心脏病（如动脉导管未闭和法乐氏四联症），吸烟孕妈咪是不吸烟孕妈咪的 2 倍。吸烟孕妈咪生下的新生儿体重可降低 90~350 克，以致个子矮小、智力发育水平低。

为了下一代的健康，请您一定要远离香烟。

17 为什么怀孕前要戒酒

大量事实证明，嗜酒会影响后代。因为酒的主要成分是酒精，当酒被胃、肠吸收后，会进入血液运行到全身，少量通过汗、尿及呼吸出的气体排出体外，大部分在肝脏内代谢。肝脏首先把酒精转化为乙醛，进而变成醋酸被利用，但这种功能是有限的。所以，随着饮酒量的增加，血液中酒精浓度也随之增高，对身体的损害作用也相应增大。酒精在体内达到一定浓度时，对大脑、心脏、肝脏、生殖系统都有危害。

酒精可使生殖细胞受到损害，受酒精毒害的卵子很难迅速恢复健康，酒精还可使受精卵不健全。酒后受孕可造成胎儿发育迟缓。所以，受孕前一周妇女饮酒对胎儿不利，那些常年饮酒的妇女，即使受孕前一周停止饮酒，也还是有一定危害。

妇女受孕前不要饮酒，最好在受孕前一周就停止饮酒。当然，为了孩子的健康，夫妻双方应在早些时间（1 年以上）就开始戒酒。

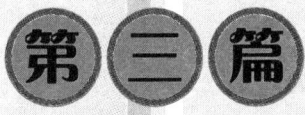

漂亮孕妈咪保健与护理

第一章　孕期基础知识

第二章　孕妈咪怎样吃最健康

第三章　孕妈咪的生活起居

第四章　做个漂亮的孕妈咪

第五章　孕妈咪疾病防治

第一章

孕期基础知识

到医院检查并不是越早越好，过早到医院检查，有时得不出早期妊娠诊断。一般月经周期规律的人应在月经推迟10天以上，或开始出现早孕反应时，到医院检查。当确定怀孕后，医师可能要询问许多问题，应尽可能配合医师做出准确回答，便于医师针对有关情况，做出相应处理，有利于胚胎正常发育。

1 怀孕后身体发出的生理信号

（1）**月经过期**：如果月经一向是规律的，并在两次月经中期有过性生活，若月经过期不来，多数是怀孕了。当然，月经不调者不算；另外，生病、劳累、过度紧张或焦虑也可能使月经推迟。

（2）**早孕反应**：怀孕40天左右开始出现，有恶心、呕吐、食欲不振等表现，尤其早晨空腹时厉害。此外，身体发热、疲倦无力、嗜睡、白带增多也是常见的现象。有些人可能有食欲的变化，爱吃酸或辣的东西。嗅觉敏感，闻到异味容易恶心呕吐。由于激素分泌，有的人可能引起情绪异常。

（3）**乳房变化**：乳房发胀，变得柔软，有轻微的触痛，乳头和乳晕颜色变深。

（4）**小便次数增多**：这是由于母体血液循环增加及子宫增大后压迫膀胱所致。

2 多长时间可测出怀孕

如果妇女月经周期规律，每月来一次月经，一般停经35天以后，就可以通过化验尿液，测出是否怀孕。可以在药店买早早孕试纸，自己在家化验早晨的第一次尿液，最好收集小便过程中的中段尿液，按照试纸使用说明观察判断是否妊娠。如果不放心，可以到医院化验。因为有时验尿可能会出现假阳性，所以必要时还需做妇科检查，甚至 B 超检查。

如果妇女 40 多天甚至 2 个月才来一次月经，一般停经超过以往月经 10 天左右，可以验尿，如果试验阴性，可再延期一周，继续化验。

除了停经验尿以外，在孕早期出现的胃肠道恶心、呕吐等反应，也可辅助判断怀孕了。

❸ 早孕试纸很准吗

从妊娠的第 7～10 天起，也就是一般停经的第 25 天，孕妈咪的尿液中就能测出一种特异性激素，即绒毛膜促性腺激素，简称 HCG，也就是通常妇女在医院进行的尿化验所检查的物质。早孕试纸也是检验这种物质。随着妊娠天数的增加，孕妈咪分泌 HCG 的量也不断增加，所以一般在怀孕 35 天以后，早孕试纸的准确性就较高。

早孕试纸不灵的情况，主要见于试纸存放时间过长（一年以上），或试纸受潮、或冷藏起来，有可能失效，真的怀孕了却测不出来。另外妊娠刚刚开始，或者是宫外孕，体内 HCG 水平一般较低，这时试纸上的色带若隐若现，如果不仔细辨认也看不出来。所以早孕试纸不一定很准，还要结合妊娠症状，到医院进一步确诊。

❹ 为什么要定期到医院做检查

精子、卵子来自父母两人不同的个体，他们在母体内相遇、结合、生长发育，最终出世，小生命在顽强的生长过程中，谁能想到中途会发生哪些意料之外的事情，来干扰他们的生存呢？通过每次孕期检查，能及早发现、治疗妊娠中出现的疾病，有利于帮助母婴平平安安地走过新生命第一年的宫内生活。这期间，提供适时、合理、高质量的孕期保健，是医生的职责，接受这一服务更是准妈妈的义务。根据妊娠各阶段不同的变化特点，将妊娠全过程分为三个阶段，即孕早期（12 周内）、孕中期（13～27 周）、孕晚期（28～40 周）。医生将在各个时期给予相应的保健指导。

❺ 如何计算孕周及预产期

妇女排卵日期有个体差异，所以妊娠期限（从受精到胎儿娩出）很难正确估计，为了方便都以末次月经的第一天作为妊娠的开始。从末次月经的第一天到胎儿娩出的时间为 280 天，即 40 周。妊娠期把 28 天作为 1 个月，7 天为 1 周。

推算预产期的方法如下：

（1）按末次月经来潮第一天算起，月份减 3 或加 9，天数加 7。

例如：末次月经是 2009 年 9 月 10 日

分娩月份：9 − 3 = 6

分娩日 = 10 + 7 = 17

即预产期是 2010 年 6 月 17 日。

再如：末次月经是 2009 年 3 月 20 日

分娩月份 = 3 + 9 = 12

分娩日 = 20 + 7 = 27

即预产期是 2009 年 12 月 27 日。

（2）如果孕妈咪既往月经不规律或末次月经记不清，则可以按胎动开始时间推算预产期。初产妇从自觉胎动日加 20 周，经产妇从自觉胎动日加 22 周。

❻ 孕早期咨询、检查内容

（1）**咨询**：医生向孕妈咪详细询问末次月经日期、月经周期、早孕反应、以往患病情况，孕妈咪及丈夫家族健康状况。还要了解孕产史，有无人工流产、次数和时间等。

孕妈咪可向医生详细询问孕期保健知识，孕期应注意哪些问题，在受孕期间遇到哪些不利于胚胎生长发育的情况，应主动随时如实向医生反映，听取医生的意见及建议。

（2）**检查内容**

全身检查：心、肝、脾、肺、肾等的一般体检，测血压、量身高及体重等，以全面了解孕妈咪发育、营养、精神状态。

妇产科阴道检查：顺序地从外至内了解内外生殖器的发育状况，生殖器有无感染、畸形，子宫发育大小与孕周是否相符（这也是对月经不规律者，确定孕周的指标之一），卵巢、输卵管是否有异常，可以尽早发现宫外孕、葡萄胎等异常妊娠，以便早发现、早处理。

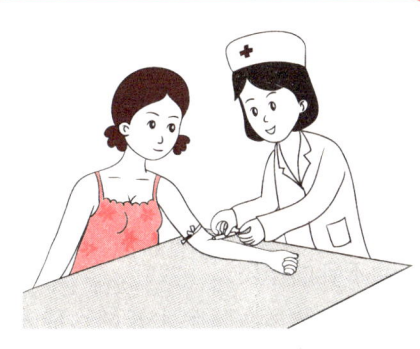

辅助检查：协助医生了解孕妈咪的基本状况。常规化验有：阴道分泌物检查、尿常规、尿糖、血常规、肝功、澳抗，孕早期有过病毒感染的孕妈咪，还要做相应的特殊化验。对有死胎死产史、胎儿畸形史及患遗传性疾病等的孕妈咪，应在医生的指导下做必要的产前诊断。

>> 专家温馨提示

检查次数是根据胎儿发育的早、中、晚不同阶段生理特点，人为规定的，以便能及时发现异常，有效控制疾病，保护母亲及胎儿顺利度过整个孕期。

初查：在孕早期即孕12周之前，建立围产保健手册。

复查：孕13～27周后，每4周检查一次；孕28～36周，每2周检查一次；孕37周后，每周检查一次。发现异常，应听从医生意见，增加检查次数，并且按时检查，以防发生意外。

❼ 怀孕反应较重怎么办

妇女怀孕后，内分泌系统发生变化，在多种蛋白质和类固醇激素的影响下，孕妈咪身体出现许多相应的适应性改变。最早和最突出的表现就是恶心、呕吐、厌食等怀孕反应，程度因人而异，严重者呕吐频繁、剧烈，一吃就吐，不但将刚吃的食物全吐了，甚至连胆汁也吐出来。如果孕妈咪对孕吐非常恐惧，害怕孕吐影响胎儿的营养发育等，这些顾虑会成为消极的精神因素，反而使控制大脑呕吐的中枢更加兴奋，加重妊娠反应。对于怀孕反应较重的孕妈咪，应注意多饮水，多吃青菜和水果，不偏食不挑食，想吐就吐，想吃就吃，可以少食多餐。在口味上选择清淡、爽口、合自己口味的食品。适当吃些营养丰富的瘦肉、动物肝脏等，每天吃些硬果类食品，如瓜子、核桃、芝麻等。家属要帮助孕妈咪消除对怀孕的恐惧感，不必过分担心妊娠反应，安慰孕妈咪早孕反应很快就会过去，精神的支持和鼓励非常重要，能起到药物所达不到的作用。

由于孕早期胚胎才开始形成发育，所以不需要增加很多营养，一般不会影响胎儿的发育。如果呕吐剧烈，水米难进，饥饿可使体内动员大量脂肪，脂肪代谢的产物丙酮酸增加，引起酮症酸中毒。因此孕妈咪要及时到医院检查、化验，如果尿酮体阳性，需要及时治疗。

❽ 不知道怀孕吃了药怎么办

药物对胎儿的影响主要与胎儿的生长发育阶段有关。一般来说，受精后7天内（怀孕的第3周），因受精卵尚未着床在子宫内膜上，故不受药物的影响。受精后8～15天（孕4周），由于胚胎组织没有分化，如果药物有影响则引起胚胎死亡、流产。受精后15～60天，相当于末次月经后的30～75天（孕5～11周），这一时期是胚胎器官分化形成阶段，是致畸的高度敏感期，孕妈咪服用某些药物可能会引起胎儿畸形，严重的导致流产或死亡，还有的胎儿出生后表现为功能障碍，如行为改变、肌张力低下、凝血功能障碍等。受精8周后（孕12周），胚胎器官分化已初步完成，此时药物致畸的影响大为减少。因此孕妈咪在孕早期用药要谨慎，一定要在医生的指导下用药。因疾病必须使用某些对胎儿可能有不良影响的药物时，需要慎重权衡利弊后考虑用药。如患精神病的孕妈咪，孕期内分泌的变化可使病情趋于稳定，故对于过去无复发史和临床缓解很好的孕妈咪，可以暂时停药，待孕12周后再用药。

❾ 不知道怀孕发生了同房有关系吗

一般情况下大多数妇女每月来一次月经，可有些妇女平时月经周期不规律，有时一个月来一次，有时几个月才来一次，因此不容易掌握排卵期。在实际生活中就出现已经怀孕了自己还不知道，而且又有性生活的情况。当诊断怀孕以后，这些妇女很可能担心后来的同房会不会影响坐胎或孩子的发育。一般情况下如果妇女同房后没有发生下腹痛或阴道出血，可以说就不会对胎儿有多大的影响。如果同房时丈夫动作过重过猛，孕妈咪当时可能就感觉下腹不舒服或阴道出一点点血，休息几天后不再出血也影响不大。如孕妈咪下腹疼痛越来越厉害，出血也越来越多应马上去医院就诊，很可能胚胎发育异常或停滞，造成了流产，所以需要到医院及时处理。

⑩ 孕妈咪体重增加多少合适

孕妈咪体重的增加不但反映母亲的营养状况，而且是间接衡量胎儿发育情况一种简单而又非常重要的方法。

一般孕妈咪在整个怀孕期间增加的体重平均为 10～13 公斤，相当本人非孕时体重的 25%，增重部分来自孕妈咪及胎儿两部分。在妊娠过程中，体重增加呈先慢后快的趋势。孕 1～12 周，没有或轻微增重 1 公斤，孕 13～28 周增加 5～6 公斤，占孕期体重增加的 40%～50%。孕 28 周以后，体重增加较快，平均每周增加 0.5 公斤左右。孕妈咪可以在家自己称体重，并记录下来，就清楚知道每周体重增长的情况。如果连续两周增长过多或过少，应去医院检查。

孕妈咪体重增加过多或过少对胎儿发育和母亲健康都不利。体重增加过多，会引起水肿、羊水过多及胎儿过大等，增加分娩的风险和难度；体重增加过少，会引起营养不良、贫血、胎儿发育迟缓等。

胎儿生长发育的里程

新生命在母体内的发育分两个阶段，妊娠前 8 周为胚胎期，是主要器官分化发育时期，从妊娠第 9 周（第 3 个孕月）起进入胎儿期，是各器官进一步发育成熟的时期。

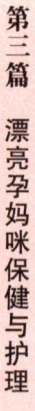

(1) 第一孕月（末次月经来潮第一天算起，4周内）

正常育龄妇女，如果月经规律，则在两次月经中期由卵巢排出一个成熟的卵子，排卵后最迟不超过24小时，卵子在输卵管中与精子结合，最终形成受精卵。受精卵由输卵管运送到子宫内种植，称为"着床"。着床后的受精卵开始变化，逐渐分化成胎儿部分和供应胎儿营养、保护其免受伤害的胎儿附属器官。

第3孕周：受精卵发育，准备着床。

第4孕周：着床完成，各器官开始形成。在精子和卵子结合的同一时期，小生命的性别已经确定。

(2) 第二孕月（孕5～8周）

第6孕周：胚胎开始出现心脏搏动、眼睛、耳朵开始出现，此时可见臀及腿的萌芽，胚胎长4～5厘米。

第8孕周末期：胚胎长6～8厘米，胚胎基本具备人形，头很大，占据整个胎体的一半，眼、鼻、耳、口、四肢，已初具原形。B型超声波可听到有节律、单一高调的胎心音，胎心率多在150～160次/分。

(3) 第3孕月（孕9～12周）

此时进入胎儿期，胚胎长约10厘米，体重约20克，手指及脚趾分化，并可以见到手指甲和脚趾甲。在第10孕周时胎儿可有闭眼、闭口、手指紧闭。由于脑的发育较早并占优势，胎儿头长为全身长的1/3，胎儿的脸面已呈人形，外生殖器官尚不能分辨男女。

(4) 第4孕月（孕13～16周）

胎儿身长13～17厘米，重约100～120克，外生殖器已能分辨性别，消化系统的功能已基本建立，胎儿可以吞咽羊水；肝脏功能还不健全；肾脏已有排尿功能，孕14周时，B型超声波可测出胎儿膀胱内尿量。

自孕12～14周起，子宫可以出现宫缩，这种子宫收缩是不规律的、无痛的，医生做腹部检查时能触到，孕妈咪本人有时也能感觉到。孕16周末，部分经产妇已能感觉胎动。

(5) 第5孕月（孕17～20周）

胎儿身长约25厘米，体重300克，皮肤暗红，全身盖以毳毛，可见少量胎发，胎儿出现吞咽动作。子宫底高度在脐下一横指，此期胎动活跃，孕妈咪可以明显感觉到，每小时约3～5次。除去胎动外，另一显著的变化是，孕妈咪的家属按照医生指定的部位，在母亲的腹部用听诊器可以听到胎儿心音，胎儿的心跳在每分钟120～160次之间，低于120或高于160次，均属异常，应及时到医院就诊。

(6) 第6孕月（21～24孕周）

胎儿身长约28～32厘米，体重约600～700克，各脏器均已发育。皮肤有皱纹，出现眉毛及睫毛。胎儿在他的"居室"里伸展自如，练会了很多动作，如踢脚、伸懒腰、打嗝。

(7) 第7孕月（25～28周末）

胎儿身长约35厘米，体重约1000克，皮下脂肪不多。头发长约5厘米，皮肤呈红色，眼睛已能睁开。大脑仍在迅速发育，外生殖器也在发育。此时胎儿对蛋白质、脂类、磷、锌、钙、铁等营养素的需求增加。

(8) 第8孕月（29～32周末）

胎儿身长约42厘米，体重约1700克，此时胎儿生长较快，皮肤呈深红色，有皱纹。胎儿的肺发育迅速，大脑及其他内脏的发育都接近成熟。这时用优美动听的音乐进行胎教，很有好处。

(9) 第9孕月（33～36周末）

这时期胎儿生长速度非常快。胎儿身长45～47厘米，体重约2500克，皮下脂肪增多后，身体显得很丰满，皮肤富有弹性和光泽，脸部皱纹消失，指甲、趾甲已达指（趾）尖。内脏器官发育基本成熟，四肢及生殖器官已发育成熟。出生后能啼哭并吸吮，生活力良好，出生后可存活。

(10) 第10孕月（37～40周末）

为妊娠足月，胎儿身长约53厘米，体重约3000克。皮肤呈粉红色，皮下脂肪丰满，毛发较粗且光亮，足底皮肤纹理较多，男婴睾丸下降至阴囊。女婴大阴唇已覆盖阴蒂及小阴唇。这是怀孕的最后一个阶段，胎体丰满，发育成熟，为适应外面冷空气的刺激，全身披挂一层胎脂，充当保护层。胎头已进入母亲骨盆中，做好了进入人世的一切准备，只待一朝娩出。

胎儿体重身长一览表

孕月	体重（克）	身长（厘米）
1		0.5
2	10	6～8

3	20	10
4	113	15
5	224~500	25
6	600~700	28~32
7	1000	35
8	1700	42
9	2500	45~47
10	3000	53

12 不同孕期 B 超检查的重点

（1）孕早期

妇女怀孕第 5 周，B 超就可以发现胎囊，5~6 周可诊断双胎，6~8 周可确定胎龄，8~10 周确诊胎儿是否存活。应该注意在孕早期要慎用 B 超，如果孕妈咪有阴道流血、下腹痛，可以做 B 超检查，以查明阴道出血、腹痛的原因，了解是否流产、胎停育、宫外孕等。

（2）孕中期

B 超可以筛查出许多重要的先天畸形，例如无脑儿、脑积水、脊柱裂、脑脊膜膨出、内脏外翻等。有时可以发现严重的肢体畸形，如果胎儿在宫内位置恰当时，可以发现有无手指、足趾畸形，但一般肢体畸形难以发现。如果有更先进的 B 超设备（如彩超），加上 B 超检查者丰富的经验，也可能筛查出胎儿胸腹腔积水、巨大膀胱、先天肛门闭锁等，先天性心脏病可用 M 型超声心动机检查。

另一方面使用 B 超测定胎儿头的双顶骨间径，胎儿大腿股骨的长度，胎儿的头周径头围以及腹围，可以判断胎儿在子宫内的发育情况，了解胎儿有无宫内发育迟缓。另外根据胎儿的双顶径、股骨长还可以核对孕周与胎龄。

一般正常孕妈咪，怀孕第 20~24 周应该做 1 次 B 超检查，主要了解有无胎儿畸形。

（3）孕晚期

一方面继续测定胎儿的双顶径、股骨长，了解胎儿生长发育的情况；另一方面判断胎位、羊水量、胎盘位置及成熟情况,以帮助医生确定分娩的方式和时机。一般在孕34周和临产前做一次B超检查。

需要强调指出的是,如果孕妈咪在基层医院B超检查发现有胎儿畸形,应及时去条件好的医院用更先进的B超机,进一步明确诊断。

13 如何数胎动

数胎动可以从妊娠29周开始,直至临产。每天早晨、中午、晚上3次,每次数1小时,用黄豆或扣子计数比较方便,每次胎动时放一粒黄豆或一个扣子,1小时后相加得胎动次数,正常胎动次数每小时3~5次。将早、中、晚3次的胎动数相加再乘4,即为12小时胎动数。一般在30~40次为正常范围。一天中胎动有两个高峰,一个在晚上7~9点,另一个在夜里11点至凌晨,一般早晨最低。注意胎儿短时间连续的活动,这只能算1次胎动。如果孕妈咪工作较忙,也可只在晚上数1小时胎动。

如何识别胎动异常呢?如果12小时胎动次数20~30次,应加以警惕,第二天再重复数3次。胎动次数降到20次以下或比原来的胎动次数减少一半,提示胎儿在子宫内可能缺氧,应及时去医院检查,否则胎儿在子宫内慢性缺氧,可导致胎儿死亡。如果胎动突然异常频繁超过40次,也应该及时去医院做检查。

如何听胎心

使用胎心听诊器,或简易的喇叭形听筒,甚至贴在孕妈咪的腹部都可以听到胎心。每天一次,每次听一分钟,可在孕妈咪的脐部上、下、左、右4个部位听。正常胎心跳动为每分钟120~160次,如果每分钟胎心率大于160次或小于120次,或者胎心不规律,时快时慢,可过一段时间再听一次,如果仍然不正常,应及时到医院检查。

14 什么是胎教

胎教是我国最早提出和应用的,是我国独有的传统术语。在汉代的史记中记载:"太任有妊,目不视恶色,耳不听淫声,口不出傲言。"意思是在妊

娠期应保持良好的心情,高尚的人格,有利于胎儿的正常发育和智力发展。

　　胎教研究证明,胎儿有视觉、听觉、感觉以及运动、记忆等方面的能力,有极其复杂的心理和生理反射机能,并具有和母亲相互传递情感、交流信息、密切联系的功能。胎教就是科学地调整孕妈咪身体内外环境,从受孕开始,提供胎儿良好的、有益的信息,避免不良因素对胎儿的影响,对胎儿进行早期教育和训练,使胎儿身心健康发展,智力、能力的潜能得到充分的发挥。

15 如何进行胎教

孕早期

　　当未来的母亲知道一个小生命开始在自己的腹中孕育时,母爱的萌芽就渐渐产生了。母与子的信息传递就建立起来,这一时期孕妈咪要有意识地追求生活环境的安静与美化,注意居室布置的协调、颜色的搭配。适当运动,多到有树林、花草的地方散步,沐浴着大自然的清新空气和温暖的阳光(花粉及粉尘过敏者不宜)。保持生活规律、心情舒畅、恬静。丈夫应体贴爱护妻子,给妻子、胎儿创造一个和睦、温馨、完美的家庭气氛。

孕中期

　　此期胎儿神经系统已基本形成,胎儿能对来自母体内外的各种刺激作出不同的反应,这一阶段是胎教的主要时期。孕妈咪要选听明朗轻快的音乐,选择的乐曲节律要与人的心率基本协调一致,这样使胎儿感到安全、轻松。每天定时播放柔和的轻音乐2~3次,每次听10~20分钟。另外孕妈咪也可以给胎儿

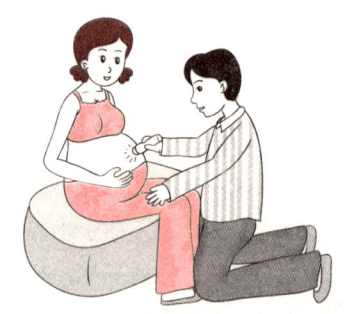

唱歌,能更直接地刺激胎儿的听觉。从孕16周开始,孕妈咪能感觉到胎儿的活动,孕妈咪每天数胎动,既是自我监护,同时也是进行胎教的良机。孕妈咪可以对胎儿的每一个动作予以各种各样丰富的想象,同时轻轻地抚摸胎动的地方,加深母子之间的心灵交流融合。这一时期,给小宝贝起好名字,每天与小宝贝对话2~3次,呼唤他的名字,给他讲童话、故事等,这是刺激胎

儿记忆能力发展的好办法，这种胎内的语言交流为日后语言的发展奠定基础。

孕晚期

要继续保持母子之间多方面的信息交流，听音乐、对胎儿讲话、抚摸胎儿、数胎动等。总之，胎教的目的不是为培养天才而实施，而是给孩子一个健康、幸福、完整的人生，使其能力、智力能充分发挥，达到心理的、生理的、社会适应力的完好状态，对提高我国人口出生素质有积极的促进作用。

16 为什么孕晚期检查次数增多

孕晚期，胎儿在子宫内发育很快，对母亲的负担也逐渐增大。同时，此期间母儿变化也大，如果这时应该检查而未做，就有可能出现异常问题未被发现，错过及早处理时机，而导致不可弥补的后果。所以在孕36周以后，每周要检查一次。

如果出现头晕、心慌、出血、腹痛、胎动减少等异常情况，应随身带上围产保健手册，马上到医院检查。如果您有医院的咨询电话，也可先打电话咨询，取得医生的帮助。孕妈咪及家人不要着急，特别是家里人要多安慰孕妈咪，以免焦虑而造成产时异常。

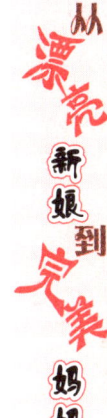

第二章

孕妈咪怎样吃最健康

怀孕后要注意加强孕期营养，不仅要满足自己的新陈代谢，还要保证胎儿的生长发育所需要的营养供给，这与胎儿出生后的智力发育有密切关系，而且也为将来的分娩和哺乳期做好能量储备。各种营养素应均衡搭配，品种应多样化。如注意蔬菜、水果、豆制品、蛋类、瘦肉、鸡、鸭、鱼等的摄入，适当增加含钙含铁丰富的食品，忌食辛辣食品，注意盐的合理摄入。

① 孕妈咪为什么要增加营养

孕妈咪自怀孕初期身体机能就会发生变化，不但孕妈咪本身需要更多的营养，而且还要将营养供给胎儿，故妊娠期母体的营养状况对胎儿极其重要。要想生出健康的婴儿，必须有健康的母亲。

（1）母亲的营养除了对胎儿生长发育不可缺少外，还要供给与胎儿有密切关系的不断增长的子宫、胎膜、脐带及胎盘的需要。

（2）在整个妊娠期，为了增强母亲的免疫力，提高抵御各种疾病的能力，需要营养。

（3）为增强分娩时的娩出力、预防分娩时的出血、产后授乳及育儿等方面的体力消耗做准备，需要在妊娠期积蓄营养，以增强体力，因此孕妈咪及家庭成员都应重视孕期营养。

② 孕妈咪怎样吃才合理

（1）多吃新鲜蔬菜和瓜果，摄入身体所需要的维生素A、维生素C、钙、铁等。

（2）多食用玉米、小米、土豆等，其所含维生素比大米、白面高，还含有人体生长发育所需要的微量元素。

（3）多吃豆制品、花生、芝麻酱等，如发芽豆类含有丰富的维生素 E。

（4）多吃鱼、肉、蛋、奶，可供给大量蛋白，特别是牛奶及鸡蛋中含有大量的钙和磷脂，有利于胎儿骨骼生长及神经的发育。

（5）适当食用一些海带、紫菜、海米等，补充膳食中的碘，促进胎儿的发育。

❸ 适合孕妈咪的营养食物有哪些

为了优生，孕妈咪需要充足营养。一切营养素来源于食物，适于孕妈咪的营养物质有以下几种。

(1) 蛋白质 蛋白质是人类生命的源泉，是直接组成肌肉、血液等的基本物质，是参与生长发育及供给能量的营养物质。妊娠期每天需要优质蛋白质（含人体必需氨基酸的蛋白质）85 克左右，（非妊娠期 60 克），方可满足孕妈咪的需要。优质蛋白质主要来源于动物性蛋白质如蛋、肉、奶类及植物蛋白质如豆类，但植物蛋白质在人体内的吸收利用率不如动物蛋白质高。

(2) 脂肪 脂肪能供给较多的热量，孕妈咪每日所需脂肪以 60 克左右为宜（非妊娠期约 50 克左右）。脂肪太多会招致肥胖。动物性脂肪来源于动物油、肥肉等，植物性脂肪的来源为豆油、菜油、花生油及核桃、芝麻等。

(3) 糖 粮食、土豆、白薯等均含糖，是产生热量的主要来源。母体及胎儿代谢增加，需要的热能也增加，平均每天主食（谷类）400~500 克即可满足需要。

(4) 矿物质 特别要提出的是钙、铁、钠等。孕妈咪需要钙量明显增加，食物中牛奶及鱼含钙高，且容易吸收，最好每日喝 250~500 毫升牛奶，或服钙制剂补充。孕妈咪对铁的需要量也增加，为预防贫血，应多食含铁丰富的猪肝、瘦肉、蛋黄、胡萝卜等。钠与身体的新陈代谢，特别是水代谢关系密切，过多或过少都不科学，以日常饮食为主摄入即可。

(5) **维生素** 维生素缺少会引起代谢紊乱。维生素存在于多种食物如蛋、肉、黄油、牛奶、豆类及各种蔬菜中。

(6) **微量元素** 碘、镁、锌、铜等，对孕妈咪及胎儿的健康也是不可缺少的。海产品中含碘多；动物性食品、谷类、豆类和蔬菜等含有铁、锌、铜等微量元素。

❹ 维生素的保健作用和来源

维生素与体内许多重要的代谢过程有关系。如果没有维生素，其他营养素就不能充分有效地被人体吸收。缺乏任何一种维生素都会影响孕产妇的健康和胎儿的发育。

(1) **维生素A**：维持人的视力和上皮组织的功能，增加身体的免疫力。如果孕妈咪缺乏维生素A，容易使胎儿眼睛畸形，患夜盲症、失明。食物中维生素A的最好来源为动物肝脏、鸡蛋、牛奶等，各种黄绿色蔬菜如胡萝卜、油菜、芹菜等含有类胡萝卜素，食用后在人体内可转化为维生素A。

(2) **维生素D**：促进人体钙、磷的吸收，维持骨骼、牙齿的发育。孕妈咪缺乏维生素D，可造成胎儿骨骼、牙齿发育缺陷，新生儿先天性佝偻病。孕妈咪本人也容易患骨软化、骨质疏松症。食物中维生素D的含量普遍较低，只有海鱼、动物肝脏、蛋黄中含量较高。孕妈咪多晒太阳，可促进体内维生素D的合成。

(3) **维生素E**：维持人体正常生殖功能，普遍存在于各种食物中，一般情况下孕妈咪不容易缺乏。

(4) **维生素B_1**：又称硫胺素，主要参与人体糖代谢过程。孕妈咪严重缺乏维生素B_1，可导致新生儿先天性脚气病，甚至死亡。维生素B_1主要来源于谷类的外皮或胚芽。淘米次数不要过多，以免维生素B_1的流失。

(5) **维生素B_2**：又称核黄素，主要参与人体的呼吸活动。孕妈咪缺乏时常患唇炎、口角炎、舌炎等。胎儿缺乏，可能会引起早产、死产。维生素B_2主要来源于动物的肝、肾、牛奶、鸡蛋、豆制品、绿叶蔬菜等，大米中含量较少。

>> **专家温馨提示**

维生素C：又称抗坏血酸，维持血液循环系统的功能。如果人长期摄入不足，可引起坏血病，全身有广泛出血点，鼻子、牙龈出血。孕妈咪摄食维生素C不足，可引起胎儿低体重、早产。主要存在于各种新鲜蔬菜、水果中，尤其是西红柿、柑橘、鲜枣等。

各种食物中都含有维生素，为了避免某一种维生素的不足，孕妈咪饮食结构必须合理，粮食、肉类、牛奶、新鲜水果、绿叶蔬菜都是必不可少的。

❺ 孕早期有何营养特点

孕早期在营养需要上与孕前没有太大的区别。此时胎儿尚小，对各种营养素的需求量都不大。但为了保证胚胎发育和孕妈咪生理变化的需要，应合理调配膳食以保证热能和营养素的供给。这一时期许多孕妈咪有恶心、厌食、呕吐等早孕反应，常常会影响到营养成分的摄入。此时应为了腹中的孩子着想，尽量多吃一些自己喜欢的食物，保证摄入充足的营养，尤其是蛋白质、钙、铁、维生素供给量要达到标准。此期的饮食应以味道清淡、少油腻、易消化为原则，并且注意少食多餐。必须讲究全面营养和饮食卫生，防止因孕妈咪营养不良造成胎儿的先天缺陷和发育不良。例如孕妈咪如缺乏维生素D和钙质，自身容易患骨质软化症，婴儿易患先天性佝偻病。许多食品添加剂，如色素、香精、防腐剂、漂白剂等，不利于胎儿发育，并且可能致畸。孕早期妇女应少吃或不吃可乐型饮料、罐头食品、腌制品、熏制品，不吃发霉的花生、玉米、土豆等。应当根据孕妈咪的饮食爱好，不断调整花样与口味。可用少量酸、辣味调料增加食物的色、香、味，也可多选择清淡

而富有营养的小吃。

大多数孕妈咪在妊娠 5~6 周会出现恶心、呕吐等妊娠反应，尤其晨起及饭后较为明显，有的还会出现偏食、厌食等。这是正常的生理现象，一般 3 个月左右可自然消失。这时要鼓励孕妈咪多进食，膳食以清淡容易消化吸收为宜，少食油腻食物，吃饭时少吃饮料和汤，不吃咖啡和辛辣等刺激性食物。如有恶心、呕吐症状，可补充维生素 B_6。胃口不佳时，补充足量的 B 族维生素和维生素 C。一日可多吃几餐，每次量要少些，吃时要细嚼慢咽。膳食既要充足又要营养丰富，以蛋、奶、禽类、豆类等优质蛋白为主。晨起可吃些面包、饼干、馒头等糖类食品，以减少妊娠反应。多吃些水果和蔬菜，可补充足量的维生素、无机盐和水分，减少妊娠反应。

❻ 孕中期如何选择食物

此时早孕反应已消失，孕妈咪食欲大增，胃口极佳。胎儿生长的速度加快，胎儿体重每日可增 10 克。孕妈咪应进食更多的营养丰富的食物，以保证各种营养素的需要。除了每日固定的三餐外，下午加一餐也是非常必要的。

在这一段时期，因子宫逐渐增大，肠道受压，蠕动差，孕妈咪容易发生便秘。为此，除了增加各种营养素外，还要多吃些富含纤维素和果胶的蔬菜，如芋头、蒜苗、鲜黄花菜、雪里蕻、香菜、油菜、韭菜、芹菜、大白菜等。水果中以桃、橄榄、鲜椰子肉、海棠、沙果等纤维素及果胶的含量为多。

此时孕妈咪血容量及心脏负担明显增加，所以一定要防止水钠潴留引起的水肿，这期间的食物偏淡些也是有益的。

胎儿不断地从母体摄取各种营养素，以满足自身生长发育的需要。如果母体不能及时地从饮食中补充蛋白质、维生素、无机盐，就不得不动用自己体内的肌肉、骨骼等组织的营养储备，以保证胎儿的需要。这样，母亲就可能发生妊娠期贫血、甲状腺肿大、骨质疏松等疾病以及出现体重锐减等现象。而胎儿则有早产、死胎等危险，而且智力发育也会受影响。

这阶段还应满足胎儿的特别需要，多食含铁丰富的食物，钙、维生素 D 和碘以及其他维生素供给量均需增加。

> **网站轻松链接**
>
> 孕妈咪的饮食要多样化，食物要荤素、粗细搭配。必须注意补充的食物是蛋白质、糖类、无机盐和维生素。具体地说，每天的主食400～500克，肉食100克，牛奶及豆适量，鸡蛋1~2个，多吃蔬菜、水果等，要避免孕妈咪偏食或过多摄入脂肪和糖。孕妈咪过瘦或过胖均对胎儿不利，营养不良的孕妈咪，所生的婴儿过小，先天不足；营养过度的孕妈咪，所生的婴儿过大，易造成难产，孕妈咪本人也有发生妊娠高血压综合征的可能。因此，饮食供给要恰到好处。

❼ 孕晚期如何选择食物

此阶段为临产前两个月，胎儿体重增加快，孕妈咪要为哺乳做好准备。这时，孕妈咪对食物的选择要求更高，应该能更丰富、质量更高。

孕晚期胎儿生长迅速，细胞体积迅速增加，大脑的发育达到高峰，表现为大脑皮层增殖和髓鞘化迅速。肺部迅速发育，以适应产后血氧交换的需要。皮下脂肪大量堆积，胎儿体重猛增，每月增加约700～1000克。营养对于胎儿的影响较前两妊娠期更为重要。母体也发生了适应性变化。孕晚期增大的子宫可能会产生压迫症状而引起母体的不适，如"烧心"、便秘以及胃容量减少，出现饱胀等症状。在妊娠期第32～36周，血容量增长达到高峰，血液脂质水平增加。由于孕酮及雌激素的作用，基础代谢率

进一步增加，致使有些孕妈咪表现为水钠潴留，出现轻度高血压、水肿、蛋白尿症状。此外，过多雌激素的作用使甲状腺素分泌进一步增加。同时孕晚期胎儿的生长迅速，对能量需要达到最高峰，胎盘分泌的激素进一步增多，

对母体胰岛素产生拮抗作用，使更多的血糖能够为胎儿所利用。孕晚期营养摄入不足，尤其是蛋白质和热能的摄入不足，会影响胎儿的正常发育，并可能产生严重的后果。母体营养不良或营养素储备过少，还可能影响分娩的过程，导致产程延长。

应在平衡饮食的基础上补充一些核桃、黑芝麻、花生等。这类食物含不饱和脂肪酸和丰富的锌，可以减少皮肤病的发生，锌还能促进生长发育。还可多吃些动物肝脏、蛋黄、黑木耳、紫菜、海带、豆制品等，以补充足够的铁和叶酸。牛奶、虾皮、豆制品等含钙食物也应增加。每周的食谱中，安排1次海产品以补充锌和碘；安排1次猪肝或猪血以补充铁和维生素A、维生素D；安排1次芝麻或虾皮以补充钙。

❽ 孕晚期的营养原则有哪些

结合孕晚期的营养特点应在孕中期饮食的基础上，进行相应的调整。

（1）增加蛋白质的摄入。此期是蛋白质在体内储存相对多的时期，要求孕妈咪膳食蛋白质供给比未孕时每日增加25克，应多摄入动物性食物和大豆类食物。

（2）供给充足的必需脂肪酸。此期是胎儿大脑细胞增殖的高峰，需要提供充足的必需脂肪酸（如花生四烯酸），以满足大脑发育所需。

（3）增加钙和铁的摄入。胎儿体内的钙一半以上是在孕后期贮存的。孕妈咪应每日摄入1500毫克的钙，同时补充适量的维生素D。胎儿的肝脏在此期以每天5毫克的速度贮存铁，直至出生时达到300~400毫克的铁质。孕妈咪每天摄入铁应达到28毫克，且应多摄入来自于动物性食品的血色素型的铁。孕妈咪应经常吃奶类、鱼和豆制品，最好将小鱼炸酥后连骨吃，饮用排骨汤，虾皮含钙丰富，汤中可放入少许。动物的肝脏和血液含铁量很高，利用率高，应经常选用。

（4）摄入充足的维生素。孕晚期需要充足的水溶性维生素，尤其是硫胺素。如果缺乏则容易引起呕吐、倦怠，并在分娩时子宫收缩乏力，导致产程延长。

（5）提供适量热能。其供给量与孕中期相同，不需要补充过多。尤其在孕晚期最后1个月，要适当限制饱和脂肪和糖类的摄入，以免胎儿过大，影响顺利分娩。

❾ 孕妈咪喝牛奶好处多

牛奶营养丰富，尤以钙的含量高，且特别易被人体吸收，故而是孕期的保健佳品。孕妈咪喝牛奶，胎儿受益多。

据测定，在一瓶227克装消毒牛奶中，所含蛋白质相当于55克鸡蛋，脂肪相当于385克带鱼，热量相当于120克猪肝，钙相当于500克菠菜，磷相当于300克鸡肉，维生素A相当于125克活虾，维生素B_2相当于225克羊肉。

最新的研究发现，牛奶中含有对机体生理功能具有调节作用的肽类，可以发挥类似鸦片的麻醉镇痛作用，使全身产生舒适感，又不会成瘾。临睡前喝一杯牛奶，既可以补充营养，又能使孕妈咪情绪稳定，促进睡眠，有利于胎儿的发育成长。

牛奶中含有丰富的钙质和有利于钙吸收的维生素D，能有效地补充母体钙质，坚固骨骼和牙齿，减少胎儿缺钙风险，牛奶中的钾更可使动脉血管壁在血压高时保持稳定，降低孕妈咪妊娠高血压时的危险性。牛奶具有阻止人体吸收食物中有毒的金属铅和镉的功能，能降低胎儿吸收这类有毒物质的风险，酸奶和脱脂奶更可增强免疫功能，防止孕期感染。牛奶中的镁能使心脏和神经系统耐疲劳，碘和卵磷脂能大大提高大脑工作效率，酪氨酸能促进快乐激素——血清素大量生长，促使孕期的母亲保持良好体力、脑力和情绪。牛奶中的锌能促进胎儿大脑发育，铁、铜和维生素A有美容作用，使皮肤保持光洁，维生素B_2可提高视力，喝牛奶还可防止动脉硬化等等。

由此可见，孕妈咪常喝牛奶，胎儿确实受益多多。因此，若条件允许，孕期最好能保证每日2～3杯牛奶，以满足母子健康的需求。

❿ 为什么孕妈咪要多吃鱼

要想宝宝在胎内发育好，孕妈咪的营养很重要。膳食要富含蛋白质、维生素、无机盐，摄入的能量要够。由于胎儿发育需要的营养是全面的，因而孕妈咪的营养也要全面，不要挑食、偏食，应该平衡膳食。鱼的蛋白质丰富，远远高于肉类，含有人类所需要的各种必需氨基酸，属优质蛋白，而且易消化，其消化率高达85%～95%。鱼还含有丰富的维生素A、维生素D，无机盐含量高，钙、磷、铁、锌、碘、钾、镁等含量均较高。鱼的脂肪含量不多，但质量高，其他动物脂肪多是饱和脂肪酸，而鱼油多为不饱和脂肪酸，不仅可以预防心血管病，而且有利于神经系统发育。因此，孕妈咪应多吃鱼。

近年来研究发现，鱼油中大量的多烯不饱和脂肪酸具有健脑、补脑、促进智力发育的作用。这些多烯不饱和脂肪酸，人体不能自身合成，必须从食物中摄取，属必需脂肪酸。这些营养物质由于具有特异的健脑和补脑作用，被称为"脑黄金"。

脑细胞发育有两个高峰期，一个是孕早期（孕10～18周），另一个是孕后期至出生后2周岁。此时期脑细胞分裂、增长特别迅速，需要的营养物质多。孕妈咪多吃鱼对胎儿脑发育有极大的好处。

 孕妈咪吃酸有何讲究

怀孕后的妇女在一个时期内，常常想吃酸味食物，这往往与其生理变化有一定关系。

妇女怀孕后，胎盘会分泌一种叫做绒毛膜促性腺激素的物质。这种物质有抑制胃酸分泌的作用，能使胃酸显著减少，消化酶活性降低，并会影响胃肠的消化吸收功能，从而使孕妈咪产生恶心欲呕、食欲下降、肢软乏力等症状。由于酸味能刺激胃分泌胃液，且能提高消化酶的活性，促进胃肠蠕动，增加食欲，有利于食物的消化与吸收，所以，多数孕妈咪都爱吃酸味食物。

孕妈咪吃些酸性食物有助于满足母亲和胎儿的营养需要。一般怀孕2～3个月后，胎儿骨骼开始形成。构成骨骼的主要成分是钙，要使游离钙形成钙盐在骨骼中沉积下来，必须有酸性物质参加。孕妈咪多吃酸性食物能够帮助胎儿骨骼生长发育。此外，酸性食物有利于铁的吸收，可促进血红蛋白的生成。维生素C也是孕妈咪和胎儿所必需的营养物质，对胎儿细胞基质、结缔组织、心血管的生长发育都有着重要的作用；维生素C还可增强母体的抵抗力，促进孕妈咪对铁质的吸收利用。富含维生素C的食物大多呈酸性，孕妈

咪吃些酸性食物可以为自身和胎儿提供较多的维生素C。

由此可见，孕妈咪喜食酸性食物是符合生理及营养需要的，然而孕妈咪食酸应讲究科学。有的孕妈咪喜欢吃人工腌制的酸菜，此类食物虽有一定的酸味，但维生素、蛋白质、无机盐、糖分等多种营养几乎丧失殆尽，而且致癌物质亚硝酸盐含量较高，过多食用显然对母体、胎儿健康无益。喜吃酸食的孕妈咪，最好选择既有酸味又营养丰富的番茄、樱桃、杨梅、石榴、海棠、橘子、酸枣、葡萄、青苹果等新鲜水果，这样既能改善胃肠道不适症状，也可增进食欲，增加营养。

 早孕反应严重时如何安排饮食

早孕反应严重时，临床上叫做妊娠剧吐。孕妈咪出现妊娠剧吐时，不再是利用食物可以解决的问题，应及时到医院求治，以得到妥善处理。

轻、中度呕吐的孕妈咪可以参照以下食谱少吃多餐：

清晨起床前：烤面包片或苏打饼干，清晨醒来未坐起时吃，吃完过几分钟再起床。

早餐：粥和麦片，苹果或其他水果，烤面包片。

上午（9:30~10:00）：烤面包片、苏打饼干或其他饼干，或者几个干果（如核桃、栗子）。

午餐（12:00）：番茄汤或其他菜汤，一个鸡蛋，适量的肉或鱼，米饭或面条，也可吃点奶类食物（如蛋糕或冰淇淋）、水果。

下午（16:00）：烤面包片、苏打饼干、水果或干果。

晚餐：如果有食欲的话，可吃一小份正餐，比如蔬菜汤面、一小份鱼、适量的鸡或肉、米饭或馒头加水果。

晚21:00左右：烤面包片、饼干或水果。

睡觉前：麦片、牛奶或香蕉，不一定吃得多。少吃点对缓解次日晨吐有好处。

半夜：床头放些饼干、面包、水果，以备醒来感到恶心时食用。另外，可缓解孕妈咪呕吐的食物有柠檬汁、苏打水、姜糖水、牛奶、橙汁、苹果汁、淡茶，还可以吃一些清炖的肉或鸡、鸭、嫩煮鸡蛋，简单烹制的豆类食物。

水果可以选择鲜橙、柚、橘子、苹果、葡萄、香蕉以及果脯。有些孕妈咪吃些蔬菜也有缓解呕吐的作用，如番茄、胡萝卜、芹菜、土豆等。用蔬菜做汤，较清淡时可止呕，如番茄汤、鲜蘑菇汤等。奶酪是高营养的食物，不但可以缓解呕吐，而且能补充较全面的营养素。

13 妊娠期间便秘如何饮食调养

便秘是指食物残渣在肠内滞留时间过长（一般超过24小时），所含水分大多被吸收，粪质过于干燥坚硬，正常的排便频率消失，出现排便困难。孕妈咪的子宫逐渐增大，在腹腔占据一定空间，可将胃推向上方，肠管则被推向上方两侧。此外，胎盘分泌大量性激素，使肠道蠕动减弱，粪便在大肠内停留时间延长、水分被吸收，极易出现便秘。

不存在器质病变的便秘者，可采用饮食调控的方法进行治疗，增加膳食纤维的摄入。每日吃一餐粗粮，多吃蔬菜、海藻类、魔芋食品。鼓励孕妈咪多饮水，晨起空腹饮1杯淡盐水，对防治便秘会非常有效。维生素B_1可保护胃肠神经和促进肠蠕动，应多吃些富含维生素B_1的食物，如粗粮、麦麸、豆类、瘦肉等。适当食用莴笋、萝卜、豆类等产气食物，刺激肠道蠕动，利于排便。适量增加运动，尤其锻炼腹肌力量，既增加产力又防治便秘。禁食或少食刺激性食物或调味品。尽量不要采用药物来通便，防止引发流产等不良反应。

食用的绿色蔬菜不宜太嫩，仅去头即可。水果中香蕉、苹果、梨及桃等，均可预防和治疗便秘。在这些食物中都含有丰富的纤维素，纤维素进入肠道可像海绵一样吸水，使粪便体积增加和湿润，有利通便。另外，蒸红薯、豆类也有此功效。洋葱、萝卜、蒜苗、生黄瓜等可在肠道中产生气体从而增加肠蠕动，这些食物均是预防和治疗便秘的好材料，可多食用。但有些食物却可能起到相反的作用，如辣椒、姜、糯米、山药、芡实等，可使大便干结，从而加重便秘。

患了便秘以后，可饮蜂蜜水。蜂蜜一汤匙，用热开水（不超过70℃）稀释后饮下，最好在睡前饮用。便秘严重时可在早上空腹饮。早上空腹吃香蕉和鸭梨1～3个，不要马上吃饭，可收到较好效果。

⑭ 孕早期经典食谱举例

鸡蛋莲子汤

【原料】莲子100克，鸡蛋1个，冰糖适量。

【制作】莲子洗净，加3碗水煮，大火开后转小火煮约20分钟，至莲子软烂，加冰糖调味。

将鸡蛋去壳入碗中，搅拌均匀，入莲子汤煮滚一下即可食用。

【特点】香甜可口。

【功效】养心除烦，安神固胎。

蒜香茄子

【原料】茄子200克，西红柿100克，大蒜、植物油、老抽、盐、糖各适量

【制作】茄子洗净切块，用油炸。

将整瓣大蒜炒香，加入西红柿，煸炒至有红油浸出，再加入炸好的茄子块，加老抽、盐、糖等调味即可。

【特点】蒜香浓郁，咸鲜可口。

【功效】营养丰富，消肿止疼。

香椿拌豆腐

【原料】香椿芽100克，豆腐200克，盐、香油各适量。

【制作】香椿芽洗净，用开水烫一下，切成细末。

豆腐切丁，也用开水烫一下，用调羹碾碎，加入香椿芽末，用盐、香油拌匀即可。

【特点】软嫩可口，气味芳香。

【功效】可补充维生素、矿物质。

银耳豆苗

【原料】银耳100克,豆苗50克,盐、鸡精、料酒、水淀粉、鸡油各适量。

【制作】将银耳用温水充分泡发,去根洗净,用沸水浸烫一下,捞出。豆苗取其叶,洗净用沸水焯熟。

锅置火上,放入适量清水,下盐、鸡精、料酒,调好口味,放入银耳,烧2~3分钟,用水淀粉勾芡,淋上鸡油,翻炒后入盘,撒上豆苗即成。

【特点】色泽悦目,清爽脆嫩。

【功效】银耳营养丰富,有利于胎儿中枢神经系统的发育,可提高孕妈咪的免疫功能。

红烧鲤鱼

【原料】鲤鱼1条,火腿30克,香菇2朵,竹笋半个,糖、香油、植物油、鸡精、胡椒粉、酱油、水淀粉各适量。

【制作】将火腿、香菇泡软,绿竹笋去壳,洗干净,切成薄片,鲤鱼宰洗干净,身上斜切刀口,放入热油锅中略炸,盛出,沥干备用。

锅中倒油烧热,放入火腿、香菇及竹笋炒香,加入鲤鱼,烹入糖、香油、鸡精、胡椒粉,烧开,改小火烧至汤汁快收干时,加入水淀粉勾芡即成。

【特点】味道鲜美。

【功效】补充钙质,强筋健骨。

西红柿炒鸡蛋

【原料】鸡蛋3个,西红柿100克,花生油、米酒、盐各少许。

【制作】将西红柿去蒂洗净,在开水中烫一下剥去皮,改刀切块。

鸡蛋在碗内打散。炒勺上旺火,加花生油,六成热注入蛋液,炒成大片状倒出。

将炒锅置于旺火上,倒入油烧热,把西红柿炒熟,随即把鸡蛋倒入翻炒几下,加入料酒、盐,炒两分钟左右出锅可装盘。

【特点】菜质鲜嫩,滋味鱼美。

【功效】营养丰富。

莲子糯米粥

【原料】糯米100克，莲子肉、山芋肉各60克，白糖适量。

【制作】将莲子肉、山芋肉用温水泡软，冲洗干净。糯米淘洗干净。

将莲子肉、山芋肉、糯米一起放入锅中煮成粥，粥熟调入白糖，稍煮即可。每日早晚服用，5~7日为1疗程。

【特点】粥清香，黏糯。

【功效】此粥有补肾安胎的作用。适用于早期孕妈咪食用，可预防先兆流产，并能增加营养。

甜椒炒肉丝

【原料】牛里脊肉100克，甜椒200克，蒜苗段50克，盐、蛋清、料酒、酱油、味精、鲜汤、淀粉、姜、植物油、甜面酱各适量。

【制作】牛里脊肉洗净切丝，加入盐、蛋清、料酒、淀粉拌匀。甜椒、姜切成细丝备用。用酱油、味精、鲜汤、淀粉调成芡汁。

加植物油将甜椒丝炒至断生，盛出备用。再放入植物油，将牛肉丝炒散，放入甜面酱，加入甜椒丝、姜丝炒出香味，烹入芡汁。最后加入蒜苗段，翻炒均匀即成。

【特点】香甜可口，味感爽滑。

【功效】含多种人体必需的氨基酸、维生素B族、维生素C和钙、磷、铁等，有补脾和胃、益气增血、强筋健骨等功效。

五香卤鸭

【原料】老鸭1只，酱油150克，料酒50克，桂皮20克，生姜片、香油、糖、香葱、大茴香、味精、精盐各适量。

【制作】将鸭子除去内脏、杂物，洗净。放滚水中烫2分钟，取出用清水冲洗干净。

将鸭子放入砂锅中，加入酱油、生姜、桂皮、糖、葱、精盐、大茴香、料酒，加水浸没鸭子，用旺火烧沸，撇去浮沫后，改用小火，加上盖焖至鸭肉酥熟，再放入味精、香油，离火，轻轻取出鸭子放入盛器中，卤汁去渣后，倒入鸭子盛器内，自然冷却至汤汁凝结在鸭身上，即成。食时，取出斩块，装盘即可。

【特点】鸭肉软烂，香味浓厚。

【功效】老鸭性温味甘，无毒，有滋阴补血、和脏腑、利尿的作用，是孕妈咪的滋补食品。

蘑菇炖豆腐

【原料】嫩豆腐500克，熟笋片25克，鲜蘑菇100克，酱油、精盐、味精、素汁汤、芝麻油、绍酒各适量。

【制作】嫩豆腐放入盆中，加绍酒，上笼用旺火蒸15分钟取出，去掉边皮，切成1.5厘米见方的小块，经沸水焯后，捞出备用。将鲜蘑菇入沸水锅中，煮1分钟，捞出，用清水漂凉，切成片。

将豆腐、笋片和精盐放入砂锅中，加素汁汤至浸没豆腐，置中火上烧沸，改小火炖约10分钟，放入蘑菇片，加酱油、味精，淋上芝麻油即成。

【特点】蘑菇鲜脆，豆腐松滑，汤汁清纯，味美可口。

【功效】含有多种蛋白质、多糖、钙、磷、铁、锌、铜等营养成分，可满足胚胎成形对各种营养素的需求。豆腐还具有宽中和脾、生津润燥、清热解毒等功效。

清蒸鲤鱼

【原料】活鲤鱼1尾（约重600克），熟火腿30克，水发香菇、净冬笋各20克，熟猪油、精盐、鸡油、鸡汤、味精、胡椒粉、葱段、姜块、料酒各适量。

【制作】将鱼宰杀去鳞、鳃、内脏，清洗干净，在鱼身两侧剞上刀花，然后撒上少许精盐摆在盘中。香菇、熟火腿切成5厘米长的薄片，间隔着摆在鱼身上面。冬笋切薄片，放在鱼的两边，加葱段、姜块、料酒。

锅置火上，加清水烧沸，将整鱼连盘上笼蒸约15分钟，至鱼眼凸出，鱼肉松软时取出。

将盘内鱼汤滗入净锅中，加鸡汤烧沸，加入味精、鸡油，浇在鱼上，撒上胡椒粉即成。

【特点】鱼肉肥美细嫩，汤汁鲜浓清香。

【功效】此菜中含有优质蛋白质、脂肪、钙、磷、铁、维生素A等成分，有益胃、健脾、养血的作用。孕妈咪食用，可调理体虚亏损。

糖醋黄鱼

【原料】鲜黄鱼1条（约500克），青豆、胡萝卜、鲜笋各20克，淀粉、花生油、白糖、食醋、酱油、料酒、葱末各适量。

【制作】将黄鱼去磷、鳃及内脏，用清水洗干净，在鱼身两面打花刀，抹上酱油、料酒，腌30分钟。将胡萝卜、鲜笋洗净，切成小丁，与青豆一起放入沸水锅中烫一下，捞出控净水。葱洗干净，拍散切成末。

锅置火上，倒入花生油，待油烧至八成热时，将腌好的黄鱼沥干，放入油锅中，炸至金黄色时捞出，控净油，放在盘内。

另取净锅置火上，倒入花生油，烧热后放入葱末炝锅，然后加开水、白糖、醋、胡萝卜、笋丁、青豆，用水淀粉勾芡，待芡微沸时离火，把汁浇在鱼身上即可食用。

【特点】色泽艳丽，鱼肉鲜嫩，汤汁浓郁，甜酸入味。

【功效】此菜含有丰富的优质蛋白质、矿物质和维生素、胡萝卜素，有益气健脾、健胃润肠之功效，适宜于孕妈咪食用。

清炒胡萝卜丝

【原料】胡萝卜200克，葱、油、盐、糖、酱油、味精各适量。

【制作】将胡萝卜去皮，切成薄片，然后快刀切丝，将葱切丝。

将油烧至九成热，将葱放入油锅内，爆出香味。将切好的胡萝卜丝倒入锅中，翻炒约5分钟，接着放盐、糖、酱油，加3汤匙水，翻炒后撒上味精即成。

【特点】味美，色彩艳丽。

【功效】营养丰富。

什锦豆腐煲

【原料】嫩豆腐750克，鲜目鱼100克，鲜虾100克，海蛎100克（或海蛎干50克），干贝50克，水发香菇5朵，虾米（虾干）50克，冬笋50克，青蒜、蒜头、精盐、白酱油、料酒、味精、胡椒粉、蚝油、上汤、食用油各适量。

【制作】嫩豆腐焯水，去豆腥味。鲜目鱼洗净，切成小块。海蛎洗净，去

贝壳。鲜虾去头、壳。干贝洗净，用水发。香菇去蒂，切成菱形片。大青蒜切成马蹄形。锅置旺火上，加入食用油，烧至六成热时倒入蒜头、青蒜煸炒几下，倒入各种辅料，下料酒、酱油、蚝油、精盐、上汤调味，烧开。

把烧开的汤料倒入砂锅，将煸过的青蒜、蒜头垫底，放上焯水的豆腐、辅料、上汤，中火煲5分钟，加味精、胡椒粉，用湿淀粉勾芡即成。

【特点】鲜美糯嫩，汤浓汁厚。

【功效】营养丰富，有利于胎儿大脑发育，是孕早期佳肴。

菠菜蛋汤

【原料】鸡蛋2个，菠菜50克，水发黑木耳10克，胡萝卜25克，猪油、精盐、料酒、鲜汤各适量。

【制作】将鸡蛋打入碗内打散。菠菜、胡萝卜洗净，切成小片。水发黑木耳洗净后撕成小片。

炒锅内加入猪油，烧热后倒入蛋液，煎至两面呈金黄色时取出，用刀切碎待用。

原锅里倒入鲜汤，放入胡萝卜、黑木耳、鸡蛋片，大火烧约10分钟，至汤色变白时，加入精盐和料酒，调好口味，最后撒入菠菜，烧沸后即可食用。

【特点】口味浓厚、鲜香、鲜嫩。

【功效】此汤含有蛋白质、铁、钙、胡萝卜素，有补铁补血、健脑的作用。孕妈咪食用可养血补身。

青椒炒瘦肉丝

【原料】瘦肉200克，青柿子椒70克，植物油、盐、料酒、面酱、葱、酱油、湿淀粉、味精、姜、汤各适量。

【制作】将肉、葱、姜和青椒（去子和瓤）均切成丝，肉丝用少许酱油、料酒、盐拌匀，然后浆上湿淀粉，再抹些植物油。用酱油、料酒、味精、葱、姜、湿淀粉兑成汁。

炒锅烧热注油，油热后即下肉丝，边下边用手勺推动，待肉丝散开加入面酱，待散出味后加青椒炒几下，再倒入兑好的汁，待起泡时翻匀即成。

【特点】清爽滑嫩，咸鲜味美。

【功效】营养丰富。

鱿鱼炒茼蒿

【原料】鱿鱼、嫩茼蒿各200克,葱花、姜丝、盐、味精、花生油、料酒各适量。

【制作】将鱿鱼去头,洗净切丝,用开水氽一下捞出。茼蒿去叶去头,洗净切段。

炒锅注油烧热,下入葱花、姜丝爆锅,放入茼蒿煸炒至变软,加入鱿鱼丝、盐、味精、料酒,稍加翻炒,淋上熟油,出锅即成。

【特点】洁白翠绿,咸鲜爽口。

【功效】健脾消肿,清热解毒,营养丰富。

⑮ 孕中期经典食谱举例

黄瓜拌耳丝

【原料】卤猪耳朵1只,黄瓜80克,熟蛋白50克,葱、酱油、花椒粉、盐、味精各适量。

【制作】(1)将猪耳朵切成丝,放入盘内。黄瓜洗净,与熟蛋白切成丝放在耳丝上,用以点缀。

(2)在耳丝上淋入香油、酱油拌匀即成。

【特点】色彩丰富,味道香美,开胃解腻。

【提示】酱猪耳朵、熟猪耳朵均可做原料,可先将猪耳朵、黄瓜、熟蛋白切好,如不立即食用,不要急于拌调料。

酱拌豆腐

【原料】豆腐500克,甜面酱50克,熟豆油75克,香菜末、味精、精盐、葱末、姜末和蒜末各少许。

【制作】(1)将豆腐切成小方丁,焯水捞出放在凉开水中过凉,沥干水分。(2)炒锅置火上,放油烧热,将葱、姜和蒜末炸出香味,迅速倒入面酱炒熟出锅,晾凉。把炒好的面酱倒在豆腐上,撒入精盐、味精和香菜末,拌匀装盘即成。

【特点】鲜香软嫩，酱味浓醇。

芝麻调菠菜

【原料】菠菜500克，芝麻10克，香油20克，精盐2克，味精1克。

【制作】（1）将菠菜择洗干净，投入沸水锅内焯透，捞出摊开晾凉；芝麻炒熟。

（2）将晾凉的菠菜切成寸段，撒放精盐、味精和芝麻，淋入香油拌匀装盘即成。

【特点】色泽鲜艳，咸香爽口。

韭黄炒鸡丝

【原料】鸡脯肉250克，韭黄300克，鸡蛋清2个，水淀粉30克，猪油500克，精盐、味精、料酒、姜汁各适量。

【制作】（1）将鸡脯肉片成片，再切成7厘米长的细丝装碗内，加精盐、味精、蛋清、水淀粉（20克）拌匀成浆。

（2）将韭黄剥去外皮，洗净，把根部切成长4厘米的段（叶另做它用）。用50克鲜汤，加适量精盐、味精、姜汁、水淀粉兑成汁待用。

（3）锅内放油，加热至四成热时，将上浆的鸡丝放入，用筷子滑散，断生时倒入漏锅沥去油。另起锅留少许底油，放入韭黄根部段炒两下，倒入滑好的鸡丝，用料酒烹一下，随之倒入兑好的汁翻炒几下，汁熟淋明油、麻油即可装盘食用。

【特点】白中透黄，味道鲜美。

醋熘白菜

【原料】嫩白菜帮300克，海米25克，鲜青椒50克，水淀粉15克，猪油50克，花椒5粒，麻油10克，糖30克，醋、精盐、味精、姜丝、蒜片、酱油各适量。

【制作】（1）白菜帮切4厘米长，2厘米宽的一字条形块，青椒切较白菜块小一点的一字条块。

（2）锅内放油，加热至五成热放入花椒粒，炸成紫红色（不要炸糊）

时，捞出花椒粒不要。然后把白菜放锅内翻炒几下，再放葱姜丝、蒜片、海米，再炒几下，速加醋、糖、味精、精盐、鲜汤（50毫升），加盖焖1分钟去盖，白菜断生加青椒块，翻炒几下，调好口味，用水淀粉勾芡，芡熟后，淋麻油出锅装盘。

【特点】口味酸、甜、咸、脆、嫩，富有清香味。

黄瓜炒肉片

【原料】猪肉片200克，黄瓜80克，花生油50克，白糖30克，葱、姜、蒜各25克，水淀粉、醋各20克，酱油、料酒各15克，精盐2克，味精1克。

【制作】（1）用精盐、水淀粉把猪肉片上浆；葱、姜、蒜切成片；把白糖、醋、酱油、料酒、精盐、味精、水淀粉调成汁待用。

（2）色拉油倒入炒锅烧热，放入肉片滑散，再把黄瓜片、葱片、姜片、蒜片放入炒锅稍炒，烹入调好的汁，炒熟即可。

【特点】味似荔枝，酸甜可口。

花生炖牛肉

【原料】牛肉450克，花生米100克，精盐、味精、黄酒、葱段、姜片各适量。

【制作】（1）花生米放入碗内，加入沸水泡胀，剥去皮洗净；把牛肉切成3厘米长、2.4厘米宽、1.5厘米厚的块，放入锅内，加水略烫，捞出洗净备用。

（2）牛肉放入砂锅内，加入清水（以没过牛肉为度），葱段、姜片，盖上锅盖，待烧沸后，撇去浮沫，加入黄酒、花生米，转小火炖至牛肉酥烂，捞出葱段、姜片，加入精盐、味精，调好口味，即可上桌。

【特点】汤清味香。

芹菜拌肉丝

【原料】熟牛肉250克，芹菜50克，辣酱、酱油、白糖、精盐、麻油、醋各适量。

【制作】（1）熟牛肉切成细丝，置于盘中。

（2）芹菜茎焯熟，切成小段。

（3）将芹菜段放在牛肉丝上，放入各种调料拌匀即成。

【特点】酸辣鲜香。

姜末拌豆丝

【原料】嫩豆角200克，鲜姜1小块，精盐5克，麻油5克，味精少许。

【制作】（1）择去豆角的两头，清洗干净，放在沸水锅中烫热，捞出摊开晾凉，切成3厘米长的段，放盘内。加精盐、味精拌匀，腌15分钟。

（2）将鲜姜去皮洗净，切成碎末，放进盘中，淋上麻油，拌匀即可。

【特点】豆角色碧绿，脆嫩，味鲜香适口。

炝土豆丝

【原料】土豆300克，菠菜叶、胡萝卜各100克，花椒油、精盐、味精、姜末、香油。

【制作】（1）将土豆去皮洗净，切成细丝；将菠菜洗净，切小块；将胡萝卜洗净，切细丝。

（2）将土豆丝用凉水洗去淀粉，热水焯熟，捞出投凉，控净水。将菠菜叶放入开水稍烫一下，捞出投凉，控净水。将胡萝卜丝用热水焯，捞出投凉，控净水。将土豆丝摆在盘内垫底，放上胡萝卜丝、菠菜叶、姜末、味精、精盐、花椒油、香油，食用时拌匀即可。

【特点】美观鲜艳，香嫩爽口。

鱼香白菜

【原料】白菜250克，油30克，料酒5毫升，葱5克，淀粉3克，醋8克，酱油10克，糖6克，姜3克，蒜3克，豆瓣辣酱4克。

【制作】（1）白菜嫩帮洗净后切成边长约1.5厘米的菱形。葱、姜、蒜均切成末。豆瓣辣酱剁碎。

（2）酱油、醋、糖、淀粉、料酒、葱、姜、蒜放在碗中，加适量水，搅拌均匀。

（3）炒锅上火，放入底油，加入豆瓣辣酱略煸炒后，将白菜放入，不停地翻炒，使每块原料均匀受热，待其炒熟后，将调好的汁倒入锅中（可以分几次倒入），翻炒均匀后，即可出锅装盘。

【特点】鲜香美味，润肠解腻。

红烧排骨

【原料】猪排骨300克，鸡蛋半个，粉芡35克，葱段、姜片各10克，味精3克，料酒5克，精盐5克，酱油15克，糖5克，鲜汤150毫升，大料4克，色拉油500克（实耗60克）。

【制作】（1）把排骨根用刀劈开，剁成3厘米长的段，洗净放入沸水锅加大料、葱段、姜片各5克，加精盐，将排骨煮熟，捞出装入碗内，加鸡蛋、粉芡拌匀。

（2）锅内入油烧至七成热，将排骨逐段下入，炸成金黄色捞出，倒出油，留少许余油，烧热将葱段、姜片炝锅，放酱油、糖炒匀，下排骨加鲜汤，稍炖烹入料酒，撒上味精，收汁即可装盘。

【特点】色红亮，质松软，味浓郁香。

红烧丸子

【原料】猪肉300克，鸡蛋2个，菜心50克，香菇15克，盐5克，料酒5克，胡椒粉1克，糖适量，姜、葱各10克，鲜汤250克，熟油500克，味精1克，水淀粉30克。

【制作】（1）葱切成段，姜拍烂。把猪肉剁成末入盘内，加盐、料酒、鸡蛋、清水搅拌成肉馅。

（2）锅放油烧至七成热，用手将肉馅挤成2厘米大的肉丸，放锅中炸成金黄色捞出。

（3）用另一锅放油（30克），烧至三成热，放姜、葱待香味，加汤烧开，放入肉丸、盐、糖，用小火烧至肉丸松软入味时，放入菜心略余一下捞出，先铲起菜心入盘垫底，再加味精，用水淀粉勾芡起锅，将肉丸舀入盘中即可。

【特点】松软，香鲜可口。

清炖羊肉

【原料】羊肋条肉500克，香菜、红枣、胡萝卜、大葱、老姜、花椒、大料、小茴香、味精、鸡精、精盐、料酒、鲜汤、胡椒各适量。

【制作】（1）羊肋条肉洗净切块，香菜洗净切细成粒，红枣洗净去核，胡萝卜洗净切成块，大葱洗净挽成结，老姜洗净，用刀拍碎，花椒、大料、小茴香用纱布包好。

（2）锅置中火上，烧鲜汤，下羊肉烧开至沸，撇去浮沫，放入胡萝卜、大葱、老姜、香料包、精盐、料酒、胡椒，移至小火上，慢慢炖至九成熟。拣去老姜、大葱、香料袋，倒入红枣，再继续炖至羊肉粑软，烹入味精、鸡精，起锅装入碗中，撒上香菜上桌即成。

【特点】汤汁乳白，鲜香不膻，滋身强体。

16 孕晚期营养食谱举例

羊肉冬瓜汤

【原料】瘦羊肉100克，冬瓜250克，酱油、精盐、味精、葱花、姜末、植物油各适量。

【制作】羊肉洗净，切成薄片，用酱油、精盐、味精、葱花、姜末拌好，冬瓜去皮洗净，切成片。

炒锅上火，放入植物油烧热，下入冬瓜片略炒，加少量清水，放入拌好的羊肉片，烧熟即成。

【特点】汤汁清淡，口味鲜美。

【功效】羊肉含蛋白质、脂肪、钙、磷、铁、多种维生素，有营养滋补的作用；冬瓜含有丰富的维生素C、维生素B_1、维生素B_2、钙、磷、铁、蛋白质等成分，是利尿消肿的营养食品。此汤是孕妈咪补精血、益虚劳的滋补佳品。

凉拌苦瓜

【原料】鲜苦瓜100克，盐、香油各适量。

【制作】将鲜苦瓜去皮和子，洗净，再用凉开水冲洗一下，切成薄片，用盐、香油调拌。

【特点】味苦清淡，消暑益津。

【功效】清热解毒，止渴除烦，可预防妊娠糖尿病。

虾皮萝卜丝

【原料】粉丝100克，白萝卜100克，葱姜末、虾皮、酱油、鸡精、盐、香油各适量。

【制作】将粉丝用温水泡软，控水，切段备用，白萝卜洗净切丝。

锅中下油，加入葱姜末炒香，加入虾皮，翻炒几下，加入萝卜丝翻炒，放入酱油调味，见萝卜丝刚熟时加入粉丝，烹入鸡精、盐调味，收汁后淋上香油即成。

【特点】口感清爽。

【功效】顺气通便。

鸡丝粥

【原料】母鸡1只，粳米100克，精盐适量。

【制作】将母鸡宰杀，用沸水烫过，煺毛，去内脏，用清水洗净，放入砂锅内，倒入适量水，置于文火上熬鸡汁，将鸡汁倒入大汤碗内。

将粳米淘洗干净，放入锅内，加入鸡汁、撕成丝的鸡胸肉、精盐，锅加盖置于火上，煮至成粥。离火前撒些油菜或小白菜，营养更佳。

【特点】鲜香黏稠。

【功效】滋补五脏，补益气血。

清炖牛肉

【原料】黄牛肋条肉500克，青蒜丝5克，植物油、精盐、味精、料酒、葱段、姜块、胡椒粉各适量。

【制作】牛肋条肉洗净，切成小方块，放入沸水锅内焯一下，捞出用清水漂清。

炒锅置旺火上，加油烧热，下牛肉块、葱段、姜块煸透，再倒入砂锅内，加入适量清水（以浸过牛肉为度）、料酒，盖好锅盖，烧开后用小火炖至牛肉酥烂时，加入精盐、味精、胡椒粉，盛入汤碗内，撒入青蒜丝即成。

【特点】牛肉酥烂，汤清味鲜。

【功效】此菜富含蛋白质、脂肪和钙、磷、铁、锌、尼克酸及维生素等，具有补脾和胃、益气增血、强筋健骨的功效。孕妈咪常吃可强身，并可促进胎儿的健康发育。

芹菜炒肉丝

【原料】芹菜300克，瘦肉100克，花生油、精盐、酱油、料酒、味精、花椒各适量。

【制作】将芹菜择洗干净，切成3厘米长的段，放滚水里焯一下，捞出，用清水浸凉，控净水分。将肉洗净切成细丝。

锅置火上加油烧热，放入花椒炸至变色有香味，将花椒捞出，下肉丝炒至变色，烹入酱油、料酒炒匀，装盘内。

锅中再加油，油热下芹菜，翻炒片刻，放入肉丝、精盐、味精，炒匀即可。

【特点】清鲜脆嫩，鲜香爽口。

【功效】此菜含优质动物性蛋白质和丰富的钾、钙、铁、维生素A、维生素C和纤维素。孕妈咪食用此菜，可增加母体及胎儿的营养素，预防孕妈咪便秘和妊娠高血压。

安胎鲤鱼粥

【原料】鲤鱼1尾（重约500克），苎麻根1.5克，糯米100克，精盐、葱末、姜末各适量。

【制作】将鲤鱼去鳞、鳃及内脏，洗净后切成块，放入锅内煮成鱼汤，倒出，去肉留汤。再把苎麻根放入锅内，煮成苎麻根汤，去渣取汁。糯米淘洗干净。将鲤鱼汤、苎麻根汤、糯米、精盐、葱末、姜末等一同放入锅内，小火煮成稀粥，加精盐调味即可。

【特点】粥黏糯，鱼鲜嫩，清香。

【功效】此粥具有安胎、止血、消肿的作用，孕妈咪食用，可防治妊娠下血、胎动不安或尿少浮肿等症。

韭菜炒虾仁

【原料】虾仁300克，嫩韭菜150克，花生油、香油、酱油、精盐、味精、料酒、葱、生姜、高汤各适量。

【制作】先将虾仁洗净，沥干水分，再将韭菜择洗干净，沥干水分，切成2厘米长的段。葱洗净切丝，姜去皮洗净切丝。

炒锅上火，放花生油烧热，下入葱、姜丝炝锅，炸出香味后放入虾仁煸炒2～3分钟，烹料酒，加酱油、精盐、高汤稍炒，放入韭菜，急火炒约2分钟，淋入香油，加味精炒匀，盛入盘内即成。

【特点】菜清淡，味清香，质脆嫩。

【功效】此菜含有丰富的胡萝卜素、维生素C及钙、磷、铁等多种营养素，有温中行气、散淤解毒的功效。孕妈咪食用能温胃、润肠、通便。

砂仁蒸鲫鱼

【原料】鲫鱼1条（约500克），砂仁50克，姜、葱、精盐、淀粉、料酒、花生油、香油各适量。

【制作】将砂仁洗净，捣碎。姜、葱洗净，切成丝。鲫鱼去鳞、鳃及内脏，洗净，抹干放入鱼盘内，将精盐、淀粉、料酒拌匀涂匀鱼身，砂仁放在鱼腹内及鱼身上。

把鱼盘放入蒸笼中，蒸约15分钟，至熟，取出。

炒锅内下入花生油，烧热，下入姜丝及葱丝爆香，放在鱼上，淋少许香油，即可趁热进食。

【特点】鱼肉鲜嫩，味清香。

【功效】此菜营养丰富，含有优质蛋白质。鲫鱼可改善食欲不振、脾胃虚弱、反胃等症状，砂仁能治疗消化不良、食欲不振、胎动不安、呕吐等症。砂仁蒸鲫鱼可减轻孕妈咪的呕吐反应，并能促进食欲，更有安胎的作用。

海带排骨汤

【原料】猪排骨500克，海带50克，葱段、姜片、精盐、料酒、味精、香油各适量。

【制作】将海带放入清水锅中煮约半小时，取出再用清水浸泡，洗净控水，切成长方块。排骨洗净，用刀顺骨切开，横剁成约4厘米的段，入沸水锅中余一下，捞出用温水泡洗干净。

净锅内加入适量清水，放入排骨、葱段、姜片、料酒，用旺火烧沸，撇去浮沫，再用中火焖烧约20分钟，倒入海带块，用旺火烧沸10分钟，拣去姜片、葱段，加入精盐、味精，淋入香油即成。

【特点】肉烂脱骨，海带滑嫩，味美，汤鲜。

【功效】此汤含有蛋白质及钙、碘、锌等元素，具有补肝益血、生肌壮骨的功效，孕妈咪食用有利于胎儿生长发育。

口蘑鸡片

【原料】鸡肉150克，水发口蘑50克，鸡蛋清30克，油菜心15克，笋片15克，青豆15克，料酒、精盐、味精、湿淀粉、香油、猪油、鸡汤各适量。

【制作】将鸡肉片成薄片，加鸡蛋清、淀粉调匀；菜心片成片，下沸水锅焯一下，捞出。水发口蘑切片，用少许精盐搓一下，洗净。

锅置火上，放入猪油烧热，下入鸡肉片，用筷子拨开，滑熟，用漏勺捞出沥油。锅内留底油，加入鸡汤、青豆、笋片、精盐、料酒烧沸，撇去浮沫，用湿淀粉勾稀芡，加上味精、口蘑片、鸡肉片、菜心片，烧至入味出锅，淋上香油，装盘即成。

【特点】色泽艳丽，鲜嫩清香。

【功效】有滋补强身、增进食欲、帮助消化、补益健身的功效。

第三章
孕妈咪的生活起居

孕妈咪在日常生活中要注意尽量使腹部放松,避免增加腹压的动作,因为使腹部紧张,增加腹压和振动身体均易发生流产。以下动作均应为孕妈咪所注意:上下楼梯,提携重物,往高处伸手取物的动作;长久站立,穿高跟鞋或步行3公里以上路途;用力排便,剧烈咳嗽,粗暴性交,剧烈运动和舞蹈等。

孕期需要准备哪些生活用品

妇女怀孕后,身体将发生一些明显的变化,许多日常用品的需求也会相应的有所变化,所以,应该提前准备好下面的日常用品。

(1) 内衣 要选择吸湿性能好,有伸缩性的材料进行制作,最好使用纯棉制的。如果是去商店购买成品,也应按此原则。由于要勤洗勤换,还应注意选购易洗及柔软的衣料。因孕期要经常检查和进行乳房保养,所以还应注意选购或制作容易穿脱的。最好制作几个用带子系的平脚内裤,孕期穿三角内裤有时会出现着凉现象,同时,到肚子相当大时,三角内裤就无法穿用。内裤和衬裤都不要用松紧带,以免压迫胎儿,最好使用带子以便根据腹围的变化进行调节。

(2) 外衣 应选择那些宽大的,穿在身上不感到紧,并能使鼓起的肚子不太明显的服装。颜色和衣料可根据个人的爱好选择,但最好以简单、朴素为好,这样可以给人以振奋和愉快的感觉。大红、大绿或花哨的图案会增加孕妈咪的臃肿感,条状花纹能使孕妈咪相对地"苗条"一些。

外衣也可穿用家中老人宽大的衣服,或向其他人借来临时穿用一段时间。夏天最好做一条孕妈咪裙,将来可拆了给宝宝做小被褥。可谓"一裙两用。"

(3) 鞋 怀孕之后,身体的重心发生变化,一双合适的鞋对于行走安全有着极为重要的作用。选择鞋时应注意以下几点。

①有能支撑身体的宽大的后跟。

②鞋跟的高度在 2 厘米左右。

③鞋底上有防滑波纹。

④宽窄、长度均合适，鞋的重量较轻。

孕妈咪的居住条件有哪些要求

（1）居室整洁通风。房屋不一定要豪华漂亮，但要求通风良好，室内应整齐清洁，舒适安静。

（2）适宜的温度。室温最好在 20～22℃。温度太高（25℃以上），会使人感到精神不振，头昏脑涨，全身不适。温度太低，会影响人的正常生活。夏天室温高，可开窗通风，亦可使用电风扇，但不能对着电风扇直吹。冬天用暖气取暖可调节室温，若以煤炉取暖应防止发生一氧化碳中毒。一氧化碳中毒而造成的缺氧对母婴有害，所以即使在冬天，也不要忘记定时开窗使空气流通。

（3）适宜的湿度。最好的空气湿度为 50%。若相对湿度偏低，会使人觉得口干舌燥、喉痛、流鼻血等。调节的方法是在火炉上放上水壶，暖气上放水槽，室内摆水盆，或地上喷洒水等。若湿度太高，则室内潮湿，衣服被褥发潮，并会引起消化功能失调，食欲降低，肢体关节酸痛、水肿等。调节办法是移去室内潮湿的东西及沸腾的开水，或打开门窗通风换气，以散发潮湿的空气。

❷ 孕妈咪为什么不宜睡席梦思床

一般人睡席梦思床，有柔软、舒适之感，但孕妈咪则不宜睡席梦思床。原因如下。

（1）**易致脊柱的位置异常**　孕妈咪的脊柱较正常情况下，腰部前曲更大。睡席梦思床及其他高级沙发床后，会对腰椎产生严重影响。仰卧时，其脊柱呈弧形，使已经前曲的腰椎小关节摩擦增加；侧卧时，脊柱也向侧面弯曲。长此下去，使脊柱的位置异常，压迫神经，增加腰肌的负担，既不能消除疲劳，又不利生理功能的发挥，并可引起腰痛。

（2）**不利翻身**　正常人的睡姿在入睡后是经常变动的，夜辗转翻身可达 20～26 次。学者认为，辗转翻身有助于大脑皮层抑制的扩散，提高睡眠质量。

然而，席梦思床太软，孕妈咪深陷其中，不容易翻身。同时，孕妈咪仰卧时，增大的子宫压迫腹主动脉及下腹腔静脉，导致子宫供血减少，对胎儿不利，甚至出现下肢、外阴及直肠静脉曲张，有些人因此而患痔疮。右侧卧位时，上述压迫症状消失，但胎儿可压迫孕妈咪的右输尿管，易患肾盂肾炎。左侧卧位时上述弊端虽可避免，但可造成心脏受压，胃内容物排入肠道受阻，同样不利于孕妈咪健康。

因此，孕妈咪不宜睡席梦思床。孕妈咪以睡棕绷床或硬床上铺9厘米厚的棉垫为宜，并注意枕头松软，高低适宜。

3 孕妈咪躺卧以什么姿势为宜

孕妈咪躺卧的姿势很重要。妊娠早期，可以采用自己觉得舒适的姿势，在妊娠中、晚期则要侧卧，最好是左侧卧，避免仰卧。其道理如下：

（1）妊娠时子宫增大，胎盘血循环形成，使血容量增加。盆腔静脉通过下腹腔静脉回到心脏的血量也相应增加。仰卧时，特别是在妊娠晚期，子宫很大，压迫下腹腔静脉，使血液回流不畅，回心血量减

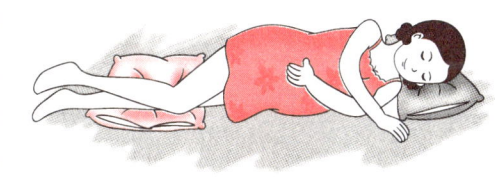

少，胎盘血流量也随之减少，必然影响胎儿对氧和营养物质的摄取。如果子宫压迫腹主动脉，使子宫动脉压力下降，也会影响胎盘正常血流量。

（2）仰卧时，下半身血液回流不通畅，造成下肢、直肠和外阴的静脉压力增大，容易发生下肢、外阴静脉曲张，痔疮和下肢水肿。

（3）仰卧时，子宫在骨盆入口处压迫输尿管，使肾盂被动扩张，尿液潴留，尿量减少的同时引起钠潴留，使水肿加重。有人测定仰卧时尿量仅为侧卧的40％。

（4）侧卧位可降低舒张压，除了夜间侧卧，白天左侧卧位4小时，可预防、治疗妊娠高血压综合征。

妊娠子宫大部分向右旋转，子宫血管也随之扭曲，左侧位可纠正子宫右旋，使血管复位，血流通畅。

❹ 为什么怀孕初期要少看电视

大多数孕妈咪在怀孕初期总会出现或轻或重的妊娠反应症状，如恶心、呕吐、厌食、疲乏等。为此，一些人常用看电视或影碟的方法来消磨时间和减少反应。殊不知，这种做法不论对孕妈咪的健康还是胎儿的正常发育，都是不可取的。

电视机显像管在工作时，会不断地放出肉眼看不到的 X 射线。这种射线的辐射较微，对大多数观众不构成什么危害。但长期少量辐射的积聚，会对胎儿健康造成不良影响，往往容易使孕妈咪流产或早产，还有可能使胎儿致畸。特别是对孕早期（前 1~3 个月）的胎儿危害更大。

据美国一项统计报告称：某公司有 12 名孕妈咪在荧光屏前工作，一年间竟有 7 人流产，1 人早产。日本专家抽样调查显示：在荧光屏前操作的人，感到视疲劳的占 83%，经常头痛的占 56%，食欲降低的占 58%，还有一些人出现自主神经功能失调和忧郁症等疾病。调查表明：每天在荧光屏前工作超过 3 小时者，健康方面发现有害症状的是一般人的 3 倍多。这些不利因素对初次怀孕妈咪的健康损害更大，并有碍胎儿的正常生长。

妇女在怀孕期间（特别是初孕期）切不可长时间、近距离、正对电视屏幕观看电视。一般说来，孕妈咪看电视应加以节制，每天不要超过 2 小时，并要与电视机保持距离在 4~6 米以上。观看电视或影碟应选择轻松、活泼的内容，避免恐怖或过于惊险、紧张的内容。还应注意室内空气流通新鲜。

❺ 孕妈咪能不能与宠物相处

目前，养宠物的家庭越来越多，不少的女性不仅在家里喂养猫狗，甚至还抱着宠物在大街上招摇过市。孕妈咪能不能与宠物亲密相处呢？回答是不能。

猫的确是非常可爱的动物，但孕妈咪不能接近猫，因为猫的肠道里寄生有弓形虫。它随着猫的粪便而排出，污染食物、水及餐具。人吃了被污染的食物和水，就会患上弓形虫病，出现高烧、淋巴结肿大、肌肉关节疼痛等症状，严重的还会引起脑炎和失明。孕妈咪如果感染上这种病，不但自己受害，而且会危及下一代。有些孕妈咪因此而流产或生下死胎，有些因此而得原虫血症。弓形虫原虫通过受损害的胎盘进入胎儿的体内，破坏胎儿的神经系统，使胎儿出现脑积水、脑钙化、小头症、精神发育及视力障碍、肝脾肿大等异常。孕妈咪与猫同床睡觉，猫舔孕妈咪的手、脸，都有可能感染上此病。孕妈咪如果为猫处理粪便，更容易接触弓形虫。

其他动物如狗、鸟等身上也有弓形虫，所以，孕妈咪不能与宠物相处。

❻ 孕妈咪做家务需要注意什么

怀孕了，要避免繁重的体力劳动，这我们大家都知道。但也不用做一点事就担惊受怕。适度地做一些家务劳动不仅可以活动身体，保持体力，还能增强生产时的体力。

做一般的家务事，只要不感觉疲倦，也是一种运动。但要注意以下几点：

（1）不要登高打扫卫生，也不要搬抬沉重的东西。这些动作既危险，又压迫腹部，必须注意。

（2）弯着腰用抹布擦东西的活也要少干或不干，孕晚期最好不干。

（3）冬天在寒冷的地方打扫卫生时，千万不能长时间和冷水打交道。因为身体着凉是会导致流产的。

（4）不要长时间蹲着擦地。因为长时间蹲着，骨盆充血，容易流产。

（5）晾衣服是向上伸腰的动作，要腹部用力。虽然不能说用那么点力就会引起流产，但是要当心才不会发生问题。洗的衣服太多时，一件接着一件去晾，长时间站着会造成下半身水肿。所以应该干一会儿歇一会儿。

（6）为避免腿部疲劳、水肿，能坐在椅子上操作的就坐着做。孕晚期应注意不要让锅台压迫已经突出的腹部。

（7）有早孕反应的，烹调的味道可能会引起呕吐。所以要想办法做那种不用加热就可以吃的饭菜。

>> 网站轻松链接

孕妈咪受噪声影响可使胎心加快，胎动增加，对胎儿极为不利。高分贝噪声可损害胎儿的听觉器官，并使孕妈咪内分泌功能紊乱，诱发子宫收缩而引起早产、流产、新生儿体重减轻及先天性畸形。美国的一位儿科医师的研究发现，在机场附近居住的人群中，新生儿畸形率从普通的0.8%增到1.2%，主要有脊柱畸形、腹部畸形和颅脑畸形。孕妈咪如果长时间受85分贝以上的噪声影响，可使胎儿在出生前就丧失听觉的灵敏性。

孕妈咪洗澡要注意什么

孕妈咪常有出汗多、怕热、喜凉等现象。孕期阴道黏膜肥厚、充血，分泌物增多。皮肤的汗腺、皮脂腺分泌旺盛，代谢产物多，使头部和全身皮肤不容易保持清洁，给寄生的细菌提供了繁殖的条件，容易发生毛囊炎、疖肿、外阴阴道感染等。所以孕期要养成经常洗头、洗澡和每日洗外阴的习惯，内衣、内裤也要勤洗、勤换。洗澡不仅可以帮助孕妈咪清洁全身，而且能促进血液循环、消除疲劳，使孕妈咪保持平和快乐的心情，是孕妈咪日常生活中重要的一部分。

妊娠期机体的免疫力下降，阴道充血，黏膜变软，在外界不良的刺激下，容易发生各种感染性疾病。由于妊娠期的特殊性，更易发生霉菌性阴道炎。因此，妊娠期应保持外阴和阴道的清洁，避免造成各种感染。

怀孕后洗澡时，最好采取淋浴的方式，盆浴和坐浴都是不可取的。

有些孕妈咪因为身体过重，站立时间久了会感到非常累，因此就采取坐浴的方式，以减轻身体的疲劳感，但是这种洗浴方式对孕妈咪来说是非常不利的，严重的会引起早产。这是因为在正常情况下，女性阴道会保持一定的酸度，以防止病菌的繁殖。这种生理现象与卵巢分泌的雌激素和孕激素有密切关系。妇女在妊娠时，尤其是孕晚期，胎盘绒毛产生大量的雌激素和孕激素，而孕激素的产生量大于雌激素。所以，在这阶段，阴道上皮细胞的脱落大于增生，会使阴道内乳酸量降低，从而对外来病菌的杀伤力降低。如果在怀孕阶段长期采用坐浴方式，那么，洗浴时的污水就有可能进入阴道，而孕期阴道的防病力减弱后，就容易引起宫颈炎、附件炎，甚至发生宫内或外阴感染而引起早产。因此，提醒孕妈咪，为了健康请放弃坐浴，更不要到公共浴池去洗澡。

洗浴时间不宜过长，以感觉全身清爽又不疲劳为宜。妊娠期全身新陈代谢旺盛、汗腺和皮脂腺的分泌增加，皮肤敏感，应每天洗澡，但水温不宜过高。

⑧ 孕早期洗澡为何水不宜过热

劳累了一天，在热水里洗个澡，是非常舒服的。但是，这对孕妈咪却不适宜。孕妈咪身体处于高温环境，会使早期的胚胎受到伤害，特别是对胚胎神经系统的发育会产生不良影响，从而造成畸胎。国外有人对先天性无脑儿的孕妈咪追问早孕史，发现仅有洗热水澡的情况，而无其他不良接触史。洗热水澡的时间越长越不利。美国一位儿科专家的调查发现，怀孕期间每日在热水中维持40～60分钟的妇女，畸胎发生率明显升高。

除热水浴外，其他可使体温升高的情况如剧烈运动、高温环境下劳动等，也对胎儿发育不利。孕期发热的孕妈咪，出生有神经管畸形的胎儿显著多于无发热者。

因此，为了使胎儿健康发育，计划怀孕的妇女一旦发现月经过期不来，有受孕可能，就应该避免洗过热的热水浴，尤其不要洗盆浴。洗澡时间也不宜过长。在怀孕的前3个月都不宜洗过热的热水澡，同时，还应避免其他使体温升高的情况。凡早孕期洗温度过高的热水澡或因其他原因发热的孕妈咪，都应去医院妇产科优生咨询门诊进行检查，如果发现胎儿有严重畸形，应及早中止妊娠。

⑨ 孕妈咪为什么不宜打麻将

打麻将，作为一种休闲娱乐活动，对人们的身心健康有益。但是有些人已改变了娱乐的初衷，使之成为赌博的一种方法，并乐此不疲。一旦落座则不管昼夜晨昏，通宵达旦，废寝忘食。这样的玩法，不但无益，反而有损健

康。对于孕妈咪来说，尤不可取。

（1）持续坐姿的危害： 孕妈咪本来就腹部充盈，玩麻将时长时间处于坐位，胃肠蠕动减弱，胃酸返流刺激黏膜，可引起厌食、呕吐、咽喉与上腹部烧灼感。腹部的压迫使盆腔静脉回流受阻，围绕肛门下端的静脉充血突出，易发生痔疮。在大腿内侧及小腿背侧则易出现静脉曲张和下肢的严重水肿，甚至小腿抽筋。孕妈咪适时改变体位有利于宝宝健康发育，不宜长时间取坐姿。

（2）睡眠： 古人养生讲究"起居有常"，是指生活要有规律，这一点对孕妈咪更为重要。打麻将往往身不由己，正常的生活规律被打乱，睡眠昼夜颠倒，饮食上变得不定时定量，冷热饥饱失调。母亲和胎儿都得不到充分的休息和充足的营养，影响胎儿的健康生长，甚至可造成新生儿体重过低。长此以往，造成自主神经功能紊乱，可出现失眠、高血压、贫血、缺钙等症状。

（3）环境对胎儿的影响： 孕妈咪所处的环境，能直接影响胎儿的生长发育和他将来的仪表与性格。孕妈咪每日打麻将，怎能培养出具有高尚道德情操的下一代？另外，打麻将的场所多是烟雾弥漫，尽管孕妈咪本人不吸烟，被动吸烟也可对母体和胎儿造成严重危害。干热的烟雾还能刺激呼吸道，使机体防御能力下降，易患呼吸道疾病和增加孕期的合并症发生几率。

（4）情绪对胎儿的影响： 孕妈咪的情绪状态对胎儿发育起着很大的作用。打麻将时往往处于大喜大悲、患得患失、惊恐忧愁无常的不良心境中，加之为了输赢往往争论激烈，语言粗暴，神经系统过于兴奋。母体内的激素异常分泌，对胎儿大脑发育造成的危害，远远超过对母体自身的损害。

（5）传播疾病： 一副麻将牌，你打出去，我抓进来，积年累月，上面沾有多种致病菌，为传染性疾病提供了良好的传播机会。而且，打麻将的场所往往空气流通欠佳，特别是在冬春季，门窗紧闭，室内人数多，又恰逢是呼吸道传播疾病的高峰季节。孕妈咪一旦染病，将对胎儿产生极为不利的影响。

可见，沉湎于麻将是一种不文明、不卫生的恶习，身怀六甲的孕妈咪，尤其应当戒除。

⑩ 孕妈咪外出活动要注意什么

一般说来，孕妈咪不宜出远门，若要外出旅行应做好充分准备，小心照料自己和腹中的胎儿，注意以下事项：

（1）行前务必与医师联系，让医师了解整个行程计划，并请医师提出建议。医师能够确定孕妈咪可以携带哪些药物，并给孕妈咪提供一些旅游目的地有关医疗卫生的信息。

（2）相对而言，将旅行时间安排在怀孕的第4~6个月之间，较为安全妥当，因怀孕时期的不适和疲劳已渐消失，后期的沉重肿胀等尚未开始。另外，孕早期易于流产，后期可能早产，也是原因之一。

（3）不要到医疗条件落后的地区，确保在发生紧急意外情况时，能获得妥善的现代化的医疗服务。不要前往传染病流行地区，以防对胎儿造成危害。

（4）长距离旅行以搭乘飞机为宜。飞机最省时，又可免去长途的颠簸，是比汽车、轮船都好的交通工具。最好要求靠过道的位置。靠过道的位置不但上厕所方便，同时也可让孕妈咪不时起身走动一番。孕妈咪在飞机上最好每隔15分钟便走动几圈，可促进血液循环，防止腿部静脉曲张的发生。无论乘汽车或飞机，都要系上安全带，这样能够减轻和减少意外伤害。

（5）制定合理的旅行计划。不要过度疲劳，要让身体有充分的休息。行程紧凑的旅行团不适合孕妈咪参加，定点旅行、半自助式的旅行方式则比较适合孕妈咪。在出发前必须查明旅游地区的天气、交通、社会安全等状况，若认为没有把握，不去为宜。

（6）途中要有人全程陪同。孕妈咪不宜一人独自出游，与一群陌生人出游也不恰当，最好是丈夫、家人或姐妹等在身边陪伴。这样不但会使旅程较为愉快，而且当孕妈咪觉得累或不舒服的时候，也有人可以照顾自己，必要时可视情况改变行程。

（7）衣食住行要多留心。衣着以穿脱方便的保暖衣物为主，如帽子、外套、围巾等；若旅游地区天气已较热，帽子、防晒油、润肤乳液则不可少。平底鞋比高跟鞋方便走路，必要时托腹带与弹性袜可减轻不适；多准备一些纸内裤备用。避免吃生冷、不干净或吃不惯的食物，以免造成消化不良、腹泻等身体不适；奶类、海鲜等食物因易腐坏，若不能确定是否新鲜，不食为宜；多吃水果，可防脱水与便秘；多喝开水，孕妈咪可以在旅行中自备矿泉水或果汁。每到一地，要先了解一下离自己最近的洗手间在哪里，因为孕妈咪尿频，而且憋尿对孕妈咪是没有好处的。不要搭坐摩托车或快艇，登山、走路也要注意，不要太费体力，一切量力而为。

（8）运动量不要太大或太刺激。运动量太大容易使孕妈咪体力不堪负荷，导致流产、早产及破水。危险性大的活动也不可参与，例如云霄飞车以及海盗船等游乐活动、自由落体、高空弹跳等。游泳是不被禁止的，而潜水不超过18米深度也是允许的（潜水若超过18米，胎儿会有"减压病"，十分危险）。那些速度快的冲浪、滑水最好能免则免，以免撞伤、流产。

（9）携带必备药品。每个旅行者都要随身准备些药品。孕妈咪除了遵守以上的规则以外，还要考虑药物在怀孕期间的安全性，准备一些无碍怀孕安全的抗腹泻药及维生素类药物，是非常必要的。若有以下健康问题，不可成行。①曾有过自然流产、子宫外孕、妊娠毒血症、早产史、子宫颈闭锁不全、难产史、胎盘早期剥落、子宫及胎盘先天异常、高血压、盆腔炎、下肢静脉栓塞、孕早期有严重的妊娠反应或Rh血型阴性者。②有糖尿病、心脏病、严重贫血、气喘、癫痫、静脉炎、晕动症，以及某些需长期服药的慢性病，病情未能控制者。③怀孕所伴随的合并症，如尿蛋白、糖尿病、子痫症、高血压。

>> 专家温馨提示

旅游途中要特别注意防止意外摔跌、腹部挫伤。若发生腹部挫伤，最容易受伤害的器官就是胎盘。旅游途中发生产科急症应立即就医，其症状包括有：①阴道出血。②阴道排出类似胎盘组织或血块。③不正常的下腹痛、绞痛甚至有子宫收缩的感觉。④阴道大量排出水样的液体（羊水膜破裂）。⑤剧烈头痛、视力模糊、脚踝水肿。⑥不明原因的腹痛除产科原因外，还应考虑是否患急性阑尾炎、急性尿道感染，或单纯的消化不良。

11 孕妈咪乘车或开车要注意什么

孕妈咪出行，最大的可能是乘汽车。不论是公共汽车还是私车，都要小心保护腹部，不要受到猛烈撞击。

怀孕的人负担着两个人的生命，因此还是要特别提醒几点：为了尽可能避开交通堵塞，事先要做好路况调查；不要忘记提前在有洗手间的地方停车；确认一下车内的温度；绝对禁止吸烟；确保安全驾驶。

保证在车内的舒适度。为避免日光直射，要安装防晒窗帘以缓和阳光照射；为防止疲劳，要在脚下铺一块踏垫，以便可以将鞋脱掉，或者准备一双拖鞋；后背要准备一个靠垫；准备一些喜欢的音乐磁带，以免单调无聊。

驱车兜风时的必备品：
- 披在外面的外衣；
- 零钱和电话卡（打紧急电话时用）；
- 健康保险卡；
- 印章（紧急手术时，签字用）等等。如果条件允许的话，还应准备毛巾、浴巾、塑料袋、食品冷藏盒、暖水瓶、孕妈咪用卫生巾，以防破水、出血。

12 孕妈咪乘飞机有何禁忌

如果孕期一切正常，乘飞机是比较安全的。许多航空公司不允许孕34周以后的孕妈咪登机，因为在这段时间内，孕妈咪随时可能进入临产状态。在医护人员及医疗设备不足的情况下，飞机上分娩很危险。因此，怀孕最后6周最好不要坐飞机。

每个人的医疗保险有不同的规定，在做旅途安排前要先问清楚。每个航空公司有不一样的规定，有些航空公司需要有医师证期，医师如果不做担保，航空公司有权拒绝孕妈咪搭机。

如果可以改变行程，最好在孕4~6个月时旅行，因为这时呕吐恶心的症状已经好些，精神应该比较好，胎儿处于稳定成长的时期，而且离预产期又还有一段时间。患有高血压或糖尿病的孕妈咪，最好暂缓旅行。

孕妈咪乘飞机外出旅行时要注意以下几点：

（1）虽然飞机上的氧气会较稀薄，但在正常情况下不会对胎儿造成影响。飞机上的空气非常干燥，孕妈咪需要每小时喝一杯饮料，果汁和清水为最佳选择。避免碳酸饮料，肠胃中的气体膨胀会令孕妈咪觉得不适。

（2）预先了解走道位置或是逃生位置，这样方便去洗手间，还可以做轻微的走动，以保持血液循环流畅。不时伸展双脚，减少因屈曲过久导致肿胀。每小时起来走动，可预防脚部水肿。

（3）可以预定适合自己口味的餐点，或自己准备一些食物，以免飞机上的食物不合胃口。

（4）把孕期体检报告携带好，便于医师了解情况。

（5）穿宽松的衣服、平底鞋，穿着简单方便易于走动，多带几件衣物以防气温变化。

（6）安全带要系在腰部以下，不要系在腹部，以防伤及胎儿。最好要一个靠枕放在背后，以免背承受太大压力而拉伤。

（7）可以准备一些清凉薄荷茶、姜茶，以防止呕吐或反胃，还要多喝水。

（8）严禁饮用含有酒精的饮料。

（9）计划行程，以便安排足够休息时间。

13 孕早期性生活有何禁忌

妊娠早期是指妊娠最初的12周。妊娠期间，孕激素可使子宫内膜适合于孕卵发育，降低子宫对外来刺激的敏感性。孕初12周孕激素的来源主要是卵巢内的妊娠黄体（12周以后胎盘逐渐形成，孕激素的分泌部位渐由卵巢移至胎盘）。这段时间容易发生流产，其中一部分早期流产是由于孕卵本身不健全，形成自然淘汰而流产；另一部分则是由于孕激素分泌不足发生流产。孕初12周性高潮也可导致流产的发生。此外，丈夫如果有包皮过长或个人卫生习惯差，性生活时可能将霉菌、滴虫、病毒等带入孕妈咪阴道，导致孕期生殖系统感染，也可能引发流产。妊娠初期反复进行激烈的性行为，很容易导致流产。因为在怀孕初期胎盘尚未发育完全，胎儿不能完全附着于子宫内，如果遇到性兴奋，则会引起子宫充血与收缩，所以须特别注意避免性行为过度兴奋。至于性交体位，初期应该不会构成问题，只要不太过激烈兴奋即可。另外，应避免对乳头等敏感部位刺激，以免造成子宫收缩。

妊娠早期阴道出血，常预示此次妊娠可能为异常妊娠，如孕卵发育异常（葡萄胎、流产、胎儿发育停滞）、孕卵异位着床（宫外妊娠常是孕卵着床于输卵管）。不少宫外孕破裂是由于性交引发，凡有孕期阴道出血，性行为都可能使病情加重，其中以宫外孕最为严重，宫外孕妈咪女可能由于性交诱发破裂，出血位于腹腔内，出血速度快时可能危及生命。

⑭ 孕中期如何安排好性生活

妊娠中期是孕妈咪心情最佳时期，既没有孕吐现象，且距分娩还有一段时间，所以也很适合进行性行为，但仍须适度地控制与调节。

由于5~7个月，胎盘已成熟，因此进行性行为时，并不会造成流产。可是此时腹部逐渐膨胀，性交体位则须避免压迫子宫。丈夫最好用双手支撑自己的上半身，或采用双方侧卧而面对面的姿势进行。

⑮ 孕晚期如何安排好性生活

妊娠后期进行性交时，应采用温和的动作，才不会使阴道内的黏膜受伤而流血。由于后期外阴部会出现水肿，阴道和子宫的黏膜极为柔软，很容易引起充血现象，导致早产。性交体位最好是双方侧卧，同时面向一方。妊娠晚期的性生活可引起子宫收缩，如果在怀孕28~37周这段时间性交，过度兴奋的高潮，容易引起早产。性交也容易使外阴部的细菌被带入阴道，造成感染。

有下列情形时，绝对禁止性交：①罹患妊娠中毒症时；②有习惯性流产、早产时；③患有心脏病时；④下腹产生阵痛且有流血现象时；⑤外阴部和阴道内有静脉曲张时；⑥患有阴道炎、子宫或阴道糜烂、子宫颈管长息肉时；⑦丈夫罹患性病时。

>> 专家温馨提示

妊娠后期有出血时应绝对禁止性行为。此时的阴道出血常见于前置胎盘。孕妈咪可有反复的无痛性出血，此时性交可引起致命的出血，危及母子的生命。妊娠后期阴道出血还可见于胎盘早剥，此时性交可危及胎儿生命，或导致母体发生严重的子宫内出血、腹痛。

第四章

做个漂亮的孕妈咪

孕妈咪一身合适得体的孕妇装束，一头干净、利索的短发，再加上面部恰到好处的淡妆，使人显得精神焕发。为了使体形显得均匀有线条，可选用竖条纹的布料。上装的设计，可用稍加宽肩部的办法从而使腹部不显得突出，亦可在领口镶上花边或佩戴上胸花，这样更能转移别人对自己腹部的注意力，使自己显得高雅、漂亮。

❶ 孕妈咪着装有什么要求

孕妈咪体形的变化主要表现为腹部日见增大，乳房逐渐丰满，胸围亦随之增大。孕妈咪的衣着应以宽大舒适为原则，式样简单，易穿易脱，防暑保暖，清洁卫生，美观大方，以保持其特有的风韵。孕妈咪穿着适合自己的衣服时，不论散步或到医院检查，都能给人一种愉快的感觉。反之，身穿一件不适合自己的孕妈咪装，只会让人感觉笨重，所以选择孕妈咪装可是一门学问。

孕妈咪不宜穿紧身衣裤或紧束腰带，以免限制胎儿的生长发育。孕妈咪体形改变后，服装设计可根据个人的爱好。可选突出胸部线条，并使增大的腹部显得不太突出的衣服，上小下大的"A"字形连衣裙就比较好，也可选上下身能分开的套服，穿脱比较方便。妊娠后期腹部比较明显，这时的衣着要宽大，裤带和袜带都不宜太紧，否则影响血液循环，容易引起水肿和下肢静脉曲张，也不宜再穿紧身的衣裙和粗毛绒衫，这样会使身体显得臃肿和笨拙，让人看了不舒服，最好也不要穿那些使人显得耸肩短脖的衣服，而把脖子完全露出来的衣服倒是显得很适宜。

应按以下几条原则结合个人的爱好选择衣服的颜色和款式：

（1）色彩明快、亮艳，显得轻松愉快、精神振奋，有利于母体和胎儿的身心健康。

（2）宜选用不太突出隆起的腹部的样式，下摆宽大，能够很好地显示立体感。

（3）裤子要偏肥些，尤其是腰部。在孕晚期宜选用背带式裤子。

（4）面料宜选用纯棉或丝绸织品，内衣必须选用纯棉。

（5）孕妈咪在怀孕4个月时可以开始选购孕妈咪服。不要同时把所有的东西都买齐，因不同孕期、不同的季节均需要不同的衣物。

孕期容易出汗，所以最好选购质地为天然纤维的衣物（如纯棉、羊毛、亚麻等），以利于透气降热。

❷ 如何选择合适的孕妈咪服装

孕期的前4个月，不需穿孕妈咪装，因腹部还不明显。但到了5个月以后，则要穿着合适的孕妈咪装。首先应注意选择能随腹部增大而调整的孕妈咪装，其次要注意款式简单大方、易于整理，再则就是要能充分表现出孕妈咪的韵味。

怀孕期间皮肤出现雀斑或皱纹，可利用孕妈咪装的花色调配来掩饰。颜色太淡的孕妈咪装会使膨胀的腹部更明显，所以宜选色彩庄重的孕妈咪装。布料的好坏也很重要，一般人总认为穿着孕妈咪装的时间很短，所以不必注意质地。其实，这是错误的观念，唯有舒适柔软的布料衣服才能令孕妈咪感到格外清爽舒服。市面上各式各样的孕妈咪装一应俱全，但总有许多孕妈咪买不到适合自己尺寸的孕妈咪装。通常，孕妈咪装不论怀孕初期或后期都可以穿着，只是在初期会产生前面裙摆过长与太宽松的现象。这时不妨自己稍加灵活搭配。

随着腹部的增大、乳房的丰满、产前检查次数增加，孕妈咪选择服装也应该与平时有所区别。为了防止脐周着凉引起的异常，内裤直裆可稍长些，腰围不要太紧。外裤可采用背带式的宽松裤，避免穿紧身内衣、内裤，尤其

是牛仔衣裤。应穿着柔软、保温性好、透气性好的内衣和外套，以保证阴部有良好的透气性，防止感染。选择全棉乳罩，尺寸稍大些，扣在前面的更方便些。选择一双合脚的软质平跟鞋。

孕妈咪装经济实惠的做法是利用原有的旧衣服改制，也可以穿用朋友的孕期服装。如果有条件的话，在孕妈咪服装专卖店为自己选择一件漂亮的孕妈咪服也非常必要。

冬季，孕妈咪的着装应注意不要让腹部和腰腿受寒，最好选用保暖性能好的毛料。短款的风衣便于行动，是比较好的选择，而且下摆宽大的短风衣看上去还非常利落。长大衣穿起来非常笨拙，活动时腿脚施展不开，在孕期不太适宜。

夏季酷暑令孕妈咪难以忍受，应选用易穿脱、易清洗、吸湿性能好的服装，最好是纯棉服装。

随着怀孕月份的增加，孕妈咪体形改变，行动变得笨拙，服装最好以舒适、宽大、洁净为原则，可选择色调明快、柔和甜美的图案，简单易穿脱的式样。

>> 网站轻松链接

对孕妈咪来说，纯天然质地的服装是最好的选择。怀孕期间皮肤变得敏感，如果经常接触人造纤维的面料，容易发生过敏。所以，贴身内衣一定要用全棉或真丝面料，款式要宽松、穿着要舒适。孕妈咪的腹部是重点保护部位，一定不能让它受一点点委屈。为了不妨碍血液循环，即使是怀孕初期，孕妈咪也不要选择三角紧身内裤、有收腹功能的内裤以及腰部和大腿根部相对较紧的内裤。可选择上口较低的迷你内裤或上口较高的大内裤，最好有一定的弹性，伸缩自如，以适应不断变大的腹部。

❸ 孕妈咪如何戴乳罩

孕期乳房会变得比怀孕前大，为了防止乳房下垂，应该选择一款大小合适、罩杯较深、底部带硬托支撑的胸罩。胸罩的两条肩带要宽一点，以防双肩有紧绷感。

隆起的乳房不仅是女性体态美的表现，而且是哺育新生命的"有功之臣"。妊娠后由于激素的刺激，乳房中的乳腺管增生，乳腺泡增多，乳房增大，重量增加。为了防止乳房下垂，孕妈咪白天应该戴乳罩。晚间松解，避免乳罩紧束压迫胸部。

戴乳罩有很多优点，不仅支持和扶托乳房，有利于乳房血液循环，防止因局部血液循环壅滞而患乳腺疾病，还可以保护乳头，防止磨伤和碰疼，减轻在劳动和行走时乳房的震荡。

戴乳罩应该注意以下几点：不用化纤或不透气、不吸水的布料做的乳罩，以免发生湿疹；最好用细软的棉布制作的乳罩；乳罩宁大勿小，有利于淋巴液的正常流通；不要将乳罩放在洗衣桶中与其他衣物混洗；每次更换乳罩前应该将内侧绒尘拂尽，以防内衣纤维堵塞乳腺管导致产后缺乳。

❹ 孕妈咪的裤子有什么特点

孕妈咪装要遵循简洁明快、宽松舒适和透气的原则。孕初期没有过多的要求，只是稍稍宽松一些就可以了，到了中期以后，就要准备特制的服装了。

上下分身的衣服便于活动、穿脱自如，比较适合还在工作的孕妈咪穿。孕妈咪装的裤子与我们平常穿的裤子正好相反：腰部前高后低，这样设计的好处是保护了腹部，又能避免掉裤子的尴尬。它的另一个优势是有"伸缩性"，孕妈咪根据腹部隆起的程度自行调节裤腰的大小，其利用率高，能从孕早期穿到分娩，是较经济的选择。

绝大多数孕妈咪怀孕5个月时腹部凸起，普通款式的裤子就会明显紧绷，对腹部造成压力，自己感觉很不舒服、对胎儿也不好。背带裤没有裤腰，能避免这个问题，还能从视觉上修饰日渐臃肿的体态。因此被许多孕妈咪当作首选。背带裤的缺点是穿脱不太方便，尤其对于尿频的孕妈咪来说更麻烦。

孕妈咪裙对腹部不会产生什么压力，夏天穿着漂亮又实用。但冬天最好以裤子为主，因为穿裙子行动不便。

❺ 为什么孕妈咪不能穿高跟鞋

中青年妇女都喜爱穿中高跟鞋，这样可使人挺胸直腰、精神饱满、风度翩翩。但是，妇女在怀孕后再穿中高跟鞋就是一种错误，应当忍痛割爱一段时间，以保母子平安和优生优育。中高跟鞋前低后高，穿着时会使身体向前倾斜，身体的重心也向前移。而怀孕以后，身体本身的重心也越来越向前移，唯有背向后仰才能保持平衡。此时如果再穿中高跟鞋，势必使腰椎向前，胸椎往后，脊柱弯曲度增加，使孕妈咪累上加累、腰酸背痛。身体过于前倾也容易压迫腹部，不利于胎儿的血氧供应，会影响胎儿发育。孕妈咪穿中高跟鞋易使子宫下坠，膀胱受压，引起尿频和产后子宫脱垂，并会使骨盆倾斜，不利于分娩，还会影响下肢的静脉血液回流，造成孕妈咪下肢水肿加重。

孕妈咪穿中高跟鞋，会使全身的重量过多地集中在前脚掌上，造成脚趾关节过度背伸，容易引起足弓消失，形成平足症或足痛。怀孕期间因内分泌的改变，全身骨骼都会有不同程度的骨质疏松，身体各部位的肌肉、关节韧带和足弓部也相应松弛。孕妈咪穿中高跟鞋时，行动颇为不便，容易摔倒，可造成流产和早产。为了母子平安，孕妈咪不宜穿中高跟鞋，尤其是怀孕3个月以上的妇女千万不要忘记这一点。孕妈咪宜穿用宽松的软底鞋，如布鞋、旅行鞋等。

冬天孕妈咪穿的棉鞋最好宽松一些。在怀孕中后期孕妈咪的脚容易发生水肿，脚形发生变化，怀孕前的鞋子就显得很小。这个时期最好穿温暖舒适的布棉鞋，布棉鞋的弹性好，还可以适合变化的脚形。

夏天穿泡沫底凉鞋的人较多，这种凉鞋的弹性好，也比较适合脚的形状，但它的缺陷也很明显，即鞋底很滑，容易跌倒。因此孕妈咪在选鞋时要注意

选用防滑底的鞋,以免雨天或遇到水渍时被滑倒。

日常起居时人们喜欢穿拖鞋,因为它具有方便、柔软等优点。孕妈咪的汗腺分泌旺盛,足部的汗液多,穿橡胶或塑料拖鞋时有可能引发皮炎,过敏性体质的孕妈咪尤为明显,因此以薄布拖鞋为宜。

❻ 冬季围巾的妙用

冬天气候寒冷,孕妈咪户外活动时使用保暖用品非常必要。尤其是直接露在外面的头部,更需要一条柔软美观的围巾。有资料表明在不同的温度条件下头部的散热量也不相同。气温在15℃时,从头部散发的热量为人体总量的1/3,在0℃时为1/2,-15℃时则为3/4。这充分说明,气温越低,人体从头部散发的热量也就越多,所以冬季保暖的重点就是头部的保暖。

天冷时许多孕妈咪十分钟爱浪漫的围巾。围巾具有装饰作用,不仅防风护肤,还可以对普通的职业服装进行点缀,起到画龙点睛的作用。在肩上系一条风情浓郁的围巾,会把暗色调的职业装一下调动起来,让人感到十分光艳。相反,鲜艳的上衣如果搭配一条暗色的围巾,可以压住刺眼的亮光,既衬托出明眸皓齿,又可以显得庄重大方。

但是应该注意的是,不要用围巾把嘴巴、鼻子裹得太严。用围巾充当口罩御寒是不妥当的,因为围巾长期围在脸上时,嘴巴的部位会经常处于潮湿状态,致病的微生物、细菌和尘埃等有害物质在上面繁衍生息,如果被孕妈咪吸进呼吸道后会对身体造成危害。有的围巾是用羊毛、兔毛以及化纤原料等纺织而成,这些织物的细小纤维被吸入人体后,会产生过敏反应,严重的会引起过敏性鼻炎、肺炎、支气管哮喘等。因此在系围巾时应注意不要一物两用,既当围巾又当口罩。

一袭美观大方的围巾能够把孕妈咪的冬装点缀得异彩缤纷。围巾可以系出蝴蝶结式、斜襟式,折得小一些系在毛衣里面做领巾,还可以做头饰。只要孕妈咪心灵手巧,就会创造出无数的美丽。

孕妈咪怎样为自己增添美

孕妈咪是"双身"之人,随着妊娠月份的增加,在生理形态等方面,会

出现许多特殊的变化，如肤色改变，腹部膨起，下肢水肿等，情绪也会因此趋于不安宁。这些变化在客观上影响了妇女自己原有的审美观，因而，对不少孕妈咪来说，美感往往被暂时遗忘了。医学研究表明，美感不但能调节心情，有利于心身健康，同时，还能起到胎教的目的。所以，孕妈咪经常注意给自己的生活增添美是非常必要的。

（1）摄取足够的营养

妊娠期间，由于孕妈咪身体上担负着孕育胎儿的使命，摄取足够的营养，不但能够保证胎儿正常的生长发育，同时，更利于孕妈咪保持自然的健康美。

（2）注意面部皮肤的保护

孕妈咪白天外出工作或散步时，应避免强烈的阳光照射，并戴遮阳帽防止阳光直晒。每次洗脸后，要搽些有滋润和营养作用的护肤霜，这样有利于保持面部皮肤的细嫩健美，又能有利于产后皮肤机能的早日恢复。

（3）勤梳洗头发

妊娠期间，孕妈咪勤梳洗自己的头发，可促进头皮的血液供应，保持头发整洁，使头发显得娟秀而有光泽。发型选择恰当，可使人的容貌"锦上添花"，为了梳洗方便，孕妈咪最好选择舒适方便的短式发型，给人一种精神饱满的美感。

（4）进行适量的运动

孕妈咪在身体状况许可的情况下，应经常注意进行适量的活动，如散步和轻松的徒手体操。通过参加适量的活动，能有效地消除疲劳，振奋精神显得，给人以健康的美感，同时又可防止孕期身体发胖。

>> 网站轻松链接

妊娠期间，孕妈咪的形体变化是孕育胎儿所必需的。但在衣着宽大舒适的前提下，注意在布料和服装款式上有所讲究，也能增添美感。如为了使体形显得均匀有线条，可选用竖条纹的布料。上装的设计，可用稍加宽肩部的办法从而使腹部显得不突出，亦可在领口镶上花边或佩戴上胸花，这样便能明显地转移别人对自己腹部的注意力，使自己显得雅致、漂亮。

❽ 孕妈咪如何保养皮肤

妊娠期间，由于激素的作用，孕妈咪的皮肤会失去光泽，稍不注意还会变得非常粗糙。这些虽算不上什么大病，但对于青年女性来说，也是应该注意的事。所以，孕妈咪不要忽视保养皮肤。那么怎么保养皮肤呢？

洁面。妊娠期的美容重点就是洁面。早晚洁面各1次，使用平时常用的洗面奶，仔细地清洁，洗干净后搽些护肤品。夏天是容易出汗的季节，要增加洁面次数。勤洁面不仅是为了去掉油垢，还可为皮肤增加水分，使皮肤湿润光滑，富有弹性。

防晒。由于激素的作用，孕妈咪脸上容易长雀斑，一般到产后就会自愈，不必十分介意。孕妈咪受紫外线照射也容易长雀斑，所以不要让强烈的阳光直射在脸上和其他无遮盖的皮肤上。外出时最好穿长袖上衣，还应该戴上遮阳的帽子，脸上还可搽些防晒霜，以保护皮肤。

按摩。妊娠期间，孕妈咪每天都应进行脸部按摩。按摩既可加快皮肤的血液流通，增进皮肤的新陈代谢，保护皮肤的细嫩，还可使皮肤的机能在产后早日恢复。

按摩要领如下：先用洁面膏擦掉脸上的污垢，或用温水洁面后用毛巾擦干。在脸上均匀地搽抹按摩膏，然后用中指和无名指从脸中央向外侧螺旋式按摩约50次。按摩完毕，用热毛巾擦拭一下。每天坚持按摩一次，对皮肤十分有益。

擦搓脸和手。平时先将两手互相擦搓，主要是手背部，经过20～30次的擦搓，手会发热，再将双手的掌心放在两颊上，上下擦搓，力不要大，但要落实，约50次即可。擦搓时，要用手指擦搓眼窝、鼻夹和耳部，使脸全面擦过。这种做法的目的主要是促进手和脸的皮肤血液循环，增强皮肤的抵抗力。

❾ 孕妈咪如何美发

孕妈咪的机体代谢和血液循环增强，头发生长快，而且掉发少，所以头发厚密又有光泽。然而，不少孕妈咪的头发会出现油脂增多或干燥无弹性的情况。请不要担心，这是暂时的，很快就会恢复正常。

然而，在产后6个月内将严重脱发，如果可能，可以戴假发。以下是对护发比较有用的措施：

（1）**使用特别的洗发水**

油脂分泌严重的头发，用特别配方的洗发水勤洗头、少梳头，以减少油脂。

（2）**保持头发在最佳状态**

如果头发干燥，用热油治疗，用浓的软化剂，每周1次。用一定量的发乳固定发型后，不要再梳头发，以防头发散乱。

（3）**保持简单的发型**

孩子出生后，需要一种容易梳理的发型。整个妊娠阶段和产后，保持易梳理的发型使头发好看而健康。

尽管一些理发师给孕妈咪染发和焗油是谨慎的，但没有证据说明其对胎儿有危害。许多年前，染发剂中含对人有害的物质，而目前大部分染发剂不再含有这些化学物质。唯一应该避免的成分是煤焦油，专家认为它能致癌，如果孕妈咪非常担心，可选用从蔬菜中提炼的制品。然而，妊娠激素可能与染发剂发生反应，所以尽量不要染发。

没有证据表明烫发剂中的化学物质对胎儿及孕妈咪有害，然而，无可否认，头发能与它们反应，所以孕妈咪不要烫发。

头发蓬松剂含有化学物质，尽管没有证据表明它们是危险的，但也无法证明它们是安全的，所以最好不要用。

10 孕妈咪面部出现色斑怎么办

由于孕激素的影响，孕妈咪体内的黑色素会增多，使孕妈咪的面部出现色斑，有些色斑有些在产后也不易消失。这主要是因为在孕中后期，孕妈咪的皮肤变得敏感起来，对紫外线的抵抗力有所减弱，更容易被晒黑，使长时间裸露在外的面部出现黄褐斑、蝴蝶斑等。专家建议，孕妈咪面部出现色斑后要注意下面几点：

（1）**饮食**。孕妈咪在饮食上要以清淡、营养为主，少吃或不吃刺激性食物。注意粗纤维食物的摄入。

（2）**防止便秘**。便秘会使身体内的毒素积累增多，影响健康，使皮肤的

颜色更暗。

（3）**休息**。注意睡眠充足，调节好情绪。这样能使孕妈咪更好地处理好自己与胎儿的关系，调节好自己的内分泌系统。熬夜、心情抑郁烦躁都会使色斑加重，科学家发现晚上12点至凌晨2点是人体自动美容时间，如果这段时间不睡觉的话会严重影响皮肤的健康。

（4）**祛斑**。处理色斑不易漂白，也不宜用美白霜去掩饰，可以适量用一点妊娠霜。有些色斑会在产后3个月内消失，如果褪不掉的话，可以在哺乳期过后请美容专家来慢慢治疗。

（5）**化妆**。不要化太浓的妆，注意遮阳防晒。尽量避免在中午或下午阳光强烈的时候外出。阳光照射会加重色斑，并使色斑在产后也不易褪去。

11 漂亮孕妈咪的美容技巧有哪些

妊娠虽然会改变孕妈咪的形象，但孕妈咪可以更加关注一下自己的身体。适当做一些运动，合理均衡饮食，让自己仍然不失去青春的活力。为了保持皮肤的光泽和弹性，孕妈咪可采取以下方法：

◆每天用性质温和的洗面奶和温水洁面，水温不可过热。每周或每10天做一次补水面膜。同时，要选用滋润型的润肤乳液。在家做简单的面部按摩，促进血液的循环，保持皮肤的紧实健美。

◆为了防止额头皱纹，可将双手的中指及无名指自额头额心向左右两侧按摩，按摩6小圈，至两侧太阳穴时轻轻地压一下，重复3次。

◆为避免眼角长出鱼尾纹，可以用两手手指自两边眼角沿着下眼眶按摩6小圈，然后绕过上眼眶，回到眼尾处轻轻地按一下。将手指沿着眼周做绕圈按摩，按摩6圈后在太阳穴轻轻压一下保护眼周

皮肤。

◆可适当使用营养含量高的精华素洗发，也可到美容院进行专业按摩。为了梳洗、打理方便，孕妈咪最好选择短发。保持清洁、勤梳理，促进头皮的血液循环，可给人神采奕奕、清清爽爽的感觉。

◆孕妈咪体内的营养容易被胎儿"掠夺"，因此要及时补充养分，保证健康的身体和明艳的容颜。经常进食含维生素、钙、叶酸的食物和水果等，可为体内补充养分。

12 孕期化妆有何要诀

由于怀孕，孕妈咪生理上发生了种种变化，体型及皮肤尤为明显。要成为一个神采奕奕、美丽的准妈妈，除了平时的保养不可忽略之外，简单得宜的淡妆也可以令你容光焕发。清淡化妆的要诀如下：

（1）打好粉底，可让脸庞肌肤散发柔嫩光泽。由于各人肤色不同，在选购粉底时，可在未上妆的脸颊或下巴，将粉底匀开，选出最接近自己肌肤的色调。同时准备另一较肤色稍暗的粉底，以便修正肤色。

（2）眼影的选择，除了搭配服装及考虑场合外，平时可选择较自然的色系，让眼睛更为明亮、精神。

（3）轻扫娥眉，浅咖啡色可让眉色勾勒有型，展现自然的本色。

（4）唇色的选择应搭配整体造型，而孕妈咪平时宜以自然清爽的造型为主，因此可选择如粉色系，呈现完全的"天然风格"。

（5）别忘了修容步骤，因生理变化，使面部稍有浮肿状况，修容之后，可使面部更为立体。

13 不同孕期有哪些不同的化妆技巧

怀孕初期的准妈妈很容易忽略面部的化妆，也没有注重这一时期的化妆技巧。

在化妆之前，必须彻底地清洁面部，涂上乳液及底霜再打粉底。要使用与肌肤相近的粉底，均匀地涂抹在脸颊、T字部位、眼睛周围等。依序打底后，再扫上一层蜜粉，让肌肤更有透明感。其后，用眉笔顺着眉毛生长的方

向自然地描绘出眉形。然后,再打眼影、画上眼线、刷上睫毛液,使睫毛呈现自然卷曲的效果。另外,选择颜色合适的唇膏,以配合整个妆容的和谐,衬托出肌肤的自然光泽。

怀孕后期的准妈妈除身型有显著改变外,脸型也变得圆润。此时,化妆应采取两种色调的粉底。首先,应先使用淡色系列的粉底,遮掩眼窝附近及眼睛下方的黑眼圈。其次,眼颊中央用较明亮色系的粉底,周围则采用较暗的色系,以修饰脸型,使之产生修长的效果。接着,涂上蜜粉,使肌肤明亮,柔和。眼影应强调深邃感,眉形用较深色系,唇膏使用红色系,以搭配整体肤色。

14 孕妈咪怎样做美容按摩

怀孕了,许多孕妈咪都会发现自己突然变老了,色斑出现了,连皱纹也多了。苦恼与烦闷是无济于事的,长期心情不愉快,还会影响自己和胎儿的健康。爱美的孕妈咪不妨照着下面的方式做一下按摩,不仅能让自己放松下来,还能让自己的面部多一些活力。

◆按摩额头。拇指轻按太阳穴,其余四指指腹从额心向两边太阳穴按摩。每按摩3次至太阳穴时轻轻揉一下再轻按一下。这样重复3~10次。也可用手掌掌腹,从额头下往上轻轻抚摸。

◆按摩眼角。用一只手将眼尾轻轻拉平,另一只手的无名指指腹在眼尾处轻轻按摩。也可用两拇指轻拉眼角,然后轻轻按摩。

◆按摩眼周。用双手的无名指腹沿着眼睛四周绕圈按摩,按摩10圈后轻轻按揉一下太阳穴。

◆按摩唇角。用无名指指腹以画圆圈的方式轻轻按摩两侧嘴角。

15 孕妈咪如何做到清洁整齐

妇女怀孕以后,身体各组织、系统均发生了一系列生理变化,皮肤上皮屑增多,汗腺及皮脂腺的分泌旺盛,因此孕妈咪应重视清洁卫生。

夏季天气酷热,每天洗澡不宜少于两次;春秋气候宜人,每周洗澡1~2次即可;寒冬腊月,每两周洗澡1次就足够了。饥饿时或饱食后1小时以内不宜洗澡。

　　无论春夏秋冬，浴水温度最好与体温接近，在 27～35℃ 之间。太凉或太热的水对皮肤造成的刺激会影响孕妈咪的周身血液分布，不利母体健康及胎儿发育。

　　淋浴比盆浴更适合孕妈咪，因为淋浴可防止细菌进入阴道，避免产前感染。再者，孕妈咪身体笨重，进出澡盆、浴缸不便，容易滑倒，使腹部受到撞击。

　　洗澡既可使全身清洁，又能促进血液循环，消除疲劳，抖擞精神。

　　孕妈咪还要经常洗头发，以使头发清洁黑亮。每周最好洗头 2 次。

　　孕妈咪还要经常进行外阴局部皮肤清洁。这是因为孕妈咪外阴发生了明显变化，皮肤更加柔弱，皮脂腺及汗腺的分泌较体表其他部位更为旺盛。同时由于阴道上皮细胞通透性增高，以及子宫颈腺体分泌增加，使白带大大增多。局部清洁时，注意不要用热水烫洗，也不要用碱性肥皂水洗，更不要用高锰酸钾溶液洗。

　　孕妈咪要经常清洗外衣，以保持清洁整齐，更应经常换洗内衣，最好每 1～2 天换洗一次，以免受细菌感染，造成阴部或乳腺炎症，给孕妈咪、胎儿造成不良影响。

第五章

孕妈咪疾病防治

孕妈咪的身体为了适应妊娠的需要会发生一系列的改变。在机体调整的过程中，无论哪个系统或器官出现问题或不适应怀孕，都会对妊娠产生影响，造成妊娠的异常；如果孕妈咪患有或潜在一些疾病，则在孕期的特殊状态下，很可能加重或引发；也可能在妊娠期感染一些疾病，这些都可使得妊娠过程变得危险和恶劣。所以积极防治妊娠中的各种疾病对于顺利妊娠、分娩有很重要的作用。

❶ 孕妈咪怎样防治感冒

普通感冒和流行性感冒都是由病毒引起的呼吸道传染病。孕期患普通感冒的人很多，对胎儿影响不大，但如果较长时间体温持续在39℃左右，则有可能导致胎儿畸形。

流行感冒简称流感，病原是流感病毒，通过空气和病人的鼻涕、唾液、痰液传播，传染性很强，常引起大流行。患者受感染后发冷发热，热度较高，头痛乏力，全身酸痛，常在发热消退时鼻塞、流涕、咽痛等症才明显，体力消耗大，恢复也慢。流感病毒不仅能使胎儿发生畸形，高热和病毒作用也能刺激子宫收缩，引起流产、早产。

孕妈咪患感冒应及时控制感染，排除病毒，同时采取措施降体温。患轻度感冒的孕妈咪可多喝开水，注意休息、保暖，口服感冒清热冲剂或板蓝根冲剂等。感冒较重有高烧者，除需做一般处理外，还应尽快地采取措施去热降温。可用物理降温法，如额、颈部放置冰块等；亦可选择使用药物降温。在选用解热镇痛剂时，要避免使用对孕妈咪、胎儿和新生儿有明显不良影响的药物，例如阿司匹林之类药物。可在医生指导下使用诸如醋氨酸等解热镇痛药。

中医中药能有效地控制感冒病毒，同时又无毒性，所以中医的辨证论治、中药处方是治疗孕妈咪感冒最好的方法。

 孕妈咪容易出现哪些炎症

炎症是由病毒或细菌感染引起的。一般病毒和细菌不会通过胎盘由母体传给胎儿，但风疹、弓形虫病和李氏杆菌病却可能使胎儿受到感染。胎儿也可能会间接受到母体炎症（如肾炎）的感染，从而引起早产。

（1）**尿路感染**：患了尿路感染，会出现尿频、小便灼痛及小腹疼痛等症状。如治疗不及时，还会出现血尿和高热等症状。出现炎症，应及时用抗生素治疗，拖延病情会加重为肾炎，更可引起流产或早产。

（2）**弓形虫病**：该病通常没有什么症状，或有轻度感冒症状。如孕妈咪感染了该病，应去医院检查，确诊胎儿是否感染。如果漏诊，可能会引起流产或死胎，甚至会使新生儿患上精神疾病或失明等。

（3）**李氏杆菌病**：其症状与流感和胃肠炎相似。如孕妈咪被确诊为此病，应采取引产措施，因为该病会导致早产、流产或死胎。由于引产胎儿不足月，抵抗力差，可能容易生病，因此应注射抗生素，防止败血症或脑膜炎。

（4）**风疹**：目前，此病在孕期已很少见。风疹会导致胎儿大脑和心脏的缺损、耳聋、白内障等，如在怀孕期间感染此病，胎儿多半也会被传染。

（5）**疱疹**：该病表现为阴道内外出现水疱，伴疼痛。若该病发生在孕期，而且为第一次，分娩时又出现溃疡，应采取剖宫产，以免感染新生儿，因为该病会损伤大脑。

 怎样鉴别孕期的腹痛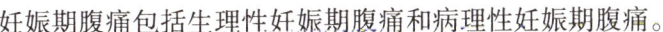

妊娠期腹痛包括生理性妊娠期腹痛和病理性妊娠期腹痛。

（1）**生理性妊娠期腹痛**：是由于妊娠后子宫体增大，对子宫圆韧带造成过度牵拉而导致的。此种情况多发生在孕妈咪妊娠3～5个月时。疼痛部位多在下腹部子宫体的一侧或两侧，疼痛多为牵涉痛、钝痛或隐痛。疼痛常发生在孕妈咪远距离行走或体位改变后，此种情况通常经卧床休息便可缓解。生

理性妊娠期腹痛也可发生在胎动后或妊娠晚期的假宫缩后，但此种情况造成的腹痛一般仅持续数秒钟即可缓解。

(2) **病理性妊娠期腹痛：**原因则较为复杂，常见的原因有以下几种。

①葡萄胎：此种情况常发生在早期妊娠（怀孕 4 个月之内）的妇女身上。发生葡萄胎的妇女也有停经史，但其子宫体内并未孕育着真正的胎儿，而是一种水泡状的胎块。这样的妇女妊娠反应严重，子宫体增长得非常迅速。多数妇女会在停经后 2～4 个月时发生腹部胀痛或钝痛，并伴有阴道出血。

②流产或早产：将发生流产或早产的妇女常会出现阵发性或持续性的腹痛，并伴有下腹部坠胀、有阴道出血或有烂肉样的组织自阴道排出。

③宫外孕破裂：宫外孕破裂的典型表现是，早期妊娠的妇女在停经 40～50 天时，会突然出现下腹部一侧撕裂样的疼痛及肛门坠胀，常有急腹症的表现。

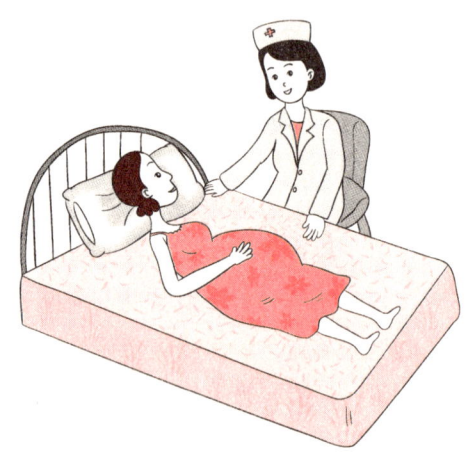

④胎盘早剥：此种情况多发生在妊娠 7 个月以后的孕妈咪身上。这样的孕妈咪常有妊娠高血压综合征、慢性高血压病或腹部受过外伤。也有少数孕妈咪无明显诱因而发生了胎盘早剥。胎盘早剥引起的腹痛与胎盘发生剥离面积的大小有关。胎盘剥离面积小的孕妈咪，仅有少量的阴道出血及轻度腹痛；胎盘剥离面积大的孕妈咪，虽然其阴道流血并不多，但由于其子宫腔内的积血多，可使患者的腹痛剧烈，持续不断，腹部硬如板状，病情严重时，患者可出现休克，发生此种情况的孕妈咪，应及时去医院就诊，否则会危及胎儿的生命。

孕期阴道流血怎么办

精子和卵子结合成受精卵，分裂发育成胚泡，于受精后第 5~6 天埋入子宫内膜，至受精后 10~12 天完成。在孕酮的作用下，卵巢卵细胞的发育受到抑制，排卵受到抑制，子宫内膜发育成蜕膜，月经周期停止。因此，怀孕后不应有阴道流血，一旦出现阴道流血，应进行检查。

孕期阴道流血的主要原因是先兆流产、宫颈糜烂、宫外孕或葡萄胎，故应引起足够的重视。宫颈糜烂引起的出血和先兆流产的出血在出血量、时间、颜色上很难鉴别，所以要到医院检查。宫颈癌也可能引起孕期阴道流血，但发生率很低，可通过孕早期宫颈涂片早期发现宫颈癌和癌前病变。

过度的性生活，吃巧克力过多，吃辣椒、桂圆等热性、刺激性食物都会加重出血症状。

什么是弓形体病

弓形体病是一种由弓形体原虫引起的、人畜共患的传染病。对人起重要作用的传染源是动物，接触被感染的动物会感染，食入含有弓形体的水或食物，通过肠黏膜也会感染。猫是弓形体病的主要传染源。

弓形体是一种比白细胞还小的寄生虫，它的虫卵存在于猫的粪便中。一只受感染的猫，一天可排出 1000 万只虫卵。虫卵随粪便排出后，在适宜的环境下，经过 2~4 天的孵育后，即成为有感染性的弓形体。孕妈咪感染弓形体后，虫卵在孕妈咪体内繁殖，通过胎盘传染给胎儿，造成胎儿先天性弓形体病，也可导致流产、早产、死胎或畸胎（包括脑积水、小脑畸形、小眼球畸形、失明和智力发育障碍等）。有些先天性感染的胎儿出生时貌似正常，但日后发育过程中可发生脑积水、脉络膜视网膜炎、颅内钙化和智力障碍等。在整个妊娠期孕妈咪患病越早，对胎儿危害越大，所以说，弓形体病是优生的大敌。

为了预防孕妈咪感染弓形体病，最好的办法是，孕妈咪避免与猫接触，家中不要养猫。

❺ 什么是宫外孕

受精卵的正常受精部位是输卵管，通过游走，最后着床在子宫腔内，子宫腔为受精卵的生长发育提供充足的空间和丰富的营养。受精卵因某些原因在子宫腔外"安营扎寨"就叫宫外孕。95%的宫外孕在输卵管，也有在卵巢和腹腔的。

停经、阴道流血、腹痛下坠是宫外孕的典型症状。如果下腹痛加剧，伴有恶心、呕吐、头晕、出汗、面色苍白、肛门下坠或者有大便感，说明可能有内出血，是危险之兆，应及时就诊，不能延误治疗。在此提醒孕妈咪注意：

当妇女下腹痛时，尤其是孕妈咪出现腹痛时，一定警惕宫外孕。

宫外孕是比流产更严重的疾病，随着胎儿长大，输卵管会破裂而引起大出血。不仅胎儿保不住，更重要的是威胁母亲的生命。

当出现停经、月经明显少于以往月经、阴道不规则出血、腹痛等征象时，就要去看医生，因为宫外孕的症状不很典型，病人要把发病以来的细节仔细向医生讲明，让医生帮助你判断是不是患有宫外孕。

宫外孕也易和其他一些腹痛相混淆，应注意区分。肠套叠的症状是阵发性的剧烈腹痛，大便带血；阑尾炎产生的疼痛是从上腹部开始，逐渐移至右下腹，可伴有发热；肠扭转的症状是突然出现腹痛、腹胀；胆石症的症状是右上腹痛，有胆结石的病史。而宫外孕产生的疼痛症状是下腹剧痛，可偏于一侧，伴有失血的征象。

应早期诊断、早期发现、早期治疗宫外孕，否则会给孕妈咪带来生命危险。

❻ 什么是葡萄胎

葡萄胎也称水样胎块。是指妊娠后胎盘绒毛滋养细胞异常增生，使末绒毛变成水泡，水泡间相连成串，形如葡萄而得名。葡萄胎可分为良性葡萄胎和恶性葡萄胎。

良性葡萄胎为良性病变，为绒毛上皮增生、水肿、变性形成的透明水泡串，可充满全子宫，胎内有胚胎，但胚胎早期死亡，自溶吸收。

良性葡萄胎的真正发病原因不明，可能与孕妈咪的年龄和遗传有关。发生良性葡萄胎时，主要表现为停经后不规则的阴道出血，这是最主要的症状，多数于妊娠的 2~4 个月出现，逐渐加重。早期葡萄胎时妊娠反应较一般情况出现早而且重，可排出水泡状物，但腹痛不明显。在妊娠 4 个月时照腹部 X 光片，仍见不到胎儿骨骼，到妊娠 5 个月时仍听不到胎心和胎动，超声波检查会有一些特殊的表现：子宫经常大于正常孕龄子宫；宫腔内无胎儿及羊水；宫腔内充满弥漫分布的光点和小囊样无回声区，层层排列如"落雪状"，常伴有单侧或双侧卵巢的黄素囊肿。诊断良性葡萄胎时，需与恶性葡萄胎、流产、双胎妊娠、羊水过多等鉴别。

良性葡萄胎不可逆，处理应采取以下措施：

（1）清除子宫内容物

葡萄胎确诊后应及时清除子宫内容物。葡萄胎子宫大而软，易于发生子宫穿孔，一般采用吸刮术，手术较安全。子宫大于妊娠 12 周者，一般吸刮两次，每次间隔一周，每次刮出物均应送病理检查。术前应做好输血准备，手术前后使用抗生素预防感染。

（2）卵巢黄素囊肿的处理

卵巢黄素囊肿可自然消失，一般无需处理，如发生蒂扭转，一般在超声或腹腔镜下穿刺吸液后可自然复位。如扭转时间长，血运恢复不良，则需及早剖宫探查。

（3）恶变的预防

预防性子宫切除术，目前多不采用，但年龄较大，无生育要求者可考虑。预防性化疗是预防葡萄胎恶变的有效手段。

>> 专家温馨提示

葡萄胎清除后每周做一次 HCG（绒毛膜促性腺激素）定量检查。检测结果呈阴性后，3 个月内仍每周复查一次，此后 3 个月每半月一次，然后每月一次，持续半年。第二年起每 6 月一次至少两年。与此同时要定期拍胸片，如 2 个月原尿 HCG 仍阳性或阴性后又阳性，或肺内出现转移阴影，应考虑恶变，立即化疗。为避免再次发生葡萄胎或恶变，应嘱病人坚持避孕 1~2 年。

❼ 羊水过少怎么办

羊水过少是胎儿危险的极其重要的信号。若妊娠已足月，应尽快破膜引产，破膜后若羊水少且黏稠，有严重胎粪污染，同时出现胎儿窘迫，估计短时间内不能结束分娩，在除外胎儿畸形后，应选择剖宫产结束分娩。

近年来，应用羊膜腔输液防治妊娠中晚期羊水过少取得良好效果。方法之一是产时羊膜腔安放测压导管及头皮电极监护胎儿，将37℃的0.85%盐水以每分钟15~20毫升的速度灌入羊膜腔，一直滴至胎心率变异减速消失，或羊水指数（AFI）达到8厘米。通常解除胎心变异减速约需输注生理盐水250毫升（100~700毫升），若输注800毫升变异减速不消失为失败。通过羊膜腔输液可解除脐带受压，使胎心变异减速率、胎粪排出率以及剖宫产率降低，提高新生儿成活率，是一种安全、经济、有效的方法，但多次羊膜腔输液有绒毛膜羊膜炎等并发症。

❽ 羊水过多怎么办

对羊水过多的处理，主要取决于胎儿有无畸形和孕妈咪症状的严重程度。

（1）**羊水过多合并胎儿畸形**：处理原则为及时终止妊娠。放出部分羊水后，引产。

（2）**羊水过多合并正常胎儿**：应根据羊水过多的程度与胎龄而决定处理方法。

◆症状严重孕妈咪无法忍受（胎龄不足37周），应穿刺放羊水，以孕妈咪症状缓解为度。放出羊水过多可引起早产，放羊水应在B型超声监测下进行，防止损伤胎盘及胎儿。严格消毒防止感染，酌情用镇静保胎药以防早产。3~4周后可重复以减低宫腔内压力。

◆用前列腺素抑制药——吲哚

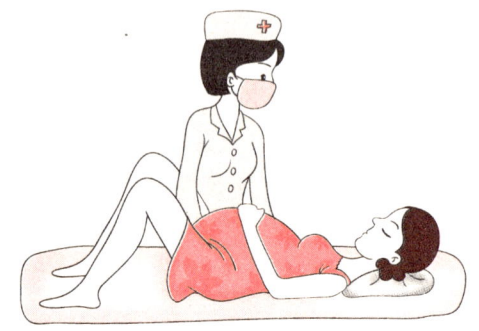

美辛治疗。吲哚美辛有抑制利尿的作用，用吲哚美辛期望抑制胎儿排尿治疗羊水过多。用药期间，每周做一次B型超声进行监测。

◆妊娠已近37周，在确定胎儿已成熟的情况下，行人工破膜，终止妊娠。

◆症状较轻可以继续妊娠，注意休息，低盐饮食，酌情用镇静药，严密观察羊水量的变化。

无论选用何种方式放羊水，均应从腹部固定胎儿为纵产式，严密观察宫缩，注意胎盘早剥症状与脐带脱垂的发生，并预防产后出血。

9 患妊娠高血压综合征怎么办

（1）**易发人群**：流行病学调查发现初产妇、孕妈咪年龄小于18岁或大于40岁、多胎妊娠、有妊娠期高血压病史、慢性高血压、慢性肾炎、抗磷脂综合征、糖尿病、血管紧张素基因T_{235}阳性、营养不良、经济状况较差均与妊娠期高血压疾病发病风险增加密切相关。

（2）**治疗**：妊娠高血压综合征尚无可以治愈的方法。其基本治疗措施是保持安静状态，必要时用镇静药，使用解除血管痉挛的药物、降压药，必要时用利尿药，适时终止妊娠。症状轻时可以在家中治疗，注意休息，睡眠时采取侧卧位，不要吃得太咸，以免加重水肿，适当服用降压药。如进一步发展为重症，就要住院治疗。住院可以在医院的严格管理下进行治疗，医生会用一些作用较强的降压药，静脉滴注硫酸镁解除血管痉挛，水肿严重时用利尿药。如进行这些治疗症状好转，胎儿发育基本正常，可以等到37周分娩，但不能超过预产期；如果治疗后无好转或加重，那么在什么时期、采用什么方法分娩要根据医生慎重的判断而进行。

10 妊娠期患心脏病怎么办

妊娠合并心脏病时，关键是减轻工作负荷，及时处理合并症及产科并发症，维持心脏功能。一般在妊娠20周前每2周产检1次，孕20周后应每周随诊1次，每次产检，都要进行心功能的评估。患有妊娠期心脏病的孕妈咪，需要限制体力活动在可接受的范围内，每晚保证9小时睡眠，中午短时间卧

床休息；减少社交活动；避免仰卧位。要限制过度加强营养而致体重过度增长，每月增长不超过 0.5 千克，整个孕期增加体重不超过 12 千克，但应有合理的蛋白质、维生素及铁剂的补充。贫血将加重心脏的负担，所以在孕 20 周后预防性应用铁剂是可取的。不必过分限制摄入盐，否则会影响蛋白质的摄入，每日入量 3~4 克，血钠不超过 130 毫摩/升为度。尽量避免出入公共场所，尤其避免与有呼吸道感染的患者接触。一旦有感染症状，即使只是感冒，有条件的应住院治疗，不能住院的也必须停止一切工作及活动，同时接受治疗。接受任何小手术或创伤，有伤口者应及早使用广谱抗生素预防感染侵及心脏。

出现任何合并症或早期心衰的症状都该积极住院治疗，这些症状包括轻微活动后即感胸闷、气急；睡眠中感憋气而觉醒，休息时心率达 110 次/分钟，呼吸大于 20 次/分钟。孕期经过顺利，也应在孕 36~38 周提前入院。

对于分娩方式的选择，妊娠期心脏病不是剖宫产指征，也不是手术禁忌征。心功能 1~2 级者可引导分娩，当存在剖宫产科指征或心功能 3~4 级者，应及时行剖宫产。

11 如何发现孕期糖尿病

妊娠糖尿病孕妈咪往往无特殊不适。故目前在医院门诊孕期保健工作中，对孕妈咪均进行常规的糖尿病筛查，尤其是有高危因素、容易发生妊娠糖尿病的孕妈咪，均应在首次产前检查时即做相关的筛查。

高危因素包括：直系亲属有糖尿病家族史；年龄超过 30 岁；明显肥胖；有异常妊娠分娩史，如流产、早产、死胎、死产、新生儿不明原因死亡及新生儿畸形等；有生产巨大儿史（胎儿出生体重超过 4 千克）；有妊娠糖尿病史；本次妊娠胎儿有异常（羊水过多，胎儿畸形）；本次妊娠有其他妊娠合并症；有糖尿病症状；尿糖阳性。

对有以上高危因素的孕妈咪，要检查空腹血糖，一般孕妈咪空腹血糖值应为 5.3~5.6 毫摩/升。如空腹血糖正常，则进行妊娠糖尿病筛查，即在清晨空腹服 50 克葡萄糖（将 50 克葡萄糖溶于 200 毫升水中，5 分钟内一次喝完），服后 1 小时取血糖，正常值不超过 7.8 毫摩/升，如果筛查结果正常，应在妊娠 24~28 周复查。

没有高危因素的孕妈咪目前均在妊娠 24~28 周间常规进行妊娠糖尿病筛查。如 50 克葡萄糖筛查异常者（超过 7.8 毫摩/升）给予做糖耐量试验，即清晨空腹取血检查空腹血糖后，将 75 克葡萄糖溶于 400 毫升水中，5 分钟内一次喝完，服后 1 小时、2 小时、3 小时各取血 1 次。其正常值：空腹血糖应＜5.3~5.6 毫摩/升，服糖 1 小时

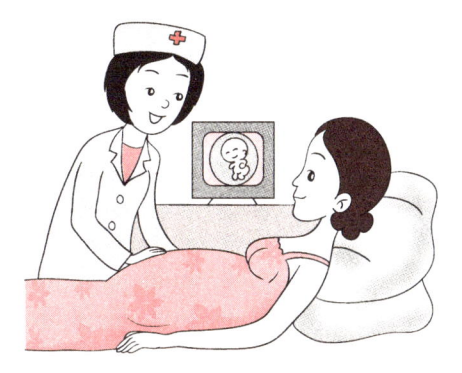

血糖应＜10.5 毫摩/升，服糖 2 小时血糖应＜9.2 毫摩/升，服糖 3 小时血糖应＜8.0 毫摩/升。如以上血糖检验结果有两次或两次以上异常，则可诊断为妊娠期糖尿病。这是早期发现、早期诊断妊娠期糖尿病的唯一可靠方法。

12 孕期糖尿病如何治疗

（1）**饮食控制**：80% 的妊娠期糖尿病患者仅需饮食控制就能维持正常血糖，主食应少量多餐，每日分 5~6 餐，少吃含淀粉类食品，多摄入富含纤维素食品。

（2）**胰岛素治疗**：经严格饮食控制血糖仍不正常时，需及时加用胰岛素治疗。

（3）**及时检查**：孕妈咪监护除一般的产前检查外，还需进行肾功能监护、眼底检查、监测血压，结合 B 超观察宫底高度变化，及时发现巨大胎儿或者羊水过多。

（4）**胎儿监护**：显性糖尿病患者孕 18~20 周常规 B 超检查，核对孕龄并排除胎儿致命畸形，孕晚期应定期复查 B 超、彩超检查，监测胎儿发育情况。

（5）**妊娠终止**：妊娠期糖尿病如血糖控制良好，且无合并症，胎儿宫内情况正常，可在接近预产期时终止妊娠；若血糖一直控制不满意，且合并高血压疾病、血管疾病、胎盘功能不良时，应及时终止妊娠。

（6）**新生儿处理**：所有新生儿均按早产儿处理，注意保暖和吸氧，提早喂糖水，提早喂奶，监测血糖变化，并检查新生儿有无畸形。

(7) 产后随访：产后1周内查空腹血糖以判断是否需要胰岛素治疗，产后2个月复查葡萄糖耐量试验（OGTT），正常者每2年检查一次血糖，若有症状提前检查。

⑬ 孕期患病毒性肝炎怎么办

(1) 妊娠早期：妊娠合并轻型病毒性肝炎可继续妊娠，同时给予保肝治疗。若病情较重，应积极治疗肝炎，待病情好转后，可以考虑终止妊娠（人工流产），以免对妊娠不利、影响母体和胎儿的安全，又可防止肝炎进一步发展。

(2) 妊娠中晚期：手术引产危害较大，一般不考虑终止妊娠。但病情严重者，经过保守治疗无效的情况下，就要考虑终止妊娠。

(3) 分娩期：应配好新鲜血，做好抢救休克及新生儿窒息的准备。尽量采取阴道分娩，但要减少产妇的体力消耗，重点是防治出血。

(4) 产褥期：应用抗生素预防产后感染。严密观察产妇的肝脏、肾脏、心脏的功能变化。产后不宜哺乳，以减少体力消耗和防止肝炎病毒传染给新生儿。

乙型肝炎表面抗原阳性母亲所生下的新生儿，出生后48小时内肌内注射特异高效价的乙型肝炎免疫球蛋白（HBtG）1毫升，以后在3个月和6个月各注射1次。乙型肝炎疫苗，每次1毫升，肌内注射3次，第二次与第一次相隔1个月，第三次相隔6个月。

⑭ 妊娠期贫血怎么办

(1) 对于铁缺乏造成的贫血，采用食物强化铁剂的方法取得了很好的效果。常用于强化铁剂的食物有面粉、玉米粉、酱油、糖、食盐等。我国现正实施酱油中强化铁剂预防贫血。

(2) 改善饮食，吃富含铁的食物。动物性食物中肝脏、血豆腐及肉类中铁的含量高、吸收好，蛋黄中也含有铁。蔬菜中铁的含量较低，吸收差，但新鲜绿色蔬菜中含有丰富的叶酸，叶酸参与红细胞的生成，叶酸缺乏造成巨细胞贫血，也可引起混合性贫血。因此，饮食中既要食入一定量的肉类、动物肝脏、血豆腐；也要食用新鲜蔬菜。动物肝脏中既含有丰富的铁、维生素A，也有较丰富的叶酸，维生素A对铁的吸收及利用也有帮助。每周吃一次动物肝脏对预防贫血是十分有好处的。

（3）对于中度以上贫血，口服铁剂治疗也是十分必要的。孕期贫血除服铁剂以外，服用小剂量的叶酸（每日400微克）不仅有利于预防贫血，还有利于预防新生儿先天性神经管畸形和先天性心脏病。

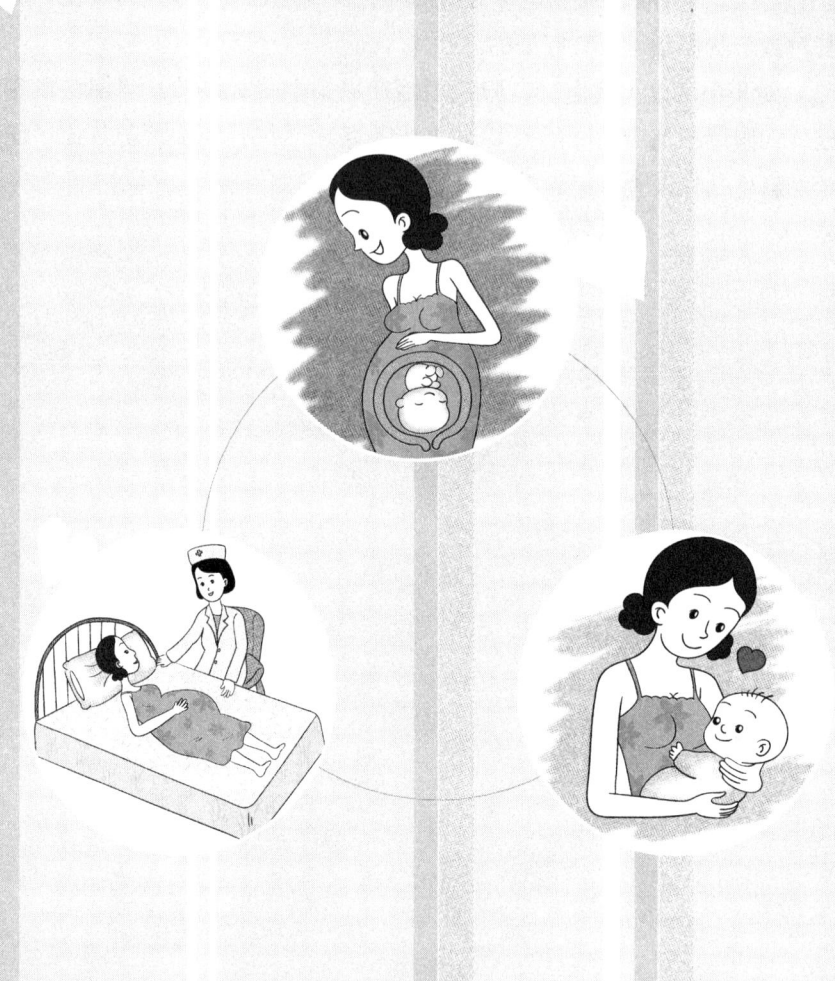

第四篇

顺利生下小宝宝

第一章　选择恰当的分娩方式

第二章　学习掌握分娩技巧

第三章　分娩时刻——痛并快乐着

从漂亮新娘到完美妈妈

第四篇 顺利生下小宝宝

第一章
选择恰当的分娩方式

妊娠满28周以后，胎儿及其附属物（胎盘、羊水、脐带）从临产发动到从母体全部娩出的过程称为分娩。根据怀孕时间的不同，分娩又分为早产、足月产和过期产。早产是指妊娠满28周至不满37周时分娩，娩出的婴儿称为早产儿。足月产是指妊娠满37周至不满42周时分娩，娩出的婴儿称为足月儿。过期产是指妊娠满42周以后分娩，娩出的婴儿为过期产儿。

❶ 什么是自然分娩

胎儿发育正常，孕妈咪骨盆发育正常，孕妈咪身体状况良好，靠子宫阵发的、有力的、有节律地收缩将胎儿推出体外，这就是自然阴道分娩。它是最为理想的分娩方式，因为这是一种自然的生理现象，对母亲和胎儿都没有多大的损伤，而且母亲产后很快能得以恢复。

自然分娩是人类的正常生理现象，婴儿经过自然分娩有助于其健康成长和发育。从生理学角度看，怀孕的妇女不是病人，其全身变化为胎儿在宫内发育成熟提供了天然条件，一朝分娩，胎儿胸部经过产道而受压，使上呼吸道羊水排出，出生后使呼吸道畅通，落地后就可哇哇啼哭，使肺泡很快扩张，建立良好的呼吸功能。另外，自然分娩时，宫缩时的挤压与产道的正常碰撞，使胎儿的头部血液充沛，对脑细胞的营养及智力发育很有好处。孩子的智商是受遗传因素和环境因素的影响，认为剖宫产能使孩子变得更加聪明是没有道理的。

❷ 什么是无痛分娩

分娩带来的疼痛会对胎儿产生不利的影响。资料显示，当人体感到严重的疼痛时，会释放一种叫儿茶酚胺的物质（主要由肾上腺素和去甲肾上腺素组成），这种物质对产妈咪和胎儿都会产生不利的影响。儿茶酚胺的增多会减弱子宫收缩的协同性，不协调的宫缩会使宫颈扩张速度减慢，新生儿的血液和氧气供应都可能受到影响。

无痛分娩是几乎没有疼痛的自然分娩。一项随机调查显示，93.6%的孕妈咪期望自然分娩，但却担心分娩疼痛，担心胎儿安全。也正是基于这些担心，很多产妈咪及其家人选择了剖宫产。专家指出，剖宫产是处理高危妊娠和难产的有效方法，但它毕竟是一种手术，有可能对新生儿和产妈咪自身造成不必要的损伤。自然分娩的产妈咪产后恢复快，自然分娩的婴儿有经过产道挤压的过程，因此在呼吸系统等方面的发育也较好。两者利弊显而易见，无痛分娩为害怕生产疼痛的产妈咪提供了自然分娩的机会。

>> 孕妈咪大课堂

孕妈咪在了解了自然生产的过程、自然生产的好处后，会树立信心争取自己生。同时丈夫也应了解这方面的知识，在妊娠晚期更加体贴妻子，让她保持一个愉快的心情，并鼓励她，为了自己和孩子的健康，在正常的情况下争取自然分娩。

❸ 无痛分娩的镇痛方法有哪些

精神无痛分娩法：给产妈咪及家属讲解有关妊娠和分娩的知识，使她们对分娩中所发生的阵缩痛有所理解，对分娩的安全性有了信心，这可使产妈咪消除恐惧、焦虑心理，分娩时产生强有力的宫缩，有助于产程顺利进展。指导产妈咪在宫缩增强以后，做缓慢的深呼吸，以减轻阵缩时的疼痛感觉。目前开始提倡家属陪伴待产与分娩。痛苦之时，有亲人在旁守护，产妈咪会感到无限安慰，增强对疼痛的耐受性。

药物镇痛：药物镇痛可起到镇

静、安眠、减轻惧怕及焦急心理的作用。临床中常用的镇痛药物有安定、杜冷丁等药物，但不可大量使用，尤其是胎儿临近娩出前3~4小时内，以免影响宫缩和抑制新生儿呼吸。

使用镇痛分娩仪： 当产妈咪出现规律性宫缩后，可使用镇痛分娩仪，临床中已收到良好效果。

硬膜外腔阻滞镇痛： 镇痛效果较为理想的是硬膜外阻滞镇痛，通过硬膜外腔阻断支配子宫的感觉神经，减少疼痛，由于麻醉剂用量很小，产妈咪仍然能感觉到宫缩的存在。产程可能会因为使用了麻醉剂有所延长，但是可以通过注射催产素加强宫缩，加快产程。硬膜外阻滞镇痛有一定的危险性，如麻醉剂过敏、麻醉意外等。由于在操作时程序比较烦琐，在整个分娩过程中需要妇产科医生与麻醉科医生共同监督、监测产妈咪情况。

其他镇痛方法： 孕期应加强对肌肉、韧带和关节的锻炼，放松思想。培养松弛和想象的艺术，创造良好的分娩环境，或者在分娩时身体浸在水中。这些方法都可减轻分娩时的疼痛。

❹ 人工辅助分娩有哪些

在自然分娩过程中出现子宫收缩无力或待产时间过长时，适当采用一些加速分娩的方法以增加子宫收缩力，缩短产程。如遇到胎儿太大或宫缩无力、产妈咪体力不够时，就要用会阴侧切、胎头吸引器帮助分娩。人工辅助阴道分娩比自然分娩稍困难些，但医生的帮助也会使产妈咪顺利分娩。

（1）产钳助产

产钳是用来牵拉胎头以娩出胎儿的助产工具。采用产钳助产法时，先在产妈咪的骨盆底区注射局部麻醉药，然后采取外阴切开术。医生把产钳的两个夹适当地分别放在胎儿头部的两侧，并且轻轻地往外拉使头部娩出。产妈咪可用力向外加以帮助，婴儿身体的其余

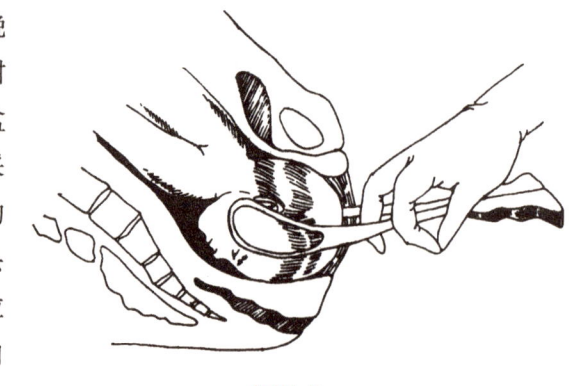

产钳术

部分将会正常娩出。不少孕妈咪认为产钳助产对胎儿有害,而要求剖宫产。实际上只知其一,不知其二。因为剖宫产并非百分之百的安全,并且术后产妈咪还有发生近期和远期并发症的可能,而正确使用产钳助产,母体创伤较小,对胎儿也无害。

分娩过程中,有不少情况需要用产钳助一臂之力。如:产妈咪有心脏病、妊高征,不宜用力屏气;胎心率发生异常、羊水混有胎粪,提示胎儿宫内窘迫,需缩短第二产程,及时娩出胎儿,让胎儿脱离险境;第二产程已超过2小时,产妈咪乏力;子宫有疤痕,为确保母子平安必须迅速结束分娩。因此,产钳是常用的不可缺少的助产工具。使用产钳助产,在婴儿头部的两侧会留下产钳压迫的印记或出现青肿,但这些是无害的,并且几天内就会消退。

如果通过仔细检查,判断正确,操作准确,产钳助产对母婴有益无害。若助产者缺乏产钳助产知识,判断错误,使用不当,则有可能造成产伤,如小儿颅内出血、面部皮肤擦伤及面神经损伤等,也可能造成母体会阴撕伤。

目前,由于剖宫产手术变得简便而普通,困难的产钳助产基本为剖宫产术所代替。不过在适当的情况下,产钳术对应急处理某些难产是必要的,是剖宫产不能代替的。

>> 网站轻松链接

产妇生产时,最佳的陪护人应该是丈夫。丈夫陪伴在妻子身边,可以帮助妻子克服紧张心理,丈夫温柔体贴的话语可以使妻子得到精神上的安慰,丈夫的鼓励和支持可以增强妻子顺利分娩的信心。有丈夫在其身边,产妇感觉自己有了强大的支撑力。

(2) 会阴切开术

在分娩过程中,胎头一下降到产道,会阴部和外阴部被极度拉长,组织和皮肤都感到针刺般的疼痛,这在露头的时候最为显著,也有造成撕裂的。这个裂伤一般是从阴道口向肛门的方向纵行撕裂,也有左右斜向撕裂的例子。这样严重的撕裂,有波及阴道和子宫的可能性,所以医师和助产士在产妈咪分娩时必须对会阴部加以保护。

保护会阴的方法,就是使母体腹压一点一点地增加。不要急速地,而是一点一点地娩出,尽可能防止会阴部急剧拉长。再者,可先切开这个部位,使之较容易地把婴儿娩出,这就是会阴切开术。这个手术使得分娩变得容易些且刀口是完全可以愈合的。为此,最近在分娩时几乎都施行会阴切开术。手术在分娩进展到会阴部针刺样牵拉痛时进行,但事先要给予局部麻醉,所以不会感到疼痛。分娩后将此处缝合，如果顺利的话，4～5天就可以拆线。

　　缝合后为了不使之化脓感染，请注意决不能用手指去触摸。另外，如过早地下床，也有再次裂开的可能。所以卧床时间必须要比一般分娩更加长一些。

　　拆线之后就不需那么担心了。经常有人注意到下一次生孩子的时候要不要再切开的问题。可以这样说，因为初次分娩时产道曾扩张过，下一次分娩就容易得多。

❺ 什么是坐式分娩和水中分娩

　　（1）坐式分娩　是一种很古老、很自然的生产方法，这种分娩姿势是与生理相符的姿势。坐式分娩的优点：①产妈咪取坐式时，有利于胎头入盆，可缩短产程，使胎儿容易娩出。②增加子宫灌注，降低胎儿窘迫率和新生儿窒息率。③产妈咪感觉体位舒适，易于屏气，减轻体力消耗。④减少疼痛。⑤利用体位助产可明显缩短第一产程。坐式分娩虽然有很多优点，但这种姿势也存在缺点：①坐式分娩不便于接生，要求医务人员有较好的医德医风和奉献精神。②如果医务人员观察、保护不当，易造成会阴裂伤。③若坐式分娩时间过长，易致外阴水肿。

　　（2）水中分娩　是最简单的能够让产妈咪感到很放松的分娩方式。水中分娩就是产妈咪躺在特殊的浴缸中，这种浴缸对消毒和恒温设施的要求相当高。分娩时，水温要保持在36℃～37℃，而环境温度为26℃。浴缸中的水必须经过消毒，整个分娩过程中，需要换几次水。水中分娩比较快，能减少对母亲的伤害和缺氧的危险；便于休息，便于翻身，而且36℃～37℃的温热水可减少分娩时的痛苦。在水中，由于浮力的作用，可以有效地帮助肌肉放松，并支撑产妈咪的肌肉和骨骼，缓解痛苦。水中分娩同样也存在局限性：患有心脏病，产前出现胎膜早破、有难产倾向和有内脏并发症的产妈咪，不能在水中分娩。

　　坐式分娩和水中分娩的出现不仅增加产妈咪的舒适感，更能够体现回归自然与分娩的人性化。

6 什么是陪伴分娩

几乎100%的产妈咪都希望在分娩时身边有人陪伴，因此近几年来，推出了全程陪伴分娩。陪伴分娩方法是近年来国际产科学界极力倡导的一种全新分娩护理模式，是指产妈咪在产程早期，允许在普通病房活动，使精神放松，可以开展各项正常的活动，有家人陪伴；而当产妈咪有规律的宫缩、宫口开大2厘米后，进入分娩待产室，由一名助产士实行"一对一"全产程陪伴分娩，分析孕妈咪的心理状态，以谈心方式与产妈咪亲切交谈、沟通、建立"朋友"关系，建立良好的医患关系，了解产妈咪的各方面需求，做好心理及生活护理，并进行健康教育，帮助产妈咪建立对自然分娩的信心。

全程陪伴分娩能及时发现和处理产程中的异常情况，随时将产妈咪的情况反馈给产妈咪和家人，让产妈咪和家属安心。助产士做好活跃期产妈咪的非药物性镇痛，教会产妈咪哈气法和深吸气法，保持产妈咪处于舒适体位，同时予以按摩以稳定产妈咪的情绪，指导宫口开全后的产妈咪屏气用力和放松哈气，全心全意地给予产妈咪以支持、鼓励、缩短产程，促进顺利分娩。

全程陪伴分娩还允许产妈咪的丈夫或一位亲属共同陪伴，帮助产妈咪建立对自然分娩过程的信心，并将产妈咪的产程进展的各项情况及时与产妈咪及家人进行交流，共同完成分娩过程，直至产后送返母婴同室病区。通过助产士及亲人的全程陪伴与鼓励、安慰及体力上的支持，使产妈咪消除恐惧焦虑情绪，解除紧张与孤独感，保证母婴健康，提高产科质量，使分娩成为一种自然、安全的过程。

7 什么是导乐分娩

为了改变陪伴分娩模式以更好地适应生产时服务模式的要求，1996年在美国出现了一种新的分娩方式即导乐分娩。国内在爱婴医院创建后，部分医院也开展了导乐分娩。导乐是指一个有生育经验的医务人员在产前、产时及产后给产妈咪持续的生理上的支持和帮助，以及精神上的安慰和鼓励，她们不仅有生育经验，而且富有爱心、同情心和责任心，并具有良好的人际交流技能，能给产妈咪安全和依赖感，进而减轻宫缩痛和消除产妈咪紧张情绪的一种很好的方法。准爸爸也可在医务人员的指导下帮助产妈咪做一些事情，如握手、抚摩、按摩、擦汗等，给予孕妈咪心理及精神上的支持，在促进夫妻感情上也有一定的积极意义。

从产妈咪住进医院待产开始，导乐就会陪伴在旁边，向产妈咪介绍分娩的生理特性，消除产妈咪恐惧心理并细心观察产妈咪出现的各种情况，以便及时通知医生进行处理。同时，鼓励产妈咪进食，解释产妈咪及家属提出的问题。

进入分娩期导乐先向主产医生介绍产妈咪的基本情况，协助医生做好各项准备工作。在产妈咪身边指导鼓励如何正确用力，替产妈咪擦汗，不断给产妈咪以心理上的支持。在宫缩间隙时要给产妈咪喂水、进食，以帮助产妈咪保持体力。

在产后观察期，导乐会陪同产妈咪一起回到病房，进行两小时的母婴健康观察，指导产妈咪和婴儿及时进行肌肤接触。

>> 网站轻松链接

因为导乐都由有多年的接生经验，专业的医学知识的医务人员担当，所以在整个陪伴过程中能及时发现并处理产妈咪的各种情况，能够更专业、更大程度地保障母婴安全。由导乐陪伴的产妈咪由于有了安全感、自信心及得到科学指导，使产程缩短，缩宫素滴注减少，镇痛药应用减少，剖宫产率下降。而且产后母亲恢复快，产后抑郁少，对婴儿关心照顾多，母乳喂养多，而使婴儿发病减少。简而言之，导乐陪同产妈咪使分娩更容易、经历更愉快、母婴更健康。

⑧ 什么是剖宫产

剖宫产是一种经腹部切开子宫取出胎儿的手术，应用得及时得当可起到挽救母子生命的作用。

(1) 剖宫产的适应证

一般用于解决各种难产及妊娠分娩过程中的并发症。不过若不能正确掌握此种手术的使用标准，不仅达不到预期目的，还可能造成不良后果。不管怎样，医生在决定是否采用剖宫产时，是有具体标准的，大致有以下几种情况：

第一，产妈咪方面。产道异常，如骨盆狭小、畸形、骨盆与胎儿头围大小不符；先兆子宫破裂；重度妊娠并发症，如并发心脏病、糖尿病、慢性肾炎等，妊娠高血压综合征；临产前子宫收缩无力，经用催产素无效；产前发生严重大出血，如前置胎盘，胎盘早期剥离等；产程过长（超过30个小时）；高龄初产妈咪（大于35岁）；产妈咪患有急性疱疹或阴道性病者。

第二，胎儿方面。胎位异常，如横位、臀位，尤其是胎足先入盆，持续性枕后位等；产程停止，胎儿从阴道娩出困难；胎儿尚未分娩，而胎盘提早剥离，或脐带先行由阴道脱出者；胎儿宫内窘迫、缺氧，经治疗无效者；其他不宜自然生产者。

(2) 剖宫产的优缺点

目前，世界各地剖宫产率都有升高的趋势，这和医疗技术水平的提高有关系，同时也和各种社会心理因素有关。但是，奉劝各位孕妈咪及其家人，千万不要以为剖宫产是人类生产的捷径，它只是万不得已的情况下而采用的助产手段。因为它在带来一定帮助的同时，也存在一定程度的危害。下面从母婴两个方面进行利弊分析。

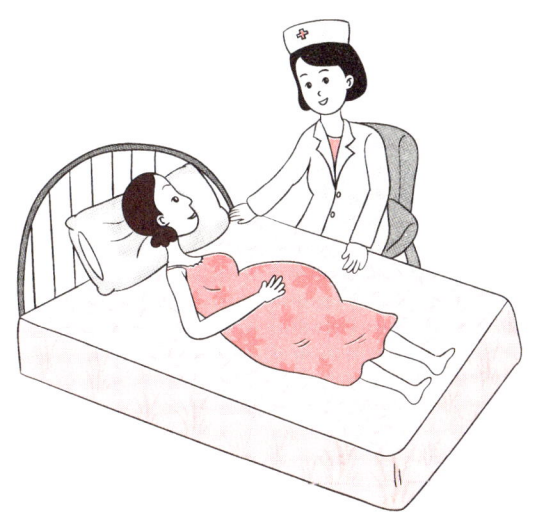

母亲方面。对于有剖宫产适应证的孕妈咪，剖宫产不但能使其少受痛苦，而且还能避免其生命受到威胁。但是剖宫产带来的负面作用也很多。首先较正常分娩的孕妈咪来说，出血较多，术后恢复也较慢，产后乳汁分泌也会减少。其次，术后可能引发泌尿、

心血管和呼吸系统的综合征，也可能引发子宫等生殖器的多种病变，如子宫切口愈合不良、子宫内膜异位等。再次，对于再次分娩也会有不利的影响。

胎儿方面。在危急情况下，剖宫产确实是挽救胎儿生命的有效手段。在当代，由于手术及麻醉技术的进展，输血安全性的提高，抗生素的发展和应用，大大提高了剖宫产手术的安全系数，确实是帮助胎儿安全降生的好方法。但是，经过剖宫产还会对新生儿有很多不利之处。首先，有研究表明，自然分娩的胎儿其IgG与母体水平相当；而剖宫产的新生儿脐血中缺乏IgG，IgG是人体血清中主要的免疫球蛋白，也是母体通过胎盘传给新生儿的唯一抗体。经剖宫产的新生儿缺乏IgG，机体抵抗能力必然下降，这就增加了患病的概率。另外，剖宫产的新生儿易发生呼吸窘迫综合征。因为胎儿在母体中时，肺中有一定的羊水存在。经阴道分娩，由挤压作用被排出呼吸道。对于剖宫产，胎儿在数秒之内即被取出，胎体得不到挤压，故羊水仍滞留在肺和呼吸道中。此时易引发新生儿的呼吸不畅，及至更严重的后果。

❾ 都市白领不要青睐剖宫产

选择什么样的方式分娩，已成为孕妈咪热切关心的问题。近年来随着剖宫产率的提高，医学专家对剖宫产的安全性提出了种种质疑。为此，医疗机构采取了一些措施，努力控制剖宫产率，但结果并不乐观，剖宫产率仍在悄然上升。

一些妈妈认为剖宫产会使宝宝聪明，妈妈会保持苗条的体形，产后性生活质量不受影响等等，这是没有根据的。研究证明，剖宫产的婴儿在运动协调能力方面不如自然分娩的婴儿，易患新生儿湿肺；剖宫产的孕妈咪产后复原的过程要比自然分娩的更慢，更伤元气。

如果你为了避免难产而要求剖宫产，则忘记了剖宫产本身就是创伤性分娩方式，是一次腹部外科手术。是否需要剖宫产来避免可能的难产，应由医生决定，而不是由你或丈夫来决定，只有医生掌握剖宫产的手术指征。

如果你为了避免分娩的疼痛而选择剖宫产，那是最不划算的，手术麻醉过后，刀口开始疼痛，大多需要注射杜冷丁等药物来止痛，还有很多术后带来的不便。剖宫产是一次创伤性手术，存在一定的风险系数，如可能发生麻醉意外、感染、肠粘连等。顺娩后48小时就可带着宝宝安全出院，剖宫产要在医院至少住8天。

你选择剖宫产以前，应明确知道：

●现有的资料表明，剖宫产与自然阴道产相比，前者死亡率比后者增加3倍。

●剖宫产术后并发症是自然分娩的2~3倍。

●剖宫产儿未经阴道挤压，湿肺的发生率高于自然分娩儿。

●剖宫产儿发生运动不协调的概率高于自然分娩儿。

●中枢神经系统抑制、喂养困难、机械通气等现象，在选择性剖宫产中更常见。

●应最大限度减少分娩时的医疗干预。

●自然分娩是人类繁衍的自然生理过程，是目前人类生育最合适最安全的方式。

>> 网站轻松链接

在幸福中度过的孕妈咪，尽管对即将来临的分娩痛有所准备，但一旦真的降临，常常让产妈咪始料不及。痛苦、耍闹、哭喊、挣扎，把分娩带来的不适和疼痛扩大化。这时守候在身旁的丈夫可谓是焦急万分，丈夫们不但心疼妻子，更担心母子的安危。他们普遍有这样的错误认识：剖宫产是解除妻子疼痛，保证母子平安的最好办法。所以，当产妈咪宫缩变得强烈，离胎儿的娩出越来越近的最紧要关头，在妻子最需要丈夫鼓励的时候，丈夫却全线崩溃了，只要能不让妻子难受，宝宝快快出来，做什么都可以，比妻子有更强烈的愿望选择剖宫产，而他们又是能在手术协议上签字的人。有些自然分娩宣告"失败"，就是这样造成的，这样的"难产"越来越多，剖宫产率居高不下也就在所难免。

⑩ 剖宫产需要注意事项

（1）签手术同意书 无论因哪种情况行剖宫产，医生和护士都会告诉你应该注意什么，也会向你的丈夫（如果你的丈夫不在身边，会由你选择一位亲属或你最信赖的朋友）交代手术的相关问题，并让你的丈夫在手术协议上签字。

（2）出现临产先兆，立即去医院 如果你是预知要行剖宫产的孕妈咪，当阵痛发生时，应立即到医院。如果胎儿已经进入产道，就很难再行剖宫产了。经产妈咪尤其要注意这一点。

（3）术前禁食 术前应该禁食，一般要在术前6~8小时禁食。如果决定第二天早晨剖宫产，你就不要吃早餐了，如果决定午后剖宫产，午餐就不要吃了。

（4）克服刀口痛，母乳喂养 剖宫产后不能马上喂母乳，也不能让宝宝出生后趴在妈妈的怀里。但当医生允许你喂母乳时，一定要克服手术刀口的疼痛，给宝宝哺乳。这时你可能还没有多少乳汁，不要紧，宝宝越吸吮，乳汁分泌会越多。

（5）术后早活动 剖宫产后，医生会鼓励你早活动，通常情况下术后24小时就可在床边走动。有排气后就可进食了。

（6）一定要避孕 剖宫产后避孕很重要。如果你还准备生宝宝，要比自然分娩等待更长的时间，最好距本次剖宫产1年以上。如果希望下次自然分娩，则最好等2年后再怀孕。一旦意外怀孕，人工流产对身体危害极大。剖宫产至少要过去半年，意外怀孕做人工流产才是安全的。因此，剖宫产孕妈咪产后避孕，是极其严肃的一件事情。

（7）仍需做盆底肌锻炼 因为胎儿没有经过产道，就认为骨盆底肌肉和韧带不会松弛，所以不需要做骨盆底肌肉和韧带的产后锻炼，那就错了，仍然需要锻炼。

第二章
学习掌握分娩技巧

胎儿在母体内生长发育266天，月经周期为28天的妇女，从月经第一天向后计算40周（280天）为预产期。足月分娩是指孕37～42周内的分娩。在这个阶段内分娩的婴儿都是足月儿。我们说妇女在预产期当天分娩的只占5%～12%，有70%左右的孕妈咪在37～42周内分娩。有10%左右超过42周分娩，为过期妊娠，有5%～7%为早期。

 临近预产期应做好哪些准备

当临产或先兆突然出现，带着期待和渴望的孕妈咪和准爸爸会感到紧张、兴奋，常常也会表现得手足无措，因此，就有必要提前进行产前的各项准备工作了。建议孕妈咪们首先对自己的职业规划有一个全面的设想，最好提前几个月就开始逐渐与接手的同事沟通，把工作一点点交代给他。让自己和同事都有一个逐渐适应过程，而且也为临产前的必要休息打好基础，以免早产而工作没有交接给单位造成不必要的麻烦，自己在生养时也不能安心。

在预产期到来前的3～4周，建议在自己随身携带的笔记本上记下预定生产的医院、娘家和邻居的电话号码。同时，还必须准备好保健卡、孕妈咪健康手册、准生证、身份证、住院的押金、其他一些入院所需物品，需要及时与预定生产医院的医生联系咨询：带什么去医院，又该注意什么？以下罗列一些入院琐碎物品清单，以便于询问医生。

孕妈咪需要准备的物品：卫生纸5～10包，最好多带一些大卷的卫生纸、两包超长卫生护垫和几条换洗内裤；两件前开口的睡衣、一件长袍和一双拖鞋；准备好碗、吸管、水杯等餐具，准备脸盆、毛巾等洗浴用品，准备一支极柔软的牙刷，避免分娩后对牙齿造成伤害；可根据自身需要选购合身的哺乳胸罩和一次性乳垫；必要时还需要购买便盆（医院一般能够提供）。

住院期间宝宝所需物品的准备：喂哺器皿，如大奶瓶、小奶瓶、奶瓶消毒锅、奶瓶刷、吸奶器。另外，有些物品虽然住院期间医院可以提供，但家中却要必备，如寝具：婴儿床、床垫、床单、枕头、棉被、毛毯、蚊帐、防湿尿垫等；浴具：浴盆、浴托、浴巾、中性肥皂或沐浴露、洗脸毛巾、棉球、爽身粉；尿布：棉布尿布、纸尿裤；婴儿衣物：棉质内衣、上衣外衣、连体装、纱布手帕、袜子等。

除此之外，做好思想准备也是十分必要的，夫妇双方应多看一些有关分娩方面及母乳喂养的书籍，多与其他孕产妈咪及医护人员交流，对分娩过程有个大体了解，做到心中有数。坚定信心，保持乐观情绪，做到睡眠充足，休息充分，营养足够，体力充沛，为迎接小生命的到来做好准备。

>> 孕妈咪早知道

初为产妈咪时往往缺乏心理准备，对生产既感到神秘，又有些惧怕，再加上听到分娩是如何地痛苦，使得许多孕妈咪对分娩更加感到恐惧。分娩是产道被撑开而让宝宝通过，所以痛是不可避免的。但这种痛又是因人而异的，差异很大。另外，人感受到痛是大脑皮质中枢神经的作用。如果自我感觉不安，中枢神经会有非常敏感的反应，痛就会更厉害。因此，孕妈咪必须从思想上消除对分娩恐惧不安的心理障碍，保持平静的心情。这样，分娩时就不会感觉太疼痛了。

❷ 为什么适当运动有利于分娩

有的人怀孕后不做家务、不随便外出，没事就躺着，一切活动都停止，甚至去上班也被家人善意劝阻了，实际上这样做并不好。孕期适度运动的孕妈咪将来分娩时间会较不运动的缩短，并且疼痛也会减轻。研究表明：女性在怀孕期间如果保持适度运动，将可以使她们的分娩时间缩短3小时。怀孕时坚持运动的产妈咪，除了可较快分娩外，产后恢复也比不运动的产妈咪要好些。不难看出，适度运动好处多多。

怀孕期间，孕妈咪的身体会发生很多的变化。有规律的运动不仅能使孕妈咪很快适应这些变化，而且可以帮助身体为艰难的分娩过程做好准备。

运动强健肌肉、增强耐力、增加血液循环，帮助孕妈咪应付身体承受的额外负担，使身体逐渐适应妊娠和分娩的需要。

运动锻炼了肌肉、关节和韧带，可以缓解身体的疲劳和不适。由于孕妈咪肌肉和骨盆关节等得到了锻炼，又为日后的自然分娩做好了准备。适当且合理的运动能促进孕妈咪消化、吸收功能，不仅可以给腹中的宝宝提供充足的营养，而且也为孕妈咪补充了体力，以利分娩。

运动可以控制孕期体重，不至于使体重增加过多。孕期保持合适的体重，会使分娩更容易、更轻松，产后也可在短期内恢复正常体形。

孕期的适度运动会消耗母体多余的血糖，降低患糖尿病的危险，而且对宝宝的生长发育有良好的促进作用。

先从较轻松的运动着手，这样不至于引起呼吸困难或过度疲劳，然后慢慢地增加运动量。如果感觉不舒服，要减少运动量。跳跃、快速旋转的动作都不能进行。不要做爬山、登高、蹦跳之类的剧烈运动，以免发生意外。身体若柔软度不足、体重过重、肌肉的力量不足，或已很久不做运动了，在运动前最好有医生的指导。

> **>> 专家温馨提示**
>
> 并非所有的孕妈咪都适合做运动。患有心脏病、泌尿系统的疾病、妊娠高血压，或曾经有过多次流产史的孕妈咪，不适于做孕期运动。另外，如果孕妈咪怀了双胞胎，在做运动前一定要听取医生的意见。总之，一定要在专业医生的指导下进行孕期运动。

❸ 产前饮食有什么要求

临产前，由于子宫收缩给产妈咪造成的疼痛和忙于做产前准备，往往在饮食方面注意不够。有些产妈咪甚至因心情焦虑而不愿进餐。而分娩要消耗很大的体力，故必须满足能量的供应，否则会造成难产。因此，应该特别注意饮食保健，要把它当作临产前的一次必不可少的准备工作。

临产前饮食选择的原则是：应该吃营养价值高、产热量高、少渣、半流质、新鲜而且味道可口的食品。这是因为，临产前，产妈咪一般心情都比较紧张，不想吃东西，或吃得不多。所以，首先要求食品的营养价值高和产热量高，这类食品很多，常见的有：鸡蛋、牛奶、瘦肉、鱼虾和大豆制品等。同时，要求食物应少而精，防止胃肠道充盈过度或胀气，有碍于顺利分娩。再则，分娩过程中消耗水分较多，因此，临产前应吃含水分较多的半流质软食，如面条、大米粥等。民间习惯于临产前让孕妈咪吃白糖（或红糖）卧鸡蛋或肉丝面、鸡蛋羹等，这些都是临产前较为适宜的饮食。应该注意的是，临产前不宜吃过于油腻的油炸、油煎食品。

为满足产妈咪对热量的需要，临产前如能吃一些巧克力（不宜过多）很有裨益。因巧克力含脂肪和糖丰富，产热量高，尤其对于那些吃不下东西的临产妈咪更为适宜。

❹ 分娩时的简单呼吸技巧

分娩时做平稳的深呼吸，有助于稳定情绪，集中精神，放松肌肉，减缓心跳速度，还可以降低血压。缓慢地用鼻子吸气，然后用嘴呼气。这样很有效，而且简单易学！

❺ 如何减轻分娩时的疼痛

分娩会有一定的疼痛，如果对自己的宫缩强度有所准备，对疼痛耐受性有所理解，并学会一些缓解疼痛的方法，分娩就没有想象的那么痛苦。

分娩疼痛的刺激源于子宫本身，而疼痛却表现在腰背等身体不同部位，产妈咪往往因疼痛呻吟、呼叫而过度换气，以致潜伏很多危险。比如使母亲更加缺氧，使胎儿、脐带、子宫、胎盘的循环血量减少等。采用适当的措施缓解疼痛，减弱或者消除以上应激反应，确实对母子平安非常重要。

说到缓解疼痛，一般可能先想到用止痛药。然而，药物会影响产妈咪对分娩快乐的确切感受。如果是第一次分娩，产妈咪也许很想了解自己对分娩疼痛的承受能力。在没有下决心使用镇痛剂前，可以先不用药。当产妈咪想用镇痛药时，也可以先等上 15 分钟后再说。看看疼痛是否能够完全靠毅力克服，是否已经增强到非用药物缓解不可的地步。

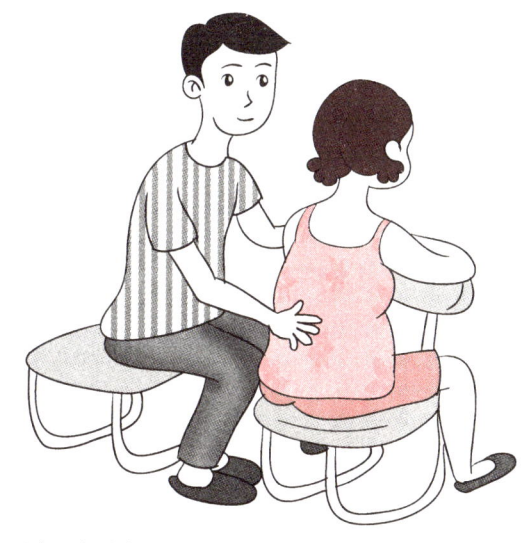

有很多非药物性的方法能帮孕妈咪减轻疼痛，首先是变换体位。产妈咪不妨靠在丈夫身上或扶着墙壁来回走动，并且摇动其骨盆，这可能会使产妈咪感到比仰卧在床上舒服。在改变体位时，还可能发现某些姿势特别舒适，能减轻腰背的压力。如果改变体位也不能缓解疼痛，那么丈夫的按摩，比如适度地反复摩擦产妈咪的骶骨，也许能有奇妙的效果。

还可以试试意念控制，在脑海里构画一幅美妙的图画，这也是平息恐惧和减轻疼痛的有效方法。例如在第一产程，宫缩正在使宫颈开张时，你可以想象一朵花蕾正在慢慢地绽放，一瓣接着一瓣。许多妇女发觉这种想象能产生舒适感。也可以通过发出声音，如叹息、呻吟、诉疼声，来松弛紧张感，分散对疼痛的注意力。

❻ 临产前的注意事项

临产前需要注意的事项如下：

（1）不少孕妈咪由于缺乏常识，对分娩有程度不同的恐惧心理。这种不良的心理，不仅会影响孕妈咪临产前的饮食和睡眠，而且还会妨碍全身的应激能力，使身体不能很快地进入待产的"最佳状态"，因而影响正常分娩。事实上，在现代医疗条件下，只要进行产前检查，分娩的安全性几乎接近百分之百。

（2）产妈咪分娩时消耗很大的体力，因此产妈咪临产前一定要吃饱、吃好。此时家属应想办法让产妈咪多吃些营养丰富又高热的食品，比如巧克力。

❼ 孕妈咪应怎样选择分娩医院

孕妈咪在接受初诊时，最好就决定好医院，而且无论是产前检查或是生产，都在同一家医院会更方便。由于各个医院的种类及处理方法会有所不同，所以有必要选择适合自己的医院。

在选择医院时，最重要的事情莫过于自己决定采取怎样的生产方式。一般而言，现在的医院所采用的生产方式，有自然生产、剖宫生产以及无痛分娩等。

所谓剖宫生产，是产妈咪不能阴道分娩或宝宝子宫内缺氧而采取的分娩方式。至于自然生产，则是等待分娩时所引起的阵痛，然后经由母体及胎儿的力量来生产。

决定了采取怎样的生产方式之后，就必须注意选择医院。选择医院的注意要点如下：

医院是否有最新的分娩方式以及对自然生产和剖宫生产的技术水平如何？

母子二人是同室还是分开？

新生儿是否方便喂奶？

丈夫或朋友是否可以到医院探望？

>> 专家温馨提示

分娩相当于一个重体力劳动过程，所以在分娩前应当保证充足的睡眠和足够能量的饮食，储存足够的精力和体力，同时还应保持一定的活动量，如散步、做产前操等，使机体保持良好的状态，以保证分娩的顺利进行。

生产的费用是多少？

病房的人数是多少？

对会阴切开的见解如何？

若决定回娘家生产，且娘家在外地，那么最好在怀孕中期的时候，先到娘家所在地医院接受诊察。并且要提早决定预约医院，至少在怀孕 7 个月左右，就要准备好一切手续。

当选择好分娩医院后，最好在孕期就去该医院，按期做孕前检查。临产前家人应前去医院，了解一下急诊室、产房设在哪里，进院要办些什么手续，一般顺产需准备多少资金，医院的联系电话是多少，急需帮助怎样与医院取得联系等。

>> 孕妈咪大课堂

有很多孕妈咪都是在夜间临产的，初产妈咪缺乏经验，一旦出现临产先兆，大多数孕妈咪不敢待在家里，丈夫和亲属更是着急，怕把宝宝生到家里。所以，即使医生告诉孕妈咪什么时候该来医院，孕妈咪也看了很多书，到了真需要拿主意的时候，也大多没了主见，半夜三更急急忙忙到医院生宝宝的并不少见。如果孕妈咪认为自己应该住院，就去住好了；如果孕妈咪认为还不需要住院，但又有些担心，就给你的产科医生打电话咨询一下。如果你拿不准主意，带着东西去住院，而医生告诉你暂时不需要，你就安心回家，别怕费事，提早住院并不好。

8 出现哪些情况要马上去医院

（1）家属听胎心时，发觉胎心率过快，超过 160 次/分；过慢，在 120 次/分以下；不规则或者胎心减弱等。这表明胎儿有危急情况。

（2）每日胎动次数逐渐减少（孕妈咪每天在早、中、晚固定时间自数 1 小时胎动。将 3 次胎动数相加乘以 4 即得 12 小时的胎动数）。一般胎动不会少于 10 次/12 小时，如 12 小时未感胎动，这是胎儿宫内缺氧的一种表现。

（3）感觉头痛、眼花，血压突然升高；阴道流血、但无腹痛，可能是胎盘位置异常。若伴有腹痛，可能胎盘发生早期剥离，情况危急，不可延误。

（4）突然感觉有液体自阴道流出，以后变为持续性，时多时少，这可能是胎膜早破，羊水外流。出现上述两种情况，应马上平卧，用担架或召唤救护车送医院治疗。

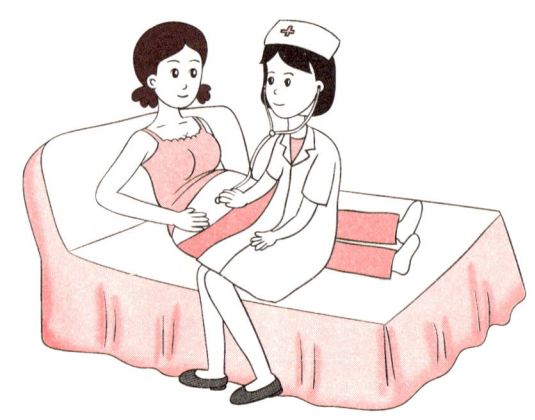

（5）预产期越近，子宫越敏感，收缩也越多。不过，这种子宫收缩持续时间短，常少于 30 秒钟，收缩力很弱，最多引起轻微腹痛。此外，主要是间歇不规律，并且常在卧床时出现，活动活动反而消失，这与真正的临产宫缩不同，属于正常现象，无关紧要。倘若出现规律性、阵发性的子宫收缩，至少 10 分钟一次，每次持续 30 秒钟，历时 1 小时不见缓解，不论还未足月或预产期已近，都有分娩发生的可能。

（6）妊娠最后几个月，阴道分泌物虽然增多，颜色总是白的或淡黄的。如果临近预产期而出现阴道血性排液，一般分娩将在 24～48 小时内发动。因为这是子宫颈开始变化，以致子宫颈内口附近的胎膜与子宫壁分离，毛细血管破裂出血的结果，俗称"见红"，这是分娩先兆，一旦出现，应及早到医院检查处理。

第三章

分娩时刻——痛并快乐着

在分娩过程中会有多少次疼痛呢？这是一个严肃的科学问题。正如推测一场足球赛需射几次门一样，得出的结果是有很大差异的。根据国内外非常有经验的产科医师的观察和研究，我们在很大范围内作了数据统计和分析：初产妈咪分娩平均需要140次宫缩，经产妈咪分娩平均需要70次左右。

 哪些症状表示快要分娩了

在分娩之前，往往出现一些预示孕妈咪不久将临产的症状，称为分娩先兆。分娩先兆包括见红和不规则宫缩（亦称假宫缩）。在分娩开始前24～48小时，因子宫颈内口附近的胎膜与该处的子宫壁分离，局部毛细血管破裂，孕妈咪子宫颈管内原有黏液与少量血液相混而流出，称为见红。见红是分娩即将开始的一个可靠征象。但若阴道出血量较多，超过月经量，则不是见红，而是妊娠晚期阴道出血，常为前置胎盘或胎盘早剥引起的阴道出血，应及时就诊。

假宫缩是另一个分娩先兆，其特点为子宫收缩持续时间短且不恒定。间歇时间长且不规律，宫缩强度不增加，常在夜间出现而于清晨消失，宫缩只引起轻微腹胀或自觉腹部发硬。子宫颈管不缩短及子宫颈口扩张不明显，给予镇静剂可抑制这种"假宫缩"。

见红及假宫缩均属临产先兆。提示不久即将临产。孕妈咪此时只需做好住院准备，而无需去医院看病，待到正式临产后再前往医院，以免反复往返医院，造成疲劳。

❷ 临产的标志是什么

临产是分娩过程的起始点，通常也是孕妈咪需要住院的重要标志之一。临产的标志主要包括规律性宫缩。同时伴有子宫颈管展平、子宫颈口扩张及胎头下降。与分娩先兆期的假宫缩不同，临产宫缩的特点为子宫收缩逐渐增强。孕妈咪表现为：一是下腹部的疼痛越来越强；二是疼痛间歇越来越短，如每4～5分钟痛一次；三是持续的时间越来越长，如每次下腹部疼痛持续30秒钟以上。此时做肛门检查或阴道检查，可发现子宫颈管展平及子宫颈口扩张。

>> 孕妈咪大课堂

临产开始，每次子宫收缩持续约30秒，间隔时间约10分钟。随着产程的进展，宫缩变强，每次可持续30～90秒，一般持续1分钟。直到分娩，每次宫缩时间大多不超过1分钟。宫缩间隔时间也逐渐缩短，从不规律宫缩到每10分钟一次，直至2～3分钟一次，但不管间隔时间多短，都有一定的间隔时间，这对胎儿是极其重要的。如果宫缩不休止，子宫肌纤维就不能休息，子宫和胎盘循环就不能恢复，胎儿就会缺血缺氧。如果你的宫缩持续不断，没有间歇，要及时告诉医生。

❸ 真假临产的鉴别（表）

真假临产的鉴别

真临产	假临产
宫缩有规律，每5分钟一次	宫缩无规律，每3分钟、5分钟或10分钟一次
宫缩逐渐增强	宫缩强度不随时间而增强
当行走或休息时宫缩不缓解	宫缩随活动或体位改变而减弱
宫缩伴有见红	宫缩通常不伴有黏液增多或见红
宫颈口逐渐扩张	宫颈口无明显改变

❹ 整个生产过程是怎样的

每一位孕产妈咪都希望分娩顺利，母婴平安。分娩能否顺利，关键取决于 4 个方面的因素，即产力、产道、胎儿和产妈咪精神心理因素。如果这 4 个方面都没有问题，一般都可以顺利生产。

如果产妈咪的骨盆情况良好，胎位正常，胎儿也不太大，只要在不同的产程进行相应的配合，增加分娩的产力，分娩会比较顺利。初孕的妇女没有生孩子的经历，可能不了解分娩过程是怎样的，因而对分娩怀有神秘感，甚至有畏惧感。但当你了解了分娩的全过程后，这种神秘感和畏惧感就会大大减轻，也可以按产程的规律与医生配合，这对顺利分娩大有益处。胎儿离开母体要经过三个阶段，医学上称为三个产程。这三个产程就是从子宫有节奏的收缩到胎儿胎盘娩出的全部过程，完成这个过程，才算分娩结束。三个产程所需要的时间为：初产妈咪 12～16 小时，经产妈咪 6.5～7.5 小时。下边就三个产程进行简要介绍。

第一产程：第一产程开始时，子宫每隔 10 多分钟收缩一次，收缩的时间也比较短。后来，子宫收缩得越来越频繁，每隔 1～2 分钟就要收缩一次，每次持续 1 分钟左右。当宫缩越紧，间歇越短时，宫口就开得越快，产妈咪的疼痛感就越明显。当子宫收缩时，产妈咪会有子宫发紧、发硬的感觉，下腹或腰部疼痛，并有下坠感。

腹式呼吸

有些产妈咪对分娩异常恐惧，精神十分紧张。临产后子宫收缩引起的正常疼痛，对她们来说都成为难以忍受的巨大痛苦。不休息，不吃东西，大喊大叫，结果使体力大大损耗，没有足够的力量来增加腹压，娩出胎儿。宫缩无力往往使本来可以顺产的分娩变成难产。所以待产的孕妈咪一定要以充足的精力和良好的心态迎接宝宝的诞生。

助产人员会及时为产妈咪测量血压，听胎心，观察宫缩情况，了解宫口是否开全，还要进行胎心监护，她们会针对产妈咪的具体情况，做出正确的判断和及时处理。

第二产程：这时，产妈咪要躺在产床上等候，助产人员会帮助分娩。产妈咪用力的大小和正确与否，都直接关系到胎儿娩出的快慢、胎儿是否缺氧，以及你的会阴部损伤轻重程度。所以，这时产妈咪要按照助产师的指导，该用力时用力，不该用力时就抓紧时间休息。

这一时期，宫缩痛明显减轻，子宫的收缩力量更强。当出现宫缩时，产妈咪的双脚要蹬在产床上，两手紧握产床边上的扶手，深吸一口气，然后屏住，像解大便一样向下用力，并向肛门屏气，持续的时间越长越好。如果宫缩还没有消失，就换口气继续同样用力使劲。胎儿顺着产道逐渐下降。这时，子宫收缩越来越紧，每次间隔只有1~2分钟，持续1分钟，胎儿下降很快，迅速从宫颈口进入产道，然后又顺着产道达到阴道口露头，直到全身娩出。

在宫缩停止的间歇期里，产妈咪要全身肌肉放松，抓紧时间休息，切忌大喊大叫或哭闹折腾。当宫缩再次出现时，再重复前面的动作。

当胎头即将娩出时，助产人员会提醒产妈咪不要再用力了。此时，产妈咪可以松开手中紧握的产床扶手，双手放在胸前，宫缩时张口哈气，宫缩间歇时，稍向肛门方向屏气。这时，助产人员会保护胎头缓慢娩出，同时认真保护产妈咪的会阴部位，防止严重撕裂。当胎儿娩出的时候，产妈咪的臀部不要扭动，保持正确的体位。

>> 网站轻松点击

整个产程所需时间，初产妈咪一般最长不超过24小时，经产妈咪不超过18小时。最短也需要4小时以上。如果整个产程短于4小时，称为急产；整个产程超过24小时，称为滞产。

这个阶段初产妈咪一般需要1~2个小时，经产妈咪只需要半个小时或几分钟。

第三产程：胎儿娩出，产妈咪顿觉腹内空空，如释重负，子宫收缩。待5~30分钟后。胎盘及包绕胎儿的胎膜和子宫分开，随着子宫收缩而排出体外。如超过30分钟胎盘不下，则应听从医生的安排，由医生帮助娩出胎盘。胎盘娩出意味着整个产程全部结束。

❺ 分娩时怎样与医生配合

自然分娩，产妈咪在胎儿出生前要经历一场刻骨铭心的痛楚。为减轻分娩过程中的不适，尽快结束分娩，产妈咪应积极配合医生的工作。

第一产程时

随着阵痛，子宫口逐渐开大。每隔2~4小时，医生要为产妈咪做一次肛门指诊检查，以间接了解子宫口扩张的大小和胎先露下降的程度。一般每位产妈咪都要接受3~5次这样的检查。频繁的肛门指诊检查可使肛门充血、水肿，引起疼痛不适。但这些不适产后很快就会消失，产妈咪应配合医生的检查。胎膜多在第一产程破裂，羊水流出。破膜后需立即卧床，医生要做记录、听胎心。产妈咪发现有羊水流出要立即告诉医生。

子宫收缩的疼痛是可以耐受的。为减轻疼痛，可采用以下做法：在宫缩开始时，均匀地做腹式呼吸，张大嘴大口吸气与呼气，并随着宫缩的加强而加深呼吸，宫缩间隔时停止。也可在深呼吸的同时按摩腰部，这样便可以减轻疼痛。产妈咪在宫缩间歇应少量多次进食高热量、易消化的食物，如牛奶、巧克力、鸡蛋、挂面等，并注意摄入足够的水分，以保证充沛的精力和体力。产妈咪应每2~4小时排尿一次，以免膀胱充盈影响宫缩和胎先露的下降。

第二产程时

产妈咪是在产床上度过的。第二产程所需时间较第一产程要短许多，但却是分娩过程中最关键的时刻。此时子宫颈口已开全。当子宫收缩出现排便感时，产妈咪要双手抓住产床边上的带子或拉手，像解大便那样向下屏气。屏气时间越长越好。等宫缩过后，立即

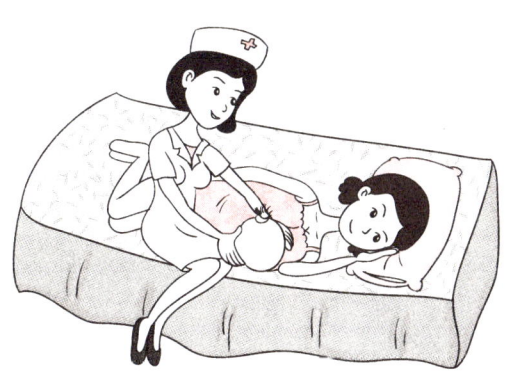

休息以保存精力。宫口开大后，要注意掌握每次宫缩，"有劲用在宫缩上"。先吸一口气，憋住，接着向下用力，像便秘时用力排便那样，使婴儿快些生出。宫缩间隙，要休息放松，喝点水，擦擦汗，准备下次再用力。当胎儿即

将娩出阴道口时，医生会让产妈咪哈气，产妈咪就张口哈气，免得一味用劲，力量过猛，引起会阴撕裂。

第三产程时

此时产妈咪只需静静等待胎盘娩出即可。胎盘娩出时只需稍加腹压。如超过 30 分钟胎盘不下，则应听从医生处置，帮助娩出胎盘。如有会阴裂伤或做会阴侧切，在胎盘娩出后需做缝合。因为分娩时会阴部组织受到了极大的压迫，此时缝合痛感较轻。产妈咪应坚强地配合医生，使缝合尽快完成。

❻ 孕妈咪怎样过好分娩这一天

分娩当天对母婴来说都是非常重要的，一个新的生命即将诞生，产妈咪从今天开始就要做母亲了。孕妈咪注意以下几点，将使这一天变成最美好的回忆。

要调整好自己的心态。情绪高涨或情绪低落都会影响子宫收缩，不利于分娩，甚至引起产后出血。

注意饮食。分娩过程是一个高能消耗的过程，一方面要保证母婴能量的供应，另一方面又要供给子宫收缩的能量，若能量不够，可引起产妈咪衰竭、胎儿窘迫、子宫收缩乏力等。

注意观察出血情况。分娩后 2 小时内在分娩室观察。因为在此期间最易出血；分娩后 2～24 小时在病房观察，仍有出血的可能；你可以自己按摩子宫，这样能减少出血。

要注意休息。分娩是体力消耗较大的过程，分娩后会感到疲倦，不知不觉睡意就会袭来。这时要抓紧时间休息，但不要熟睡。因为还要照顾宝宝，要给宝宝喂奶。

要进行母乳喂养。宝宝出生后半小时内就要给宝宝喂第一次奶，这有利于刺激乳腺分泌，对母亲子宫的恢复也很有好处。

要及时大小便。顺产的产妈咪，分娩后 4 小时就要排尿，24～48 小时内排大便。

>> 网站轻松点击

"哇——"清脆响亮的婴儿第一声啼哭传到你的耳边，一切的艰难险阻都过去了，你的心中被幸福和喜悦填得满满的，真正体验了母爱。这是你一生中最幸福的时刻。为什么经历过分娩阵痛的妈妈，当再次怀孕时，仍然选择自然分娩，道理就在这里。

尽早下床活动。产后就要在床上活动，如翻身、抬腿、收腹、提肛等。特别是剖宫产产妈咪，可以减少肠粘连等并发症。顺产后即可下床活动，剖宫产6小时后下床活动。

❼ 医护人员会为宝宝做哪些工作

宝宝一旦出生，妈妈可以放松休息了，可医生们还要忙忙碌碌为宝宝做许多工作。

宝宝出生后，首先助产士要给他清理呼吸道，擦去口鼻中的黏液，再用吸管吸出呼吸道黏液，接着刺激宝宝哭，待宝宝大声啼哭后，处理脐带。

擦净宝宝身上的胎脂。在病历上打宝宝足底印及妈妈的拇指印，接着量宝宝的身长、体重，之后给宝宝系上标有宝宝性别、体重、出生时间、母亲姓名和床号的手腕带，包好宝宝再系上标有同样标记的包被腰带。

对宝宝进行评分（Apgar评分）和初次体检，根据宝宝的呼吸、心率、肌张力、喉反射及皮肤颜色进行评分，以确定宝宝是否有窒息及窒息的程度。

给新生儿做首次体格检查，在生后即可进行。主要发现有无明显的先天畸形。评价婴儿一般情况，预计进一步的观察项目。首次检查以听诊心肺情况，观察肌肉张力和检查面部、口腔、肛门和四肢是否有畸形为重点。然后帮助新妈妈进行早期吸吮。

第五篇

产后保健与体形恢复

第一章　新妈咪产后护理

第二章　新妈咪产后饮食营养

第三章　产后如何恢复美丽

第四章　新妈咪产后疾病防治

第一章

新妈咪产后护理

在中国传统中，把产妈咪分娩后的一个月中休养生息的阶段称为"坐月子"。传统的"坐月子"有很多的讲究，其中有劳动人民智慧的闪光和祖国医学的宝贵经验，直到现在仍值得借鉴和提倡；但也有一些愚昧无知的做法或陈规陋习，且已被科学证明是错误的，应予摒弃。

1 产后哪些情况属正常现象

（1）**产后全身发抖或寒战** 胎儿一娩出，妈咪全身感到轻松，有的出现全身不可控制的抖动，有的出现寒战。这些是正常现象，喝点红糖开水就会好。

（2）**子宫收缩痛（血气痛）** 产后头 1～2 天，子宫一阵阵收缩引起腹痛，称为宫缩痛，多见于第二胎以上的经产妈咪。常在喂奶时加剧，3～4 天后自然消失。此症可服少量止痛药。

（3）**出汗** 产后出汗量多，睡眠和初醒时更多，有时可浸湿内衣。常在数日内自行好转。这是正常生理现象，而不是体虚表现。

（4）**体温高** 产后第一天体温可上升达 38℃，这是正常生理反应。产后 3～4 天，由于乳房鼓胀，体温也可上升，但不超过 38℃，24 小时内自然下降也属正常。

（5）**会阴部疼痛水肿** 分娩时由于胎头的压迫，使会阴部水肿疼痛；或由于胎头娩出时会阴部轻度擦伤，使会阴部疼痛，一般在数日内自然消失，不必处理。

❷ 产后 6~8 小时可以坐起来

健康的产妈咪，产后 6~8 小时可以坐起来，12 小时便可坐着进餐，下床排便。产后第一次下床如厕或散步，要有人陪伴，以防因体虚而晕倒。

新妈咪产后 24 小时可站起来为婴儿换尿布，第二天可以下床活动。起床的第一天，早晚各在床边坐半小时。第二天在室内走走，每天 2~3 次，每次半小时，以后逐渐增加活动次数和时间。

早活动有利于子宫恢复和分泌物排出，减少感染机会，预防下肢静脉血栓形成，加快排尿功能恢复，减少泌尿系统感染发生；加快胃肠道恢复，增进食欲，减少便秘；促进骨盆底肌肉恢复，防止小便失禁和子宫脱垂发生。

❸ 产后前五天如何护理

第一天：

正常情况下，分娩 8 小时后医生就指导产妈咪下床适当活动，可试给新生儿哺乳。会阴切开者常在产后 12 小时开始下地，慢慢活动。新妈咪可做些排尿、排便、处理恶露的自理活动。

此时乳房高度胀满，要向医护人员学会授乳和乳房按摩等护理内容。另外可以用腹带协助，恢复松弛腹壁，也便于做产后操促进子宫肌肉收缩。

生产当日的初乳对新生儿来说是最珍贵的饮食，可能量极少，即使没有乳汁，也要让宝宝反复多次长时间吸吮。只要坚持，乳汁一定会有的，而且会越刺激越多。在授乳后有恶露增多的情况，不必担心，这是子宫受孩子吸吮刺激引起的，有助于子宫的恢复。

第二天：

新妈咪的精神恢复了很多，乳房胀满的同时伴有丰富的初乳分泌，尽量让婴儿吸吮，继续进

行乳房按摩护理。产妈咪适宜的活动量以不感到疲劳为好,试着在室内慢慢步行。如果各方面的情况都感觉很好,从此就可以淋浴了,但时间不要太长。

第三天:

自然分娩的人早已满屋转了,剖宫产者也可以开始步行,但要量力而行,别累着。医生要为产妈咪检查血常规,了解有无贫血、感染等情况存在。恶露如果量较多,有血块等应及时向医生提出,以免延误病情。

第四、五天:

从体力、精神都有了较大恢复,食欲也好多了,哺乳有了很大进步,缝合部位要部分拆线。

新生儿在有关儿科医生关注下成熟了许多,如果发现有异常情况,应及时给予处理,像膝关节脱臼和斜颈等问题,可以接受适当治疗。一切正常就准备出院回家了。别忘了领母子健康手册,还有出生证明等。

❹ 产后恶露宜知

产后,每个产妈咪都会从阴道流出血性液体,这种阴道排出物在医学上叫恶露。

恶露是怎么产生的呢?妊娠期,胎盘附着于子宫内壁上,胎儿出生后,胎盘也随之娩出,但胎盘从子宫剥离后造成的创面,还要经过一段时间才能完全愈合,因此,在产褥期就会有一些血液从创面排出。除了血液外,排出物中还混有坏死脱落的蜕膜组织、妊娠期的子宫内膜、黏液和细菌等,这种阴道排出物就是恶露。恶露是一种正常生理现象,随着子宫的缩小,恶露也慢慢变色、变少。在正常情况下,恶露变化可分为三个阶段。

(1) **第一阶段** 产后3~4天为血性恶露。以血液为主,含有少量蜕膜组织和黏液,颜色鲜红,量比较多。

(2) **第二阶段** 产后4~7天为浆液性恶露。以宫颈黏液为主,内含少量血液,颜色粉红。

(3) **第三阶段** 产后1~2周为白色恶露,内含大量白细胞、蜕膜细胞、表皮细胞。

恶露是反映子宫恢复好坏的一个标志。正常情况下,恶露带有血腥味,但不臭,量不超过月经量,色透明,有光泽,不暗,不污秽。大约半个月到

20天后，就会干净。

如果恶露量甚多，色暗发臭，持续时间长，表示子宫可能发生感染了。如果产后1~2周内血性恶露很多，并伴有子宫疼痛，可能是胎盘残留，应当找医生进行检查。

产后恶露不断从阴道排出，应该注意外阴清洁，勤换会阴垫。应该特别提出注意的是，会阴垫一定要用洁净的卫生纸。千万不能用不洁之物！另外，产妈咪的内衣内裤要勤洗、勤换，每天用温水清洗外阴一次。

❺ 什么时候出院

（1）顺产时　顺产的妈咪和新生儿，如都没有什么问题，产后两天，医生就会允许母子出院了。如果做了会阴切开，或有阴道裂伤做了缝合，就要等到伤口愈合后才能出院，通常情况下，产后5天，医生就允许你带着宝宝回家了。

（2）剖宫产时　剖宫产则需要在医院住8天。如果你要求提前出院，医生也认为你可以出院，产后5天左右，可以允许母子回到家里，到时候派一位医生到家里拆线，并检查术后恢复情况。现在剖宫产大多采取横切口，5天就可以拆线。如果使用吸收线缝合，不需要拆线，术后3天左右就可以出院，但最好一周以后出院，有什么问题，可以及时得到医生护士的帮助，你和家人都比较放心。

剖宫产的妈咪，在排气前不要吃东西；如果口渴，也不要大口喝，咽一点，或用水漱漱口。产后6小时，可以枕上枕头，也可以让丈夫帮助翻一翻身。医生会告诉你可以活动的时间。要注意，只要医生允许你活动，你一定要尽量活动，避免术后肠道粘连。如果因伤口痛不敢抱宝宝，可以让宝宝的头部朝一只乳房，脚和身体朝外，这样就不会压到你的伤口了。

>> 专家温馨提示

将出院所需要的物品，放在一个包裹或旅行箱中，当医生通知你可以出院时，丈夫在出院的前一天把箱包带到医院。这听起来没有什么难度，实际上很难做到，想想看，连续的手忙脚乱，太兴奋，太紧张，没黑夜没白天，脑子可能都懵了，还能准备好出院的物品吗？所以一定要提前准备。

6 产妈咪穿什么样的衣服最好

应选择宽松舒适的家居服。不同室温选择不同厚薄的衣服。室温12℃以下，穿薄棉衣厚毛裤；室温12～15℃，穿厚毛衣薄毛裤；室温15～18℃，穿薄毛衣棉质单裤；室温18～22℃，穿薄羊毛衫棉质单裤；室温22～24℃，穿棉质单衣裤。

不要穿过紧的衣服，以免影响乳房血液循环和乳腺管的通畅，引发乳腺炎。产后出汗多，应该穿吸水性好的纯棉质地的内衣，外衣也要柔软、散热性好。母乳喂养的妈妈，乳汁常常沾湿胸罩、衣服，要注意换洗。产后最初几天阴道分泌物比较多，内裤应每天换洗。

要穿柔软舒适的鞋子，如果穿拖鞋，最好要带脚后跟的，以免脚受凉引发足跟或腹部不适。活动或做产后体操时，应该穿柔软的运动鞋或休闲鞋，不要穿着拖鞋运动。建议产后不要马上穿高跟鞋，可以穿半高跟鞋，2.5厘米左右的比较合适。

>> 专家温馨提示

产妈咪出汗比较多，衣裤、被褥常被汗水浸湿，容易使病菌繁殖生长。因此，产妈咪的衣裤和被褥必须勤换勤晒，这样不仅能保持清洁，而且还能借助阳光中的紫外线杀菌。

7 产妈咪居室能通风吗

有的产妈咪的居室门窗紧闭，俗称"捂月子"，这是没有道理的。产妈咪新陈代谢旺盛，出汗多，乳汁的分泌，恶露的排出，各种气味混在一起，对产妈咪的恢复十分不利。实验证明，紧闭门窗的房间，空气中有大量的菌群，通风换气后，菌群数量很快下降。这说明空气流通是消毒的最好方法，即使冬天也要短时间地开窗换气。但注意空气不要对流，不要让冷风直接吹到产妈咪及婴儿身上，以免着凉。

室内的温度、湿度要适宜。室温最好恒定于20~22℃，湿度在60%~65%。有暖气的家庭，室内空气太干燥时，可用加湿器。室内放置火炉时，要注意预防煤气中毒。夏天可以用电风扇、空调防暑降温，但风不要直吹到产妈咪及婴儿身上，以免着凉。

产妈咪的房间要卫生整洁。产妈咪及婴儿的物品要分类放好，不要乱用乱放。杂乱的居室易导致产妈咪心情不好，尤其是喜欢整洁的妇女。

8 产后何时可以下床活动

许多人认为产妈咪体质虚弱，需静养，就让其长期卧床，甚至连饭菜都端到床上吃，其实这种做法弊多利少。如果产后较长时间不活动，很容易使血液本来就处于高凝状态下的产妈咪发生下肢静脉血栓。同时，盆腔底部的肌肉组织也会因缺乏锻炼托不住子宫、直肠和膀胱。

产后及早下床活动不仅有利于下肢血流通畅和恶露排出，还能使腹部肌肉得到锻炼，早日恢复原来的收缩力，从而保护了子宫、直肠和膀胱等器官。一般情况下，产后24小时就可在床上靠着坐起来，第三天便可下床行走。

其实不论是自然分娩还是剖宫产，产后都需要及早下床活动，以防止下肢血液循环不畅造成下肢静脉栓塞，甚至肺栓塞。长期不下床活动，下肢肌肉还可能产生废

用性萎缩，对今后正常生活造成麻烦。因此，分娩后提倡及早下床活动，一周后即可做产后形体恢复操。积极的锻炼不仅有助于子宫的恢复，还能促进盆底、会阴肌肉弹性的恢复，对产后性生活的恢复有益。

❾ 夏季如何坐月子

(1) 居室通风 通风时要避免穿堂风或凉风直接吹到产妈咪和婴儿，不要让电风扇或空调的冷风直接吹到母子身上。室内温度与室外温度相差不要大于7℃。

(2) 如果给宝宝睡凉席，上面最好铺一层布单 不要使用"蜡烛包"包裹宝宝，不要盖棉被或太厚的东西。

(3) 注意保护皮肤 新生儿容易出痱子，要保持皮肤清洁，每天用温水洗浴1~2次，尿布要勤换，大便后要用清水洗，再涂些护臀软膏，避免尿布疹。

(4) 注意喂养卫生 母乳是最好的食物，可预防胃肠道疾病。要补充足够的水分。若是人工喂养，一定要现吃现配。餐具要每天用沸水消毒，奶瓶中不要有剩水、剩奶，喝不了一定要倒掉，洗净奶瓶，干燥保存。

(5) 预防产褥热、产褥中暑 产褥热、产褥中暑可危及产妈咪的生命，一定要摒除旧的风俗习惯，不要"捂月子"。要补充足够的水分，保证充足的睡眠，注意营养。室内通风，产妈咪不要穿得太多，顺产后3天就可冲热水澡，但时间要短，不要泡澡或盆浴。剖宫产后一两周可冲热水澡，最好让亲人协助冲洗，时间也要短，一般不要超过10分钟。洗澡时不要开窗，也不要开抽风机。洗完后要用毛巾裹严，不要受凉，待干后再开窗。不要有对流风，洗澡后略感身体微微有汗最好。

(6) 注意外阴清洁

>> 产妈咪大课堂

从恢复体形的角度来看，产妈咪看电视的时间也不宜过久。美国哈佛大学医学院的科研人员日前建议产妈咪多散步、少看电视和少吃脂肪食品，这样可帮助她们恢复体形。科研人员对902名产妈咪进行了跟踪调查，要求这些产妈咪在生完孩子6个月后向科研人员报告她们每天看电视的时间，平时进行什么样的活动以及每天都吃些什么东西。调查发现，看电视时间长、进食脂肪食品多，都会使产妈咪的体重难以下降，而多散步和进行运动，有助于减少体重。

⑩ 产后为什么多汗

产妈咪在妊娠期间，体内水分积蓄，仅是血液就比孕前增加30%左右。一个正常人的血液量约占体重的1/10，为4000～5000毫升，而妊娠期孕妈咪则要增加1000毫升之多。分娩之后，这些液体在体内就成为多余的了，不排出甚至会增加心脏负担。体内的水分排泄有三个主要途径：一是通过肾脏由尿液排出；二是通过肺的呼吸排出；三是通过汗腺由皮肤表面的毛孔蒸发。这就是产后汗多的原因之一。此外，产妈咪甲状腺机能亢进尚未恢复，脂肪、糖、蛋白质代谢旺盛，故出汗较多。还有，产后进食较多的高能量食物，又多喝汤水，这也是产后多汗的原因。总之，产后出汗是一种正常的生理现象，不必担忧。但是，产妈咪也必须注意一种病理性出汗，表现为汗出湿衣、持续不断，常兼气短懒言、倦怠嗜睡，或是睡中多汗、醒来即止，伴有五心烦热，口干咽燥，头晕耳鸣等症状，出现这种情况要请医生诊治。

⑪ 产后多长时间可以过性生活

专家认为，一般情况下，产后第6～8周时恢复性生活，对产妈咪健康无大妨碍，是安全的。即使有些人分娩顺利，子宫恢复较快，体质又好，性生活也不可恢复过早。这是因为，分娩时撑大了的阴道壁黏膜变得很薄，子宫内部有裂伤，完全愈合需要3～4周时间。而且，分娩时开放的子宫口短期内也不能完全闭合。因此，在产后4周内性交，不仅阴道壁黏膜容易受伤，病菌也会乘虚而入，引起子宫内感染，发生产褥热等严重疾病。特别是少数人在产后两周内恶露未净的情况下就过性生活，很容易导致产褥热，危险性更大，必须杜绝。

要注意避孕哦！

对于病理产，如剖宫产、产钳术、会阴侧切术、宫颈缝合，或产褥期有感染、发热、出血等情况，其子宫、阴道、外阴等器官组织恢复缓慢，恢复性生活时间则要相应推后。剖宫产最好在3个月以后恢复性生活；产钳术及有缝合术者，应在伤口愈合、疤痕老化后，即产后70天左右恢复性生活。若有发热、宫内感染，均须等待产妈咪病愈、元气充足方可行房事。

>> 专家温馨提示

产后发生产褥感染时，会引起子宫内膜炎或子宫肌炎。这时，产妈咪有发热、下腹疼痛等症状。这时的恶露不仅有异味，而且颜色也不是正常的血性或浆液性，而呈混浊、污秽的土褐色。

12 产后怎样避孕

产妈咪一般要给孩子喂奶，很多人以为喂奶期间不来月经，故不必避孕。实际上，许多妇女产后身体恢复快，1个月时即可过性生活，这样，就必须注意避孕。从科学上讲，一般产后42天做检查时，可由医生指导选择可靠的避孕措施。首先是放环，其次是外用药具，但不宜口服避孕药。

做过剖宫产的产妈咪，子宫上留下了永久的疤痕，如果再次怀孕，行人工流产术，容易发生胚胎漏吸或子宫穿孔，给产妈咪造成不可弥补的损伤，所以剖宫产后的产妈咪更应特别注意避孕。剖宫产后应用什么方法避孕，可以根据产妈咪的身体条件和是否母乳喂养决定。非母乳喂养者，可选用避孕药物（长、短效）或工具（避孕套等）避孕，避孕药物应在医生指导下服用，以防避孕失败。剖宫产术后6个月无论哺乳或者不哺乳，都可以采取放置宫内节育器等长效的避孕方法避孕。

第二章
新妈咪产后饮食营养

分娩前,你最好根据自己的饮食习惯,结合产后饮食要求,分析一下,什么样的食物,怎样的烹饪方法,什么样的滋味,是你喜欢吃的,符合产后饮食要求,也能满足宝宝需求。这样,当你分娩后,为你做饭的人也就不会犯愁,你也不会不知道吃什么好。如果你是剖宫产,在没有排气前不宜进食。一般要在术后24～36小时开始正常进食。

❶ 产后饮食调养的基本原则

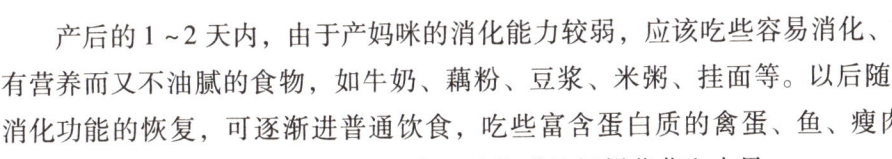

产后的1～2天内,由于产妈咪的消化能力较弱,应该吃些容易消化、富有营养而又不油腻的食物,如牛奶、藕粉、豆浆、米粥、挂面等。以后随着消化功能的恢复,可逐渐进普通饮食,吃些富含蛋白质的禽蛋、鱼、瘦肉、乳类和豆制品,以及富含多种维生素和矿物质的新鲜蔬菜和水果。

为了从食物中获得各种营养,一定不要偏食,除了开始几天少吃或不吃生、冷、硬和过于油腻类食物,以防消化功能紊乱或引起肠道疾病以外,一般不需要忌口。剖宫产的产妈咪应根据医生的要求进食,多吃几天流质或半流质饮食。不必过多地食用厚腻味重之品,以免加重胃肠负担,引起腹胀、腹泻等症状。

产后饮食调养原则如下。

(1) 清淡易消化　产妈咪的脾胃功能往往较差,特别是在分娩后的半个月内,更需要受到保护。故应吃些清淡而又能健脾胃的食品,如豆腐、薏米粥、

玉米粥、红枣粥、猪瘦肉汤、小米粥等。

(2) **有营养、易吸收** 为了利于产妈咪身体复原，应食用富含营养且有足够热量的食物，如母鸡汤、炖蛋、豆制品、小麦制品、红糖等。

(3) **利于催乳** 为了促进产后乳汁的分泌，可选用补中益气、健脾理胃的食品，如鲤鱼汤、鲫鱼汤、催乳药膳等。

(4) **切忌生冷油腻** 产妈咪的身体特点是多虚多淤。凡导致脾胃虚寒、不利于脏腑功能恢复、不利于恶露下行的食物，要慎用或禁用，包括生冷、坚硬、肥腻、煎炒食物以及辣椒、肉桂、花椒等。

❷ 产妈咪需要补充哪些营养素

产后，母亲要弥补生产的能量损失，恢复身体健康，又要哺育孩子，1人的饭要分给两个人吃。饮食的要求，一是富有营养，二是易于消化，其他的条条框框都应去掉。

产后的营养特别需要高热量。每日所需热量基本上与男性重体力劳动者相当。如此高的热量单靠糖类是远远不能满足的，需要摄入羊肉、瘦猪肉、牛肉等动物性食品和高热能的坚果类食品如核桃、花生、芝麻、松子等。此外，紫菜、海带等菌藻类食物，除提供热量外，还富含不饱和脂肪酸，有利婴儿脑部的发育，亦应多食。

产妈咪特别需要的营养素如下。

(1) **蛋白质** 这是因为每日泌乳要消耗蛋白质 10～15 克。6 个月内婴儿对 8 种必需氨基酸的消耗很大，为成人的 8～12 倍，所以乳母膳食中的蛋白质是很重要的。此外，产后本身气血虚弱、生殖器官复原和脏腑功能康复，也需要大量的蛋白质。蛋白质是生命的物质基础，是修复组织器官的基本物质，这些对产妈咪本身是非常重要的。

(2) **钙等无机盐** 泌乳使乳母每日消耗约 300 毫克钙，为减少动用母体的储备，必须选食含钙多的食物。

(3) **水溶性维生素** 乳母膳食中的 B 族维生素和维生素 C 的摄入量要非常充足，原因是水溶性维生素 B 族、C 是可以通过乳腺转移至乳汁的，但转换率很低，约 50% 左右，如补充过少，满足不了婴儿需要。

(4) **足够的水** 水和乳汁的分泌量有关，哺乳期妇女每日应补充足够量的水，才能保证乳汁的分泌。

（5）**造血需要的铁、铜、锌等物质** 产妈咪需要补血因此膳食中要经常吃些含铁、铜、锌多的食物。

❸ 产后头几天的饮食怎样安排

为了恢复体力和早日下奶，保持充足奶量，产后头几天的饮食安排很重要，以下几点仅供参考。

（1）由于产后胃消化能力弱，食欲尚未恢复，产后头几天饮食以半流质、软饭为主，加工也要精细一些。可选用稀粥、汤面、馄饨、面包、牛奶、豆浆等，选用的动物蛋白以鸡蛋、瘦肉、鱼、鸡较好，除了三餐，可以在下午和晚间各加餐1次。

（2）鸡汤、鱼汤、排骨汤有利下奶，但要把汤内浮油撇净，以免进食过多脂肪，奶汁内脂肪含量增加，可导致婴儿腹泻。在下奶前不要喝太多汤水，以防奶胀，乳管通畅后可以不再限制。

（3）不要忌食青菜和水果。绿叶菜和水果含有丰富的维生素C、食物纤维，能使大便通畅。

（4）孕期合并缺钙、贫血以及分娩时出血多的产妈咪，除了吃含钙、铁多的食物（如牛奶、鸡血、猪肝、青菜、豆制品）外，还要继续服用鱼肝油丸、钙片等。

> **>> 新妈咪一点通**
>
> 哺乳妈咪的每天总热能需求大约比孕前多出1/3，这1/3的饮食补充可以是2两肉、1杯奶加半个馒头，也可以是1碗浓浓的鸡汤、1个鸡蛋、1份蔬菜再加1份蔬菜炒饭。

一般产后3～4天产妈咪就可以正常饮食了，不必吃得过稀，也不要吃得过饱过多。

❹ 产妈咪饮食有哪些禁忌

哺乳期间，为了自身及宝宝的健康，应避免摄取会影响乳汁分泌的食物，以免破坏良好的哺喂效果。

（1）**抑制乳汁分泌的食物** 如韭菜、麦芽、人参等食物。这些食物有可能使泌乳量减少，甚至回乳。

(2) **刺激性食物** 产后饮食宜清淡，不要吃那些刺激性的食物，包括辛辣调料、辣椒、酒、咖啡及香烟等。

(3) **油炸食物、脂肪高的食物** 这类食物不易消化，且热量偏高，应酌量摄取。

(4) **药物** 虽然大部分药物在一般剂量下，都不会让宝宝受到影响，但仍建议哺乳妈妈在医生开药前，主动告诉医生自己正在哺乳，以便医生开出适合服用的药物。最好选择持续作用时间较短的药物，这样通过乳汁传递的药量最少。妈妈应在乳汁内药物浓度最低时哺喂宝宝，这样才会更加安全。

(5) **导致过敏的食物** 有时新生儿会有一些过敏的情况发生。妈妈不妨多观察宝宝皮肤上是否出现红疹，并评估自己的饮食，以作为早期发现、早期治疗的参考。建议妈妈避免吃任何可能会造成宝宝过敏的食物。

5 产妈咪为什么吃红糖好

产妈咪吃些红糖是我国民间习俗之一，这具有一定的科学道理。产妈咪在两餐之间饮适量红糖水，能补体力。红糖含铁量较高，远胜于其他糖类，而铁是构成血红蛋白的重要成分，对于产妈咪来说，红糖是一种补血佳品。红糖中含有胡萝卜素、维生素 B_2、尼克酸以及锌、锰、铬、钙、铜等元素，有助于产后营养、能量和铁质的补充，有助于防治产后贫血。此外，红糖还含有帮助子宫收缩的物质，能促进恶露排出，并有止血作用。

中医认为，红糖性温，味甘，具有益气

>> **新妈咪小贴士**

新妈咪在分娩时，精力和体力消耗非常大，加之失血，产后还要哺乳，故需要补充大量铁质。红糖水能够活血化淤，还能够补血，并促进产后恶露排出，确实是新妈咪在产后的补益佳品。

缓中、行血活血、化淤散寒的功效，善治产后淤血所引起的腹痛，可促进恶露排出和子宫复原。分娩后的妇女体质虚弱，气血有亏损，食用红糖可益气养血健脾暖胃，补血化食。饮用红糖水可以帮助祛风散寒，还可以利尿，有利于防治产后发生尿潴留现象。

❻ 产后为什么不宜吃过多的鸡蛋

有的产妈咪为了加强营养，分娩后和坐月子期间，常以多吃鸡蛋来弥补身体的亏损，甚至把鸡蛋当成主食来吃。吃鸡蛋并非越多越好，吃鸡蛋过多是有害的。

医学研究表明，分娩后数小时内，最好不要吃鸡蛋。因为在分娩过程中，体力消耗大，出汗多，体液不足，消化能力也随之下降。若分娩后立即吃鸡蛋，则难以消化，增加胃肠负担。分娩后数小时内，应吃半流质或流质饮食为宜。在整个产褥期间，根据国家对孕产妈咪营养标准规定，每天需要蛋白质100克左右，因此，每天吃鸡蛋3~4个就足够了。研究还表明，一个产妈咪或普通人，每天吃十几个鸡蛋与每天吃3个鸡蛋，身体所吸收的营养是一样的，吃多了，并没有好处，反而增加肠胃负担，甚至容易引起胃病。

同样道理，油炸食物也较难以消化，产妈咪也不应多吃。并且，油炸食物的营养在油炸过程中已经损失很多，比面食及其他食物营养成分要差，多吃并不能给产妈咪增加营养，倒是增加了肠胃负担。

>> 产妈咪大课堂

我国流传着产后不能吃生冷，不能吃咸、酸等食物的习惯，所以有许多产妈咪怕这怕那，产后很多东西不敢吃。产妈咪刚生完孩子，身体虚弱，消化能力差，宜吃些富于营养、容易消化、清淡的饮食，以后可逐渐增加进食量和进食花样，由少到多，以身体能适应为宜。产后多吃些水果，可以补充所需要的维生素及矿物质，还可以防止便秘。吃水果时要注意清洁，洗净或去皮后再吃，以免发生腹泻；还要注意不要太凉，如果水果刚从冰箱里拿出来，要在室温下放一会儿再吃，有的产妈咪还怕凉，可切成块，用开水烫一下再吃，也可加些糖，最好不要煮沸，以免破坏水果中的维生素。

❼ 产后应少吃过咸、过酸的食物

妇女产后有乳房下垂的现象，很多人认为是给婴儿喂奶的缘故，其实，这并不是主要原因。除乳房外，其他部位如眼皮、脸颊、颌、上臂、腹、腿等肌肉都会出现松弛及产生皱纹的情况，这种现象与产后的饮食调养有关。产后应少吃过咸或过酸的食物，盐在体内会产生凝固水分或血液的作用，对产妈咪不利；而酸类食物虽可减肥，但对于产后易疲劳的身体来说，会导致肌肉无力及下垂松弛。所以，如要早日恢复苗条及富有弹性的身段，便要谨慎选择食物及多做运动。

❽ 剖宫产后如何调理饮食

剖宫产术是解决难产的一种方法，目前接受这一手术的产妈咪日趋增多。为了能使身体尽快恢复如初，饮食上的合理调养是十分重要的。

（1）剖宫产术前不宜滥用高级滋补品，如高丽参、洋参。因为参类含有人参甙，具有强心、兴奋作用，产妈咪服用后在手术时难以与医生配合，且刀口易渗液，影响术后康复。有些鱼类体内含有丰富的有机酸物质，能抑制血小板凝集，不利术后止血与创口愈合，也不宜多食。

（2）剖宫产手术后肠道功能受抑制，肠蠕动减慢，肠道内有积气，易造成腹胀。为了减轻肠内胀气，产妈咪在术后6小时内应当禁食。6小时后宜服用一些排气类食物（如萝卜汤等），以增强肠蠕动，促进排气，减少腹胀，并使大小便通畅。易发酵产气的食物如糖类、黄豆、豆浆、淀粉等，产妈咪要少吃或不吃，以防腹胀。

（3）产妈咪排气后，饮食可由流质改为半流质，如蛋汤、烂粥、面汤等。食物宜富营养且易消化。然后根据产妈咪体质情况，逐渐使饮食恢复到正常。术后应禁忌过早食鸡汤、鲫鱼汤等油荤汤和催乳食物，一般应在术手后7～10天再食用。产妈咪饮食宜荤素搭配。

第三章

产后如何恢复美丽

大多数妇女在怀孕期体形发生很大变化，腹部突起，臀部、大腿等也都胖起来。产妈咪在分娩后坚持进行必要的身体锻炼，对体质以及体形的恢复有益。进行锻炼，可以使产妈咪尽早恢复全身肌肉的力量，提高腹肌及会阴部肌肉的张力，促进恶露的排出，并可预防子宫后倾、尿失禁、子宫脱垂等产后常见疾病，同时，还可消除腹部、臀部、大腿等多余的脂肪，恢复怀孕前的健美身姿。

❶ 产后怎样恢复体形

（1）**腹部锻炼** 产妈咪仰卧床上，将手放在肩上，深吸气，使腹部膨胀，然后轻轻呼气，同时用力收缩腹肌肉，使腹部下陷。从产后第3天做至第4周末，有利于恢复松弛的腹部。

（2）**上肢锻炼** 产妈咪仰卧床上，两腿稍稍放开，两臂平伸，与身体呈直角，然后慢慢抬起两臂，保持肘部平直。当两手接触后，慢慢放下两臂。从产后第2天做至第4周末，有利于恢复双臂及胸部肌肉的力量。

（3）**下肢腰背肌锻炼** 产妈咪仰卧床上，两臂放于身体两侧，与身体稍分开，然后轻轻抬起双膝、臀部及后背，使身体呈弓形，保持一会儿后恢复原位。从产后第3天做至第4周

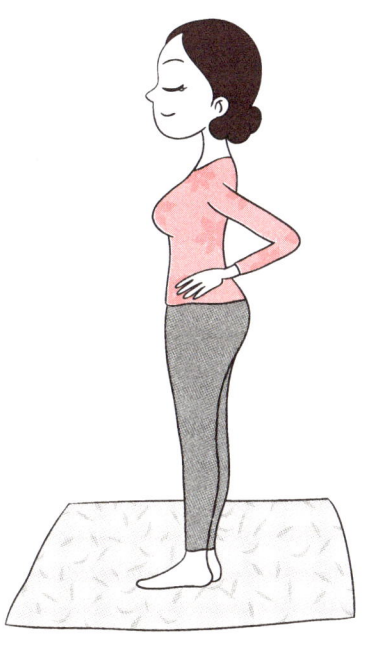

末。有利于恢复大腿肌肉及腰背部肌肉的力量。

(4) **腹肌及臀部锻炼** 产妈咪仰卧床上,两膝及两臂屈曲,以两肘及两足支撑,向内翘起骨盆部,在抬头的同时,用力收缩臀部。从产后第4天做至第6周末,有利于恢复松弛的腹部及臀部,减少脂肪。

(5) **腹肌及股部锻炼** 产妈咪仰卧床上,以右腿支持,稍微抬高头部,伸右手向左膝,但不要接触,然后恢复原位。以同样方法,再伸左手向右膝做相同的动作。从产后的第5天做至第6周末,有利于恢复腹部及大腿部原来的形态。

(6) **背部、腹部及臀肌锻炼** 产妈咪保持前臂贴合身体和小腿并拢,以肘、膝为支撑,用力收缩臀部及腹部。接着放松,同时深呼吸。从产后第6天做至第6周末,有利于背、腹、臀部的恢复。

(7) **胸膝卧位** 产妈咪跪于床上,然后使脸及胸部尽量贴紧床面,两腿并拢,屈臂,上半身向下,头转向一侧,如此动作保持每次10分钟左右,每天2~3次。此动作可防止子宫后倾,促进恶露排出。从产后第14天开始做,不可过早进行。若产妈咪身体弱,也可用俯卧30分钟代替。

(8) **肛门及阴道肌肉锻炼** 产妈咪平卧床上,两脚交叉,大腿并拢,尽量将会阴及肛门肌肉收缩,提起后稍坚持一会儿再放松。如此反复进行,对会阴部及阴道肌肉张力的恢复,预防子宫脱垂及增强性功能,都十分有益。

> **>> 专家温馨提示**
>
> 分娩后,年轻的母亲就要给婴儿哺乳了。母乳是婴儿最理想的食品,但现在有许多年轻的母亲错误地认为哺乳会影响自己原来健美的体型,产后不愿亲自给婴儿哺乳。我们说哺乳不但不会影响体型,而且还有利恢复健美的体型。

❷ 产后脱发怎么办

产后脱发持续时间通常不会超过6~12个月,因此一般来说不会太严重。如果没有特殊原因,产妈咪完全不必担心头发会掉光,不需任何治疗,过一段时间头发就会自动长出来。如果过分在意,精神压力太大,反而会加重头发脱落的程度。

产后秀发护理保持清洁是关键。产妈咪在产前产后都应像平时一样沐浴、洗发。洗头不仅可起到按摩作用，加速血液循环，保护头发的生长，还可以疏通毛孔，防止患脂溢性脱发。为了梳理方便和避免扯掉过多头发，洗发时应顺着头发的生长方向轻轻梳洗，不要全部拢到前面或由枕后向前额用力搓洗。

日常生活中有很多唾手可得的美发佳品。如骨头汤具有减缓毛发老化的功效。将骨头砸碎，按1:5的比例加水，煮沸后，用小火煮1~2小时。待骨头汤冷却后，容器底部会沉积一层黏稠物质，食之，不仅味道鲜美，还是健发妙药。日常休闲小食品如葵花子、黑芝麻、核桃均为养发佳品。以上食品富含不饱和脂肪酸、维生素和蛋白质，不饱和脂肪酸会使头发润泽，维生素可防止头发脱落、干涩，而蛋白质则是头发的主要成分，所以蛋白质对保证头发的营养和促进新生有重要作用。新鲜水果、蔬菜对保持头发健康也有很大作用。

如果不幸发生了轻微脱发，新妈妈可以一试下面的小偏方，定不会使你失望：

◆用鲜姜片或大蒜汁擦拭患处，或在洗发水中加入柠檬汁、食醋，可促进头部血液循环。

◆将生芝麻少许（40~100克）与淘米水（2500~3500克）共煎至刚沸腾，冷却至38℃左右洗发。每天洗1次，待头发干后1小时再用清水冲洗。此方法治疗脱发4天即可见效。

每日适度梳理头发，刺激毛发再生，但不要用塑料、尼龙梳子，最好用黄杨木梳。

保持心情愉悦和充足的睡眠，避免忧郁和精神过度紧张，对于防治脱发也很重要。

❸ 产后如何让头发乌黑飘逸

怀孕生子是件令人高兴的事，但也会在生理上使女人产生很大的变化，甚至让原来一头乌黑飘逸的秀发变得干涩、枯黄。产后女性若能掌握下面的几招，就可让头发恢复美丽。

（1）**适度清洗头发**

经常洗头、保持头发的干净整洁是让秀发永葆健康亮泽的重要方法。采用正确的方法洗头，不但不会洗坏发质，还可以及时清除油脂和污垢，防止头发干燥、开叉，减少头发受损和断发，有效控制头皮屑的产生，保持头发整洁秀丽，健康亮泽。

(2) 定期焗油

季节变化、空气污染、烫发染发等化学损害，过度吹发等物理伤害，挑食偏食等造成的营养不良，都会使头发变得干枯、开叉、易折断。这时，仅靠简单的洗发和润发将无法从深层修护头发。

而定期使用焗油产品可以弥补头发的营养不足，焗油丰富的营养能深入头发内层，使头发具有活性和弹性。所以，头发深层护理的关键是焗油。

定期焗油是头发生长、保养和修护所必需的，最好能够每周做一次。家用焗油产品操作简单轻松，最适合在日常使用。只要每次使用香波和润发精华素后，把焗油发膜类的产品直接涂抹在头发上，保持3~5分钟，然后彻底冲洗干净，特别是发根部位，就可以了。

(3) 头发乌亮柔软法

用茶水洗发，可使头发乌黑柔软、光泽美丽，而且不会损伤发质。

洗发时，用洗发剂洗干净头发，再用事先备好的茶水倒入脸盆内，将头发浸入并轻轻揉搓约15分钟，然后再用温水洗干净。照此方法连续洗一段时间后，可令干枯的乱发乌黑油亮、柔顺服帖。

何首乌粥

［原料］何首乌50克，大枣60克，粳米100克，冰糖25克。

［做法］先将何首乌洗净，放入砂锅内，用旺火煎取浓汁，去渣，在其汁中加入大枣、粳米、冰糖用文火共煮成粥。

［服法］每日早、晚餐各服1次，坚持数月即可见效。

［功效］滋肾益肝，补血祛风，养颜乌发。

---

❹ 产后如何去掉脸上的黄褐斑

孕期常见的面部色素沉着称为黄褐斑，由于它以鼻尖和面颊部最为突出，且对称分布，形状像蝴蝶，因此也称为蝴蝶斑。黄褐斑是由于怀孕后胎盘分泌雌孕激素增多而产生的，因存在个体差异，有的孕妈咪重一些，有的轻一些。分娩后体内雌孕激素分泌恢复到怀孕前的正常水平，大部分人脸上的斑会自然减轻或消失，但也有人依然如故，这就需要由内到外进行调节。

目前流行的几种祛斑方法有：

●激光祛斑：用先进的激光仪器去除色斑。

●果酸祛斑：用高浓度果酸剥脱表皮，较以往的化学剥脱更安全可靠，达到"换肤"目的。

●磨削祛斑：用机械磨削的方法去除表层色斑。

●针灸祛斑：属中医范畴，通过调节经络、改善人体内分泌祛斑。

●药物祛斑：口服维生素C，并结合静脉注射维生素C祛斑。

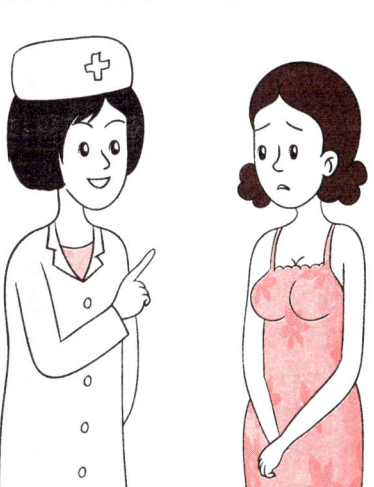

●中草药祛斑：遵循中医原理，服用具有相应功能的中草药制剂，外加敷中草药面膜，由内而外治愈色斑。

祛斑方法多多，但效果因人而异。目前消除妊娠黄褐斑最安全、有效的方法当属中草药祛斑和针灸祛斑相结合的中医方法。这种方法虽然见效慢，但安全可靠，治标治本，不易反弹。

❺ 如何自制美容面膜

（1）**油性皮肤**

①将苹果、黄瓜、西红柿等研磨成泥汁，加藕粉1茶匙调匀敷于面部，有收缩毛孔的作用，适用于皮肤毛孔粗大者。

②取蛋清少量，调打至充分起白色泡沫后加入数滴柠檬汁，再加入2茶匙面粉调和均匀敷面，有防止产生细小皱纹的作用，适用于有皱纹者。

（2）**中性皮肤**

将奶粉1茶匙、藕粉2茶匙、果汁数滴、双氧水数滴、收敛化妆水数滴调匀敷面，有润肤、漂白、去除黑斑的作用，适用于皮肤较黑者。

(3) 干性皮肤

①将奶粉 1 茶匙、蜂蜜 2 茶匙、面粉 1 茶匙调匀，敷于面部，有滋养皮肤、防止和消除皱纹的作用，适用于皮肤干燥者。

②取 2 茶匙橄榄油加热后倒入面粉 1 茶匙调匀，再加入蛋黄 1 个，调好后均匀地涂于脸上。此面膜滋肤养肤，可消除皱纹，适用于皮肤粗糙者。

③取猪蹄入高压锅煮到呈胶状，待晾凉后加入 1 茶匙蜂蜜调匀后涂抹搓擦，可滋肤养肤、消除皱纹，适用于皮肤衰老者。

>> 网站轻松链接

为了保持皮肤的滋润，要摄取足够的水分。在使用空调的房间，要使用保湿类的护肤品，更要多饮水，这样能有效避免皮肤因缺水而干燥老化。可在清洁皮肤后涂一些滋润霜，或用黄瓜、苹果切片贴面，也可自制一些水果、蜂蜜、牛奶面膜，每周使用 1～2 次，以保持皮肤的白皙润泽。

6 产后如何减少妊娠纹

生育对女性来说，可以说是人生中最具有挑战性的一个过程。在漫长的 10 个月的孕期中，不少女性本来非常洁净光滑的腹部和大腿内外两侧竟然生出了许多细密而难看的妊娠纹，即使是在生完孩子后的很长一段时间，甚至是好多年后，这些妊娠纹都一直不褪。一些女性因为身上的妊娠纹而不敢在夏天过多地露皮肤，即使是身段窈窕的女性，也没有勇气在游泳场所穿比基尼。

妊娠纹是怎么产生的呢？简单地说，是由于妊娠而身体渐渐肥胖，皮下组织（包括脂肪组织）经受不住如此的拉力，造成部分断裂，同时表皮的色素沉着，这样就形成了所谓的妊娠纹。对于妊娠纹，目前世界上还没有行之有效的消除方法。与其事后费尽心机地去补救，不如事前多做些预防，防患于未然。最切实可行的方法是增加腹部皮肤的弹性，给腹部皮肤补足充分的营养，尽量预防和减少妊娠纹的产生。

产后女性减少妊娠纹的具体办法是：

(1) 加强锻炼

可以进行一些动作比较舒缓的活动如健身操，加强腹部和腿部的锻炼，既不让肌肉结成疙瘩。同时，要拉长肌纤维的长度，增强它们的抗拉性，使之不易断裂。

(2) 选择腹部专用的保养品

腹部专用保养品（针对护理部位的特殊要求）多含有弹力增强素、氨基酸、胶原蛋白、貂油、麦芽糖醇及生化综合体等，可以充分增加腹部皮肤的弹性，活化腹部的纤维组织及补充纤维，同时可以促进腹部皮肤的自然生长，并淡化色素，增强腹部皮肤的水化作用，有效促进细胞的再生和代谢，满足腹部皮肤特殊的营养需求，防止皱纹的生成及皮下结缔组织的断裂。

(3) 腹部护理的程序

早晚沐浴后，可先在腹部涂一些柔肤化妆水，再取浴后乳液或腹部精华素涂于其上，后取适量的腹部保养乳按摩15～20分钟，直至全部被吸收，最后再涂一层腹部专用晚霜。若不能每天洗浴，则应在按摩前做局部清洁和毛巾热敷8～10分钟，然后再进行护理，因为只有在血液循环加快、毛孔张开的情况下，营养才能被充分吸收，如能借助按摩器则效果更佳。对于已经开始妊娠的女性，以上护理同样适用，只要慎重按摩（用力不可过大），连续使用至分娩后两个月或一年左右，便能达到增加腹部皮肤弹性和去除色素沉积的效果。

若产后妇女的年龄偏大或代谢较迟缓，则可适当延长使用时间，或去专业的美容院或美体机构去做专项护理。

剖宫产疤痕怎样护理

疤痕是手术后伤口上留下的痕迹，一般呈白色或灰色，光滑、质地坚硬。大约在手术刀口结疤2～3周后，疤痕开始增生，此时局部发红、发紫、变硬，并突出皮肤表面。疤痕处有新生的神经末梢，但其杂乱无章。疤痕增生期大约持续3～6个月，纤维组织增生逐渐停止，疤痕也逐渐变平变软，颜色变成暗褐色。这时疤痕会出现痛痒感，特别是在夏季或天气变化时常常感到刺痒，甚至到了非抓破疤痕表皮见血才肯罢休的程度。这是因为，夏日人的身体往往多汗，出汗时疤痕被汗液浸湿，汗液中的盐分会刺激疤痕内部的神经末梢，于是就产生了疼痛和奇痒。当天气变化时，由于冷热温差和干湿的变化比平时强烈得多，疤痕内的神经末梢能敏感地测出这种变化，并以痒和疼为信号告诉人们。对于这种极有规律的对天气变化的敏感性，人们诙谐地称之为"天气预报"。不过，年轻的妈妈不要害怕，疤痕的刺痒会随着时间的延长渐渐消失。剖宫产疤痕的护理要诀是：

（1）手术后刀口结的痂不要过早地揭掉，过早硬行揭痂会把尚停留在修复阶段的表皮细胞带走，甚至撕脱真皮组织，并刺激伤口出现刺痒。

（2）在疤痕处涂抹一些外用药如肤轻松、去炎松、地塞米松等止痒。

（3）避免阳光照射，防止紫外线刺激形成色素沉着。

（4）改善饮食，多吃水果、鸡蛋、瘦肉、肉皮等富含维生素C、维生素E以及人体必需氨基酸的食物。这些食物能够促进血液循环，改善表皮代谢功能。切忌吃辣椒、葱、蒜等刺激性食物。

（5）保持疤痕处的清洁卫生，及时擦去汗液，不要用手搔抓、用衣服摩擦或用水烫洗的方法止痒，以免加剧局部刺激，引起结缔组织炎性反应。

❽ 产后矫正乳房下垂的方法

新妈妈哺乳期结束后，乳腺会萎缩，乳房变得不那么坚挺了，如果原本乳房就大，乳房就会下垂得较厉害。这时除了可穿紧身的胸罩外，还可通过按摩法来改变乳房的松弛下垂。

方法如下（按摩前宜先在乳房上涂抹乳液或按摩霜）：

（1）用温水清洁身体，当身体处于温暖状态时，将双手放在两侧乳房的下方，由腋下向上抬高乳房，每次约5分钟。

（2）拇指除外，其余四指并拢；双手轮番交替往上撩拨、托起左边乳房，约做1分钟。再用同样动作按摩右侧乳房。

（3）双手虎口置于乳房外侧往内夹；手腕转弯，以虎口托起乳房，再顺势往上抬至乳晕处即松开手。重复上述按摩，做 10～20 次，可预防"外扩"，使乳房集中。

（4）双手虎口打开，其余四指并拢，以左边乳房底端外侧为起点，由下向上、向内滑拨，双手轮番交替按摩约 1 分钟后再按摩右侧乳房。此法可矫正乳房外扩和下垂。

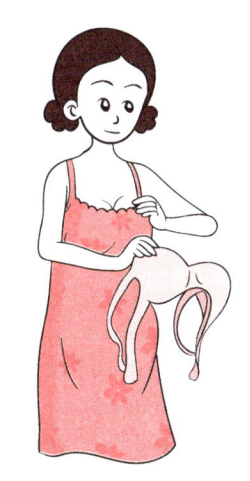

（5）以乳头为中心点，五指分开围于乳头外侧成一圈。心中默数"1、2、3、4、5"，指尖慢慢施力下压，且应着力于肋骨夹缝间，停留约 2 秒钟后，再默数"5、4、3、2、1"，慢慢松开五指。此组动作反复做 5～6 次，可促进乳房血液循环。

❾ 如何根据脸型描画眉型

眉型对于女人的容貌可以说是有着举足轻重的影响力。选对了眉型，能立刻修饰脸型的缺点，让人为之眼前一亮。如果你对自己的脸型不太满意，建议你换个发型，修饰一下眉型，这样马上就会气象一新。这里精选了四种脸型做示范，每种脸型分别画两个不同的眉型做比较，你可以很轻松地对号入座，看看你的脸型和什么眉型结合最完美。

（1）**长脸型**　一字眉是最佳选择。两道横在脸上的直直的线条，仿佛要将脸分成两半似的，会使得脸型看起来不那么长，两颊也会被修饰得圆润一些。而那种强调眉峰和弧度的高挑眉虽然时尚，但是却会使长脸型看起来更长。

画眉方法：眉型平坦没有弧度或是眉峰的高度不够的女孩，顺着自己的眉型，一般不需要大修改，就能画出一字眉。

（2）**圆脸型**　高挑眉能让脸变长，一字眉会更显圆。弓形的高挑眉最适合圆脸型的人，它高挑的弧度恰好在圆脸上拉出了适当的距离，让面部的五官不那么集中，从而使得脸被拉长了。

画眉方法：这种强调眉型弧度的高挑眉是许多超级名模的代表眉型。本身眉弧度就很高的人，只要顺着自己原来的眉型稍微描画就很完美了。如果你没有天生弯曲的眉型，那么将眉毛后半部分完全剔除，靠着手工技巧，也可以画出让你自傲的时尚眉型。

(3) **方脸型** 方脸型的人想要修饰脸型可用上扬眉。上扬眉属于强调弧度的高挑眉型，刚好掩饰了脸上稍嫌严肃的棱角，像施了魔法一样，把脸形变圆了。

画眉方法：从眉峰描画到眉尾时，必须将线条慢慢地减细，并且顺着眉形微微上扬。最重要的眉峰部分，以眉笔将眉峰的弧度勾勒出来，让眉型的曲线更立体。要注意的是，两眉之间最好保持一定距离，两眉距离太接近会使五官显得太集中，让方脸型变得更大更方。

(4) **倒三角脸型** 下巴尖尖的倒三角脸型是所有脸型中最幸运的了，因为可以选择的眉型相对较多。不过，因为倒三角脸型的线条较直削，因此上扬眉型会使得面部线条感觉过于刚毅，给人不容易亲近的感觉。略带弯度的自然眉型可以缓和面部的线条，使脸型显得柔和。

画眉方法：整个眉尖从眉头到眉尾，呈现缓和的自然弧度，就是所谓的自然眉型。因为此眉型没有突起的眉峰或是上扬的眉尾，因此只要照着眉毛生长的方向描画即可。

⑩ 如何描画眼线

用眼线笔在上、下睑缘画出一条明显的黑线，使黑眼珠显得更加明亮有神，这条线称之为眼线。描画眼线是为了美化和突出眼睛，同时可以通过画眼线的技巧改变眼睛的形状。同样长的眼线，如果在眼线中心部位画得粗一些，就能产生眼睛的长度缩短、眼睛变大的效果；如果将眼梢处的眼线延长，就能产生眼睛狭长的感觉。这就是小眼画大、大眼画小的诀窍。通过画眼线还可以强调人的气质。比如，把眼线的重点放在下眼线，也就是下眼线比上眼线粗时，眼睛的位置降低，就显得天真活泼；如果把眼线的重点放在上眼线，眼位升高，就显得成熟稳重。千姿百态的眼线能为你增添无限的神韵和风采。

描画眼线除了使用眼线笔外，还可使用眼线液。眼线液适合于眼睑较易出油者，它可以使妆容持久稳定，不会出现令人尴尬的晕妆。

由于眼线液的使用技巧很难掌握，平日里就要多加练习，以达到眼妆自然的效果。女性也可以只在出席特殊场合时使用眼线液。比如在强烈灯光下工作需要突出眼部线条的人，最好用黑色或深咖啡色的优质眼线液，因为它们会干得较快。选择短柄刷描画眼线，小手指抵在脸颊上，这样可以描画出满意的眼线。

眼线液的使用方法与眼线笔很相似，只是不能揉。如果你喜欢画明显的眼线，可以睁着眼睛用眼线液描画眼线，要注意边画边比较两眼是否对称。

用眼线液时要先摇匀眼线液瓶。抽出刷杆时要小心地在瓶口抹掉眼线刷上多余的液体。切忌将液体弄到睫毛上，沾到了睫毛上，要立刻擦掉，如果沾在脸上，要立即用湿布或纸巾的一角轻轻拭去。用完眼线液后要拧紧瓶口，以防液体会慢慢凝固。

>> 专家温馨提示

为减少眼周的皱纹，必须供给眼部皮肤足够的养分和水分，除了应及时补充失去的水分外，选用合适的眼霜也是一个重要的环节。涂眼霜时切忌胡乱涂抹，正确的方法是：首先以无名指蘸一下少量的眼霜，用另一手的无名指把眼霜匀开，涂抹在眼周，最后以打圈方式按摩5~6次。

从漂亮新娘到完美妈妈

11 如何保养指甲

指甲好与坏可以体现一个人的身体是否健康。新妈妈指甲无光泽、干裂是维生素A、维生素B、维生素D缺乏的体现。不好的习惯也会造成指甲裂、无光泽。膳食不均衡、经常用锉刀磨指甲、用牙齿咬指甲，或因工作关系手长时间泡在水里等，都会使指甲变得脆弱。

保养指甲首先要掌握正确的方法。要经常修剪指甲，防止指缝内积存污垢而破坏双手美观。若留指甲，应将指甲边缘修摩光滑，并修剪成椭圆形，过尖的指甲形状会削弱指甲的韧力而使其变得易折断。指甲一定要在洗浴后指甲变软后再修剪，剪至以手心向上时看不见指甲为准，再用锉刀轻轻地从两侧向中间磨圆，拔去肉刺，最后在指甲根部抹上营养油。

很多新妈妈很喜欢涂各种颜色的指甲油用以美化手指，但需要提醒的是，每次抹指甲油时不要涂抹得太厚，否则会对指甲有损伤。

少做仿真指甲。甲艺如今十分流行，许多新妈妈受爱美之心驱使，也热衷于通过美甲场所在原有指甲上粘贴仿真甲以美化双手，但由于其整个制作过程较为复杂，若稍有不慎或器械消毒不彻底，便可能引致皮肤感染细菌和病毒。另外，有些人工指甲的材料也有可能使自然指甲产生过敏反应。不仅如此，长期粘贴仿真指甲还会影响自然指甲正常的水气交换及生长，使指甲变薄、强度减弱。因此，从护手健手的角度考虑，仿真指甲还是少做为妙。

保护指甲还需要膳食均衡，补充含有维生素A、维生素B、维生素D的动物蛋白质食品，改变偏食的坏习惯。

12 用美丽的口红画出美丽的唇

新妈妈用口红在唇上绽放出最美丽的花朵并不是一件很简单的事情，这需要一定的技巧。

(1) 色彩的选择

不同的唇色会给人不同的感觉。粉红色系的唇色有粉红、玫瑰红等，色彩倾向于明亮，兼具少女般的甜美和成熟女性的华丽；略微偏暖的正红色给人健康的感觉；如果用再暖一些的橙色，可以给人清新爽朗的印象；假如用褐色系列的口红，就会有敏锐、流行、成熟、厚重的感觉；当然，偏蓝紫色的口红也可以使用，但用不好就会显得呆板、冷酷。总之，使用的色彩越鲜明，越会产生开朗、活泼、积极的效果；深色的口红则会给人以稳重、优雅、智慧的感觉。

(2) 根据唇形巧选口红

在涂抹口红的时候可以根据自己的唇形选择适合自己的色彩和修饰方式，以达到最完美的化妆效果。

小而厚的唇宜选用鲜艳一点的色彩如亮丽的红色或粉红色，在描画唇线时，可用唇线笔把唇的轮廓略微向外画一点，下唇的曲线则要画得平一点，这样能够给人留下一种楚楚动人的印象。

大而厚的唇最好选用暗红色的唇膏，这样能够给人一种口形变小的感觉。打粉底时先压住天然唇线，然后再用唇线笔画出略微内收的唇线，还要在唇部中心处把唇膏涂得浓些。

小而薄的唇其修饰的目的就是要使口唇加大加厚，增加美感。可以选用明亮色彩如浅橘色或粉红色的唇膏。描画唇线时，可用唇线笔把唇的轮廓适当向外扩一点，口角处稍微向上翘一些。

大而薄的口唇宜选大红色或咖啡色的唇膏。可用唇线笔增加口唇的厚度，缩小口唇的宽度。不要选用珠光、银光等唇膏。

唇角上翘的唇可选用明艳的橙色或粉红色唇膏，在描画唇线时可适当将上唇修薄，以增加口唇的动感。

唇角下垂的口唇可以将下唇画得丰满些，近唇角处画得厚一些，使唇角拉平，形成上薄下厚的唇形，达到柔情似水的效果。

(3) 涂抹口红的一般程序

因为嘴唇是非常脆弱的，因此事前的保护步骤要做得好，绝对不可偷懒，

否则嘴唇很容易会变得干皱、暗沉。为了滋润保护唇部，一定要记得先涂上一层护唇膏，然后再涂口红。

13 如何恢复秀美的双腿

有人说，女人双腿最美的季节是18～23岁，因为双腿在这时能呈现出最美的曲线。这一说法客观上有些道理。20岁左右的姑娘已发育成熟，腿部显得丰满、修长、浑圆、紧绷，再过几年就要结婚、怀孕，生了孩子后双腿顿时韶华尽褪，往日的风采荡然无存，让人一眼就看出生育过的印痕。在寒冷季节，这些女性尚可借大衣长裤遮掩，在夏天就难免要原形毕露了。

妇女生育后双腿之所以会有如此的剧变，多因在怀孕期间，尤其是在怀孕后期受日益胀大的子宫压迫，下肢静脉回流受阻。这样，一方面形成程度不同的妊娠水肿，组织间隙水分增多，导致双腿皮肤紧绷，待水肿消去就显得皮肤松弛；另一方面造成下肢静脉曲张，分娩以后尽管静脉回流情况得到改善，但已较难恢复到孕前水平，加之产后较长时间卧床更加剧下肢静脉曲张，使青筋盘旋扭曲于浅表。同时，因为怀孕期间及产后一段时期缺少运动，双腿肌肉萎缩，逐渐为脂肪所填充。

如何使产妈咪的双腿恢复原有的风采？这里介绍两种行之有效的保养方法：

◆产后使用弹力绷带或医用弹力套袜，这是最为简便实用的保养方法。它可以压迫下肢静脉、迫使血液向心脏回流，从而消除或减轻下肢肿胀、胀痛等症状。在怀孕后期，采用此法护理双腿也可减轻水肿程度。

◆产后做双腿健美操。在产后第5天至满月，即可适当运动双腿，以锻炼腿部肌肉，改善下肢静脉血液的回流。锻炼时取坐位于地，双腿伸直并齐，腰部伸直，两臂伸直放到身后，手指伸开支撑地面，吸气时脚尖尽量上翘，呼气时脚尖尽量伸平；然后仰卧，双腿伸直略分开，两臂放在身体两侧，吸气时左脚伸直，与上身成直角，足尖翘起，两脚交替进行。健美操适用于正常分娩的产妈咪。由于产妈咪体质大都较虚，故在锻炼期间要根据自己的具体情况，量力而行，不可操之过急。每节操做2～3分钟，早晚各一次，尤其要注意锻炼时呼吸与运动的配合。

满月以后，则可进行各种肌群锻炼，以恢复大腿肌肉的强度、弹力，适宜的运动有慢跑、双腿屈伸运动、游泳等等。

第四章

新妈咪产后疾病防治

产妈咪分娩后体力消耗较大，失血较多，身体比较虚弱。为了使产妈咪身体早日恢复，应及时给予保健护理或药物治疗，以便减轻产妈咪身体上的痛苦或不适，缓解精神上的紧张或不安。产妈咪在产褥期常觉头晕、头痛，这可能是由于分娩产程过长、感染风寒或某些精神因素引起的。丈夫和亲人要多体贴抚慰产妈咪，注意保暖防寒，让产妈咪安静休息。

1 如何防治尿潴留

多数产妈咪于分娩后 5 小时左右可自行排尿，但有的产妈咪会出现排尿时间延长，甚至不能自行排尿的情形，发生尿潴留。

产后 1～2 天有尿意却排不出来，就一定要争取早下床排尿，越早排尿越不容易发生尿潴留。会阴有裂伤，或在分娩中做了会阴侧切术，排尿时会引起疼痛。这时，一定要克服怕痛心理，勇敢地下床排尿，争取不用护士导尿。

如果膀胱中积存过多的尿，不仅影响子宫收缩，还会诱发尿路感染。如果分娩后 8 小时以上还没有自行排尿，护士就会采取措施，常见的就是导尿，从尿道口插一根软的导尿管，让膀胱中的尿自然流出。导尿存在着尿路感染或尿路损伤的潜在危险。有的产妈咪拔出导尿管后，仍不能自行排尿，或加重了排尿痛，所以最好争取自行排尿。

（1）产后每 4 小时排一次小便，不必等到有尿意时。

（2）剖宫产后要尽早下床活动，尽量不在床上排尿。

（3）自然分娩的产妈咪，尽最大可能争取在产后第一时间自行下床排尿。

（4）自然分娩前后多饮水，尤其是不要怕排尿而不敢饮水，饮水越多，排尿越通畅。

（5）采取自己习惯的姿势排尿，不要因为分娩而刻意改变排尿习惯。

（6）精神放松，分娩是很自然的事情，过度紧张是导致分娩后并发症的原因之一。

（7）记住简单的两句话：放松、放松、再放松，自然、自然、再自然。

❷ 会阴伤口出现异常怎么办

产后，会阴部会留下一个伤口，裂开的伤口一般较小而浅；剪开的伤口整齐，便于缝合。一般来说，经过三、五天伤口就会愈合。如果不注意保护，新愈合的伤口有可能重新裂开。

不管伤口是否感染或裂开，产妈咪每天都应该用温开水冲洗外阴，应先洗前面，再洗后面，切忌坐盆洗浴。因为产后第一周，子宫口没有闭合，坐浴时污水可进入子宫，导致上行性感染。产后第八天，子宫口已闭合，可开始坐浴。如有感染，可用1∶5000的高锰酸钾（即所配高锰酸钾液应呈桃红色，颜色不可太深，否则对皮肤有刺激）温热液坐浴。坐浴每日1～2次，每次10～15分钟，可清除外阴部污垢，促进伤口愈合，还有助于会阴及骨盆底肌肉恢复正常。同时，大便后用纸揩擦时，一定要由前向后揩，防止粪便污染伤口。最好每次大便后用温开水冲洗外阴，然后洗肛门。

如果会阴伤口有轻度水肿，无需处理，两、三天内会自然消退。如水肿明显，可用50%硫酸镁溶液，加温后浸湿无菌棉垫作湿热敷。还可用25瓦的灯泡，放在距伤口一尺远处照射伤口，起到红外线照射的作用。

❸ 产后会阴胀痛的处理方法

造成会阴胀痛的原因很多，在处理之前应首先明确原因，然后根据不同的原因分别进行处理。

分娩时，如果会阴保护不当，或胎儿较大，或会阴体较长、较紧，就可造成会阴裂伤。做会阴切开缝合术也可使会阴部形成伤口，并可继发感染。先露部压迫会阴时间过久可造成会阴水肿。会阴伤口缝合时血管结扎不彻底，会形成会阴血肿。痔核脱出、肿胀等，都是导致会阴胀痛的常见原因。

会阴胀痛可不同程度地影响产妈咪的饮食、休息以及全身的康复，故应及时处理。针对造成会阴胀痛的不同原因，分别给以相应的处理。

如发现会阴血肿较大或逐渐增大时，应该及时将血肿切开，取出血块，然后找出出血点，结扎止血，缝合血肿腔。

会阴有伤口者，应加强会阴护理，保持会阴清洁，用1:1000新洁尔灭溶液或1:5000高锰酸钾液进行会阴擦洗，每天两次，并使用消过毒的会阴垫。如发现伤口感染，应及时将缝线拆除，有脓肿者应切开排出脓液，用1:5000高锰酸钾坐浴，并给予抗生素抗感染治疗。

会阴严重水肿者，可给50%硫酸镁湿敷，每天两次，每次15~20分钟，以促进水肿消失。

痔核脱出者可给予还纳，水肿明显者可局部涂抹痔疮膏，或用1:5000高锰酸钾坐浴。

❹ 什么是子宫复旧不全

在怀孕期间，母体为适应胎儿生长发育的需要，进行着一系列的生理变化，其中以子宫的变化最大，子宫腔的容积由非孕时的5毫升增大到足月时的5000毫升，子宫的重量由非孕时的50克增加到足月时的1000~1200克。

分娩后，由于子宫肌肉的收缩、缩复作用，迫使肌层内血管管腔闭锁或狭窄，子宫肌细胞缺血并发生自溶，子宫体积明显缩小，胎盘剥离面亦随着子宫的缩小和新生内膜的生长而得以修复。一般在产后5~6周可恢复到孕前状态，这个过程称为子宫复旧。当复旧功能受到阻碍时，即引起子宫复旧不全。

子宫复旧情况可以通过产后宫底下降的情况以及恶露的量来观察。

正常情况下，当胎盘娩出后，子宫底降至脐下。12小时后由于盆底肌肉的恢复，子宫底上升至与脐平，以后每天下降1~2厘米，大约在产后1周子宫缩小至12周妊娠大小，可在耻骨联合上方摸及，在产后20天降至骨盆腔内，腹部检查摸不到宫底，产后42天完全恢复正常大小。

可根据上述标准每天观察产妈咪产后子宫复旧的情况。检查前产妈咪要先排尿。

子宫复旧不全时，血性恶露持续的时间延长，可达7~20天或更长时间，量明显增多，有时可出现大量流血，恶露浑浊或伴有臭味。在血性恶露停止后还可有脓性分泌物排出。产妈咪多感觉腰痛及下腹坠胀。偶尔也有恶露量少而腹痛剧烈者。

通过检查还可发现，子宫如果复旧不全，会较同时期的正常产褥期子宫大且软，多为后倾后屈位，常有轻度压痛。宫颈也软，宫口多未闭合。

如子宫复旧不全未能及时纠正，因伴有慢性炎症，会使子宫壁内纤维组织增多，从而形成子宫纤维化。纤维化子宫可引起经期延长和经血增多。

❺ 子宫复旧不全的应对措施

子宫复旧不全时，应采取以下措施。

（1）应给予子宫收缩剂，以促进子宫收缩，如麦角流浸膏1毫升，每日3次，共两日；亦可用催产素10单位，肌肉注射，每日1～2次，连续3日；肌注麦角新碱0.2～0.4毫克，每日1～2次，共1～2日。

（2）伴有炎症现象时，应给磺胺类药物或广谱抗生素消炎治疗。

（3）中药活血化瘀，促进子宫收缩，如益母草膏2～3毫升，每日3次。

（4）子宫后倾时，产妈咪应经常采取膝胸卧位，以纠正子宫位置。每日1～2次，每次10～15分钟。

（5）如果怀疑有胎盘或大块胎膜残留，就应行刮宫疗法。

（6）子宫肌瘤合并子宫复旧不全者，应采用保守治疗。如果长期流血不止，亦可考虑切除子宫。

（7）产妈咪应注意休息，加强营养，保持良好的情绪，大小便通畅。

❻ 产褥感染的原因有哪些

致病菌可能是妊娠期就已经存在于产妈咪体内，也可能是在临产前、临产时或产后从外界侵入的。致病菌可能的来源有如下几种。

（1）妊娠末期有阴道炎症，分泌大量带有刺激性的白带，临产前不久曾有过性生活或洗过盆浴。

（2）胎膜早破，阴道和宫颈内的细菌可经过胎膜破口处侵入盆腔引起感染。

（3）接生人员未经正规训练，双手或接生器械消毒不严格。

（4）产程过长，肛门检查或阴道检查次数过多。

（5）产妈咪的衣服被褥不卫生，或用未经消毒的纸或布做会阴垫。

（6）产妈咪的呼吸道、胃肠道、泌尿系或皮肤上的细菌，通过血液或体表传播侵入阴道。

（7）同产妈咪接触的人上呼吸道内有细菌，通过谈话、咳嗽、喷嚏传播给产妈咪。

（8）产妈咪产后出血过多，抵抗力下降，如果休息不好，营养跟不上，极易发生感染。

>> 专家温馨提示

许多人认为产妈咪体质虚弱，需静养，就让其长期卧床，甚至连饭菜都端到床上吃，其实这种做法弊多利少。如果产后较长时间不活动，很容易使血液本来就处于高凝状态下的产妈咪发生下肢静脉血栓；同时产后盆腔底部的肌肉组织也会因缺乏锻炼，因托不住子宫、直肠或膀胱而膨出。而产后及早下床活动不仅有利于下肢血流增快和恶露排出，也能使腹部肌肉得到锻炼，早日恢复原来的收缩力，从而保护了子宫、直肠和膀胱等器官。一般情况下，产后24小时就可在床上靠着坐起来，第三天便可下床行走。

7 产褥感染的症状

产褥感染的病情轻重因致病菌的强弱和机体抵抗力的不同而不同，发病前可有倦怠、无力、食欲不振、寒战等症状。

轻微的产褥感染常常是在会阴、阴道伤口处发生感染，局部出现红肿、化脓、压痛明显等症状，拆线以后刀口裂开。

如果感染发生在子宫，则可形成子宫内膜炎、子宫肌炎、脓肿。发烧、腹痛、体温升高是产褥感染的一个重要症状。大部分产妈咪发病于产后3～7天，体温常超过38℃，热度持续24小时不退。子宫复旧不全，恶露量多，有臭味，子宫有压痛。

如果继续扩散，可引起盆腔结缔组织炎，炎症蔓延到腹膜，则可引起腹膜炎。这时除寒战、高烧外，还会出现脉搏增快、腹痛加剧、腹胀、肠麻痹等症状。若细菌侵入血液，则可发生菌血症、败血症，这时体温的变化很大，而且出现全身中毒症状，情况比较严重，如不及时治疗，则可危及生命。

>> 专家温馨提示

由于轻度产褥感染会影响产妈咪健康，延长产后恢复时间，而重度产褥感染则可危及生命，因此必须重视预防。预防工作应从妊娠期开始。加强孕期卫生，保持全身清洁，妊娠晚期避免盆浴及性生活。做好产前检查，加强孕妈咪营养，增强孕妈咪体质，防止贫血。临产时，应多进食和饮水，抓紧时间休息，避免过度疲劳，以免身体抵抗力降低。积极治疗急性外阴炎、阴道炎及宫颈炎，避免胎膜早破、滞产、产道损伤及产后出血。有胎膜早破或产前出血等感染因素存在时，必须住院治疗，用抗生素预防。临产前避免不必要的阴道检查及肛诊。产后要注意卫生，保持外阴清洁，尽量及早下床活动，以使恶露尽早排除。

8 急性乳腺炎的起因

不少初产妈咪往往在哺乳时未让婴儿将乳汁吸尽，致使乳汁淤积在乳腺小叶中。特别是一旦乳头发生皲裂，哺乳时会引起剧烈疼痛，更影响产妈咪的充分哺乳。此外，有些产妈咪的乳头发育不良（如乳头内陷），也有碍于哺乳的进行。初产妈咪的乳汁中含有比较多的脱落上皮细胞，更容易引起乳管的阻塞，使乳汁淤积加重。乳汁的淤积又往往使乳腺组织的活力降低，为入侵细菌的生长繁殖创造了有利的条件。

急性乳腺炎的病原菌主要是金黄色葡萄球菌，链球菌引起的比较少见。细菌侵入的途径有以下三种。

（1）由于哺乳不当引起乳头皲裂，产妈咪双手不清洁，使细菌污染乳房，然后细菌从裂口侵入，再沿淋巴管蔓延至皮下和腺叶间的脂肪和结缔组织，引

起蜂窝组织炎。

（2）另有一种在医院内流行的乳腺炎，多由耐青霉素的菌株引起。病菌通过婴儿的鼻咽部，在哺乳时直接沿乳腺管逆行侵入乳腺小叶，在淤积的乳汁中生长繁殖，引起乳腺小叶的感染。

（3）产妈咪呼吸道感染或生殖道感染，细菌经血液循环到乳腺，造成感染。

>> 专家温馨提示

为避免乳头疼痛，可用乳头套。哺乳时将乳头套套在乳头上，让宝宝透过乳头套吸奶。将您的手置于乳房与肋骨间，轻轻地向上挤，以便将乳头置于乳头套间，这个方法可以让宝宝的口中完全吸入乳头，并避免疼痛的乳头受伤。宝宝很快便会适应。

⑨ 乳腺炎的预防

预防急性乳腺炎的关键在于防止乳汁淤积和保持乳头清洁，避免损伤。

从妊娠后期开始，经常用温水清洗两侧乳头。有人建议在产前经常用酒精擦洗乳头和乳晕，可促使局部皮肤变坚硬。应该定时哺乳，每次哺乳后都应使乳汁吸尽。如未能吸尽，在哺乳后可摸及乳房肿块，此时应该用手按摩乳房，挤出或用吸乳器吸出乳汁，防止乳汁淤积。

如已发生乳腺炎，应及时治疗，必要时应暂停哺乳，并用吸乳器吸尽淤积的乳汁。

乳腺炎是初产妈咪常见的一种病症，轻者不能给婴儿正常喂奶，重者则要手术治疗。如果及早预防或发现后及时治疗，可避免或减轻病症。

产前每月在乳头及乳晕上擦一次花生油，妊娠8个月后每日用酒精或温水洗擦乳头、乳晕，使乳头皮肤变韧耐磨，预防

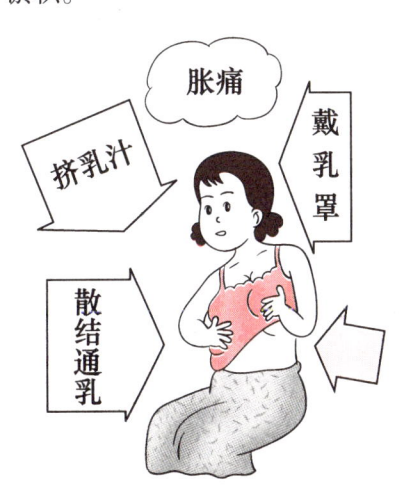

产后因婴儿吸吮而出现皲裂。有乳头内陷者更应注意矫正。

产后每次喂奶前后用3%硼酸溶液或温水洗净乳头及乳晕，按需哺乳，哺乳前按摩乳房，哺乳后用吸奶器吸尽乳汁。

掌握正确的哺乳姿势，要让婴儿含住大部分乳晕，而不是只含乳头。每次哺乳时要使奶汁完全吸尽，如婴儿吸吮力不够，不能吸尽时，可用吸奶器或用手将乳汁挤出，不使乳汁淤积在乳房内。如发生乳汁淤积，可局部热敷，每次20~30分钟，每天3~4次。用手从乳房四周向乳头方向轻轻按摩后，用吸奶器将乳汁吸出或用手挤奶，每天7~8次。

哺乳后应清洗乳头。不要让婴儿含着乳头睡觉。哺乳时间不宜过长，防止乳头破损或皲裂。若乳头皲裂，可涂鱼肝油铋剂或蓖麻油铋剂，哺乳前则要将药剂擦净。也可在哺乳后挤出少量乳汁涂在乳头上。皲裂严重时需暂停哺乳，用手将乳汁挤出或用吸奶器将奶吸出，伤口愈合后再哺乳。乳头内陷的产妈咪，每天清洗双手及乳头后用手指向外牵拉乳头加以纠正。

10 什么是产后抑郁

从孕育新生命到完成分娩，女性经历了角色的巨大转换。在产褥期的最初两周内常出现心情多变，容易激动，焦虑不安，情绪低落，容易哭泣，即表现为产后抑郁。目前产后抑郁越来越引起医生的关注。观察发现产后抑郁现象较为普遍，约50%的产妈咪或轻或重有此经历，多数症状轻，发生在产后7天内，持续数日。经产妈咪本人心理调整及在家人关爱下，症状自行消失，因而常不为人们注意。但个别可发展为产后精神障碍，如未得到妥善处理，有发生轻生或伤害子女严重后果之可能，所以对产后抑郁不可小视。

分娩后内分泌的急剧变化是导致产后抑郁的内在原因，随妊娠终止，产妈咪体内雌激素和孕激素水平急剧下降，与情绪活动密切相关的儿茶酚胺分泌量也减少，引起了产妈咪情绪波动。在此基础上，一些客观因素的存在成为诱因，常见的如分娩疲劳，适应不了自身角色转变，对抚育婴儿的焦虑带来的心理压力或伤口疼痛等，都可成为导致产后抑郁的直接诱因。

怎样才能预防产后抑郁

预防产后抑郁要有的放矢。

产妈咪在产前对产褥期的生理变化要有所了解，同时学习一些护理新生儿的知识和技巧，有助于尽快适应新的角色。

善于抒发自己的感受，不论是欢欣或是沮丧的情绪，倾诉可减缓心理压力。这是调适生活中的危机不可或缺的一环。有难处，要主动争取医护人员和丈夫以及其他亲朋的帮助、支持，切勿自艾自怨。

疲倦是造成产后情绪低落与忧郁的主要原因之一。合理安排好休息，尽快适应新生活，保证足够的休息时间，避免疲劳。

家属尤其是丈夫，在产妈咪分娩中给予产妈咪心理上的关爱和行动上的帮助，对消除产妈咪分娩时的紧张恐惧心情，防止产后抑郁至关重要。在沉浸于得到宝宝喜悦的同时，千万别忽略了产妈咪的情绪，多给予语言关爱，并保证产妈咪足够的休息。在产妈咪有异常情况如排尿困难、乳房胀或哺乳不顺利时，及时提供支持；产妈咪有烦恼时，丈夫要耐心倾听，帮助产妈咪度过产褥之初容易出现抑郁的时期，让妻子逐渐适应母亲的角色，不仅对产妈咪的心理健康有益，也有助于母婴的身体健康。

 **预防产后出血有哪些措施**

产后出血是可以预防的。

（1）首先做好计划生育，避免多次人工流产、刮宫，减少出血的机会。

（2）产前要定期做好检查，如有贫血应及时注意治疗。

（3）高危妊娠产妈咪应提前入院待产，对胎盘早剥及死胎应注意防止出现凝血功能障碍。

（4）消除产妈咪思想顾虑，分娩时不要过分紧张，注意饮食、休息、睡眠，避免体力过度消耗。第二产程，应注意勿使胎儿娩出过快，避免产道撕裂妨碍子宫的正常收缩与恢复。

（5）胎盘未剥离前不应揉挤子宫或牵引脐带；胎盘娩出后应仔细检查胎盘及胎膜是否完整，以免有残余胎盘遗留在宫内；剖宫手术产后应常规检查软产道，以便及时发现有无裂伤。

13 产后怎样预防腰腿疼

本病多因骶髂韧带劳损或骶髂关节损伤所致。一是由于产后休息不当，过早地持久站立和端坐，致使产妈咪妊娠时所松弛了的骶髂韧带不能恢复，造成劳损。二是因产妈咪分娩过程中引起骨盆各种韧带损伤，再加上产后过早劳动和负重，增加了骶髂关节的损伤机会，引起关节囊周围组织粘连，妨碍了骶髂关节的正常运动。三是产后起居不慎，闪挫腰部以及腰骶部，先天性疾病，如隐性椎弓裂、骶椎裂等诱发腰腿痛，产后更剧。

腰腿痛的主要临床表现多以腰、臀和腰骶部疼痛日夜缠绵为主，部分患者伴有一侧腿痛。疼痛部位多在下肢内侧或外侧，有的可伴有下肢沉重、酸软等症状。

预防本病的关键在于产后要注意休息和增加营养，不要过早持久站立和端坐，更不要劳累过度和负重；避风寒，慎起居，每天坚持做产后操。

14 哺乳期母亲禁用的药物有哪些

（1）**抑制泌乳药物** 隐亭等。

（2）**抗癌药物** 可抑制婴儿免疫力，引起白细胞减少症，如环磷酰胺、阿霉素等。

（3）**抗凝药物** 如阿司匹林，可引起小儿出血、呕吐、腹泻、惊厥。

（4）**抗精神病药** 如奋乃静，可影响小儿智力发育。

（5）**抗甲状腺药** 可引起小儿缺碘，影响发育、智力低下。

（6）**氨基甙类抗生素** 如链霉素、卡那霉素、庆大霉素可损伤听神经、肾脏。

（7）**酰胺醇类抗生素** 如氯霉素，乳儿吸乳后可出现腹泻、黄疸等。

(8) **喹喏酮类** 如氟哌酸等,可影响小儿骨骼发育。

(9) **磺胺类** 早产儿和葡萄糖-6-磷酸脱氢酶缺乏的新生儿有导致溶血性贫血发生的可能。

(10) **巴比妥类** 如鲁米那,可引起婴儿的中枢神经系统抑制,出现镇静状态,应禁用。

新生儿科学喂养与护理

第一章　新生儿发育特征

第二章　新生儿喂养指导

第三章　新生儿护理

第四章　新生儿疾病防治

第一章

新生儿发育特征

新生儿出生后的最初几天，睡眠时间长，吸吮力弱，吃奶时间和次数较少，肺和皮肤蒸发大量水分，大小便排泄量相对多，加上妈妈开始时乳汁分泌量少，所以新生儿在出生的头几天，体重不增加，反而下降，是正常的生理现象，俗称"塌水膘"，新手妈妈不必着急，在随后的日子里，婴儿体重会迅速增长。

❶ 新生儿分类的标准

从娩出到诞生后28天的婴儿，称为新生儿。诞生至28天这段时间，称新生儿期。

（1）根据分娩时的孕龄，可把新生儿分为足月儿（胎龄满37周，不满42周）、早产儿（胎龄满28周，不满37周）、过期产儿（胎龄满42周以上）。

（2）根据体重值，可把新生儿分为正常体重儿（2500克≤体重<4000克）、低体重儿（体重<2500克）、巨大儿（体重>4000克）。

（3）根据体重与孕龄的关系，可把新生儿分为适于胎龄儿（胎龄与体重相符）、小于胎龄儿（体重小于相应的胎龄）、大于胎龄儿（体重大于相应的胎龄）。

（4）根据诞生后的时间，可把新生儿分为早期新生儿（诞生一周以内的

新生儿)、晚期新生儿（出生第二周到第四周末）。

（5）根据诞生后的健康状况，可把新生儿分为健康新生儿（无任何危象的新生儿）、高危新生儿（出现危象或可能发生危重情况的新生儿）。

❷ 正常新生儿的特征

凡怀孕满 37～42 周之间出生的婴儿，体重达 2500～4000 克，身长≥45 厘米，各器官功能已相当成熟的婴儿，为正常新生儿。

正常新生儿出生后就会哭，哭声洪亮有力，皮肤红润，有规律地呼吸，四肢活动有力。他还具有维持生存的神经反射，如用手指或衣物碰触到婴儿的脸颊部或嘴角时，婴儿立即把头转向碰触的一侧，并张口寻找，这种表现医学上称为"觅食反射"；如将手指头放进婴儿嘴里，他就会出现吸吮动作，这称为"吸吮反射"。正常新生儿出生后对光亮就有反应，用强光照射他时，会立即闭上眼睛，当身后突然发出声响，闭着的眼睛会立即睁开或眨眼。这些反应表示婴儿的视力、听力都正常。上述检查方法都简单易学，家长若能学会，有助于及早发现新生儿有无先天异常、缺陷以及评价出生后的健康状况。

❸ 健康新生儿的发育标准是什么

刚刚出生的婴儿特征是：头大、身长、四肢短、反应迟钝、睡眠多、呼吸和心跳快。标志生长发育水平的各种正常值如下。

（1）**体重** 体重是反映新生儿发育水平的重要标志，出生时平均体重为 3000 克，正常范围为 2500～4000 克。

（2）**身长** 身长是反映新生儿骨骼发育水平的重要指标，出生时平均身长为 50 厘米，头长占身长的 1/4。

（3）**体温** 新生儿体温调节中枢发育尚不完善，体温不稳定。新生儿从母体到体外，体温一般要下降 2℃ 左右，12～24 小时内逐渐回升，稳定在 36～37℃

之间。

(4) **呼吸** 新生儿的肺活量小，吸入氧气少，远远不能满足其新陈代谢的需要，只能通过加快呼吸节奏来弥补。正常新生儿每分钟呼吸 35～45 次，哭闹时可达 60 次/分。由于呼吸中枢尚不健全，刚出生的婴儿的呼吸表现为浅快、不匀。

(5) **心跳** 新生儿脉搏没有规律，一会儿慢，一会儿快，一般平均 120 次/分，最快可达 140 次/分。

(6) **头围和胸围** 新生儿一般头围在 31～35 厘米，胸围比头围少 1 厘米左右。如果头围比胸围少得太多，可能为小头畸形；头围比胸围大得太多，可能为脑积水。

除此之外，还应观察新生儿是否具有觅食吸吮等反射，观察对光线、声响的反应，以期及早发现有无先天性的异常及缺陷。

❹ 新生儿睡眠有什么特点

一周以内的新生儿睡眠时间相对长一些，每天可达 20 小时以上；一周以后的新生儿睡眠时间有所减少，每天约在 16～18 小时左右。日龄增加，睡眠时间减少。

早期新生儿睡眠时间大多不分昼夜，而一周以后如果妈妈有意在后半夜推迟喂奶，一次睡眠时间可延长到五六个小时。但新生儿糖源储备少，延长喂奶间隔，容易导致低血糖，所以新生儿期，喂奶间隔最好不要超过 4 小时。

新生儿采取仰卧位睡姿最合适。俯卧睡姿可以在有妈妈看护时尝试，以促进大脑发育，锻炼胸式呼吸。侧卧睡姿很容易转变成俯卧睡姿，如无人呵护，极易造成新生儿猝死，酿成不幸。

新生儿仰卧溢乳时，应迅速把宝宝变为侧卧，并轻拍其背，避免奶液呛入气管。新生儿不能自己单独睡眠，要与妈妈同睡，以降低新生儿猝死发生率。

>> 准爸爸一点通

很多男人说，自己不知道如何入手照顾宝宝，其实，只要有一颗"求知"的心，很快就会学会。平时可细心观察妻子是怎样照顾宝宝的，然后"依葫芦画瓢"。刚开始的几次，你也许会显得笨手笨脚，但多练习几次就能熟能生巧，荣升为称职的奶爸了。在照顾宝宝的过程中，你和宝宝有身体上的亲密接触，不但可安抚宝宝的情绪，还能融洽你们之间的感情。

❺ 新生儿体温有什么特点

新生儿的正常体温在 36～37℃ 之间，但新生儿的体温中枢功能尚不完善，受外界温度环境的影响较大，体温不易稳定。新生儿的皮下脂肪较薄，体表面积相对产热大，容易散热。因此，对新生儿要注意保暖。

母体宫内体温明显高于一般室内温度，所以新生儿娩出后体温都要下降，然后再逐渐回升，并在出生后 24 小时内，达到或超过 36℃。

新生儿最适宜的环境温度为 25℃。当环境温度低于或高于 25℃ 时，宝宝机体可通过调节来增加产热或散热，维持正常体温。当环境温度的改变，在程度上超过了新生儿机体调节的能力，就会造成新生儿体温过低或过高。过低会出现新生儿硬肿症，而过高则会出现脱水热。环境温度过高时，新生儿通过增加皮肤水分蒸发而散热。当水分蒸发过度，体内有效血循环不足时，新生儿就会发生高热，这就是新生儿脱水热。

>> 新妈咪大课堂

新生儿皮肤有什么特点

刚刚出生的新生儿皮肤呈浅玫瑰色。在关节的屈曲部、臀部被胎脂覆盖着，在出生后的 3～4 天左右，新生儿的全身皮肤可变得干燥，这是由于在此之前胎儿一直生活在羊水里。当他来到新的世界后，皮肤就开始干燥，表皮逐渐脱落，一周以后就可以自然落净，不要硬往下揭。由于新生儿皮肤的角质层比较薄，皮肤下的毛细血管丰富，因此，新生儿"落屑"以后，他的皮肤呈粉红色，非常柔软光滑。

❻ 新生儿排泄有什么特点

出生后 12 小时左右，新生儿开始排胎粪，其粪呈墨绿色或黑色黏稠状。48 小时左右，变为混着胎便的乳便，这叫过渡粪。3~4 天内，大便变成没有胎便混合的棕黄色大便。用母乳喂养孩子，大便呈金黄色；喂牛奶的新生儿，大便呈淡黄色。其排便次数因人而异，一般每天在 3~4 次左右。

如果新生儿出生后 24 小时仍无大便排出，应检查有无肠道畸形，如直肠闭锁、肛门闭锁等。

通常宝宝在出生后不久即排出小便，若在出生后 48 小时仍未排尿，则属于病态，需及时就诊。正常新生儿每天小便可达 10~15 次，为淡黄色或无色，清亮透明，无异味。若尿的次数明显减少，或尿的颜色异常，为红色或深黄色，能染黄尿布，或者气味异常，有臭味、霉味，则属不正常，应及时到医院检查。

❼ 新生儿生长发育规律

(1) 新生儿体重发育规律 一般来说，新生儿一个月内体重增加 1 千克。婴儿体重标准值的计算公式是：出生体重（千克）+月龄×70%。这仅是一个平均值，实际上出生体重大的婴儿，满月时的体重，往往超过平均值很多。

新生儿体重，平均每天可增加 30~40 克，平均每周可增加 200~300 克。这种按正常状态分布计算出来的平均值，代表的是新生儿整体普遍性，每个个体只要在正常数值范围内，或接近这个范围，就都是正常的。体重指标是这样，其他指标也是这样，新手爸爸妈妈们千万不要为这些微小的差异而着急。

(2) 新生儿身高发育规律 新生儿出生时的平均身高约 50 厘米，个体差异的平均值在 0.3~0.5 厘米之间，男、女新生儿有 0.2~0.5 厘米的差异。

新生儿满月前后，身高平均增加 3~5 厘米。新生儿出生时的身高与遗传关系不大，但进入婴幼儿时期，身高增长的个体差异性就表现出来了。

(3) 新生儿头围发育规律　新生儿头围的平均值是 34 厘米。满月前后，宝宝的头围比刚出生时仅增长 2~3 厘米。如果测量方法不对，数值不准确，误以为宝宝头围过大或过小，会给新手爸爸妈妈带来不小的麻烦。

头围增长是否正常，反映着大脑发育是否正常。爸爸妈妈们遇到的宝宝头围问题，一般都是测量不准造成的。最好请有专业知识的医护人员来测量，数值准确，才能正确分析。

> **>> 新妈咪一点通**
>
> 新生儿的肺容量较小，但新陈代谢所需要的氧气量并不低，故只能加快每分钟呼吸的次数来满足需要。正常新生儿每分钟呼吸约 35~45 次。新生儿呼吸中枢不健全，常有呼吸深浅、速率快慢不等的现象，表现为呼吸浅快、不匀，这也是正常的现象。

(4) 新生儿前囟门发育规律　新生儿前囟门的斜径平均是 2.5 厘米，也有个体差异。但宝宝前囟门如果小于 1 厘米，或大于 3 厘米，就应引起重视，因为前囟门过小常见于小头畸形，前囟门过大常见于脑积水、佝偻病、呆小病。新生儿前囟门的测量，最好也由专业人员进行。

8 新生儿特有的生理现象

(1) 新生儿先锋头（产瘤）　经产道分娩的新生儿，头部受到产道的外力挤压，引起头皮水肿、淤血、充血，颅骨出现部分重叠，头部高而尖，像个"先锋"，医生们称之为"先锋头"，也叫产瘤。剖宫产的新生儿，头部比较圆，没有明显的变形，所以就不存在先锋头了。产瘤是正常的生理现象，出生后数天就会慢慢转变过来。

(2) 呼吸时快时慢　新生儿胸腔小，气体交换量少，主要靠呼吸次数的增加，维持气体交换。新生儿正常的呼吸频率是每分钟 35~45 次。新生儿中枢神经系统的发育还不成熟，呼吸节律有时会不规则，特别是在睡梦中，会出现呼吸快慢不均、屏气等现象，这些都是正常的。

(3) 新生儿皮肤红斑

新生儿出生头几天，可能出现皮肤红斑。红斑的形状不一，大小不等，色为鲜红，分布全身，以头面部和躯干为主。新生儿有不适感，但一般几天后即可消失，很少超过一周。个别新生儿出现红斑时，还伴有脱皮现象。新生儿红斑对健康没有任何威胁，不用处理，可自行消退。

(4) 红色尿

刚出生几天的新生儿，排出了像血一样的尿，这可急坏了初为人母的妈妈。这是怎么回事呢？原来新生儿白细胞分解较多，造成尿酸盐排泄增多，而刚出生不久的宝宝，尿液不多，很浓，所以有点像血了。这不是病态，几天后会自行消失。

第二章

新生儿喂养指导

初乳除了含有一般母乳的营养成分外,更含有抵抗多种疾病的抗体、补体、免疫球蛋白、噬菌酶、吞噬细胞、微量元素,且含量相当高。这些免疫球蛋白对提高新生儿抵抗力,促进新生儿健康发育,有着非常重要的作用。初乳中还含有保护肠道黏膜的抗体,防止肠道疾病。因此,初乳十分珍贵。

1 母乳喂养好

母乳是婴儿最理想的"天然"营养品,其成分最适合婴儿生长发育的需要。母乳所含的营养素如蛋白质、脂肪、糖和维生素等,含量适中,比例恰当,质地优良,最符合婴儿的营养需要,又易于婴儿消化吸收。一个足月产婴儿,在生后4~6个月以前,只要有充足的阳光照射,可单独从母乳中获得所需要的全部营养素,保证婴儿最佳的生长发育。

除营养素之外,母乳中还含有多种抗感染因子,这些因子能保护婴儿免受细菌和病毒的侵袭,因此母乳喂养儿肠道和其他部位感染的发生率明显低于人工喂养儿。而代乳品中不含抗感染因子,代乳品在储存和制作过程中的污染以及食具的污染都是人工喂养儿易受感染的

原因。母乳中不含常见的食物过敏原，又可抑制过敏原从肠道进入身体，因此，母乳喂养也是防止婴儿食物过敏的最好方法。

母乳喂养有经济、简便和安全等优点：母乳喂养只需用少部分钱为母亲增加营养，便可收到母、子双方受益的效果。除省钱外，省时省事也是非常明显的，母亲只要解开衣服，清洁无菌、冷热适度、营养丰富的母乳便可随婴儿的需要来吸取。母乳喂养还可增强母子感情，密切母子关系，有利于观察婴儿的变化，及时发现问题。

同时母乳喂养对母亲也有好处：用自己的乳汁喂养婴儿的母亲，产后健康恢复快。产后哺乳时，母亲的下腹部会有轻微紧缩感，这是婴儿吸吮乳房的刺激在促使子宫收缩，从而使产后较大的子宫迅速恢复到正常大小。而且哺乳母亲患乳腺癌的机会比不哺乳的母亲要少。

上面谈到母乳喂养有很多优点，但仍有少数不愿给婴儿喂乳的母亲，这些年轻的妈妈担心喂奶后乳房会变形，使自己的体形改变。事实上有的母亲乳房下垂并不是因为给婴儿喂奶所致。乳房是否会变形首先取决于乳房自身的性质。从妊娠末期到喂奶期间，乳房没有变得很大的母亲在授乳后也不会变形；若最初乳房就很大，到妊娠末期又进一步变大时，即使不授乳也会因为乳房的变化而使皮肤松弛。用母乳喂养的母亲只要在妊娠末期和授乳期用乳罩由下向上地将乳房托起，就能防止乳房发生较大的变形。

❷ 初乳十分珍贵

产后 12 天以内的乳汁称为初乳。初乳色黄略稠，含脂肪较少，免疫球蛋白 A 的含量比成熟乳多 1 倍，具有免疫功能的细胞也比成熟乳多 1 倍，所以它有增强婴儿抵抗疾病能力的作用。初乳能保护小儿娇嫩的胃肠道和呼吸道黏膜免受各种细菌、病毒等微生物的侵袭，对预防新生儿的感染具有重要作用。此外，初乳能很好地适应消化吸收能力差、需要能量少的初生婴儿。

>> 新妈咪早知道

每年的 5 月 20 日是中国母乳喂养日。但是，有关调查研究显示我国的母乳喂养状况依然不容乐观。一项调查表明，有 50% 的女性没有用母乳喂养自己的宝贝。

然而我国有地区长期以来一直认为初乳"没有营养"，而把它挤掉，不给孩子吃，甚为可惜。有些母亲，在产后1周内发现婴儿略有消瘦，虽经医生解释为生理性体重下降，但仍不放心，又听人说乳汁发黄是营养不够，于是便归罪于自己的乳汁太稀，而改用牛奶喂养。实际上，新生儿的生理性体重下降并不是发黄的初乳所引起的。有人将用初乳喂养的新生儿和牛奶喂养的新生儿相比较，初乳喂养儿生理性体重下降的程度比牛奶喂养儿较少，体重恢复速度较快。因此，告诫妈妈们一定要将初乳喂给孩子们吃。初乳十分珍贵，是其他任何营养品所不能及的。

❸ 早接触、早吸吮、早开奶

只要遵循产科医生的指导去做，几乎每位母亲都是可以成功地实施母乳喂养的。这行之有效的做法可以简单概括为三早：早接触、早吸吮、早开奶。

孕妈咪待产过程中应按常规将乳房擦洗干净，以便孩子出生后进行"三早"。新生儿断脐后医护人员协助婴儿趴在母亲胸部实行皮肤"早接触"。约10～15分钟后，婴儿会自动地开始吸吮奶头，这叫"早吸吮"，半小时后再次喂奶称"开奶"。实行"三早"对刺激妈妈泌乳起着重要作用。许多产妈咪还不懂为什么要这样做，甚至紧张、害怕，这是不利于母乳喂养的。世界卫生组织和联合国儿童基金会对母乳喂养做了新规定：产后30分钟抱奶，且抱奶愈早愈好，同时要实行母婴同室同床，以对婴儿按需喂养，不定时、不定量为哺乳原则，以保证婴儿能够吃最珍贵的初乳。

过去，老人们一般都会强调妈妈刚生产完，元气大伤需要休息，不适合马上喂奶。但现在许多中外专家经过研究，发现新生儿出生后的10～15分钟内是敏感期，新生儿的吸吮反射最为明显，是母子间联系感情的最好时期，所以在新生儿生后的10～15分钟后就可以进行早接触、早吸吮、早开奶。

❹ 哺乳应注意哪些问题

哺乳期间母亲应注意营养供给、生活规律、睡眠保证、情绪稳定和精神愉快。此外，还要注意以下几点具体问题。

（1）注意卫生，每次哺乳前洗手，温开水清洗乳头、乳晕（不要用肥皂洗）。乳母感冒时应戴口罩。

（2）除小儿吃药等特殊情况外，一般不喂水，特别是哺乳前不可先喂水。

（3）一侧乳房被吸尽后再喂另一侧乳房，下次哺乳时轮换先后次序。每次哺喂 10~20 分钟。

（4）产妈咪在哺乳后为使小宝宝胃内的气体排出，应将其抱起来，头靠在自己肩上，轻轻拍儿后背，听到打嗝后再将其放下，取右侧卧位片刻，防止溢奶。

（5）哺乳中要注意观察小儿的表现，如刚吃几口就睡着了，可以捏捏小宝宝的耳朵，也可以弹其足心唤醒他，不要养成含奶头睡眠的习惯。

（6）哺乳后要将乳房中的乳汁排空，以利于下奶。

（7）乳头破了应及时上药，可用复方安息香酸酊或求偶素注射液局部涂抹，喂奶前将药液擦去，一般会很快愈合，不要因此停止哺乳，更不应回奶。

>> 新妈咪大课堂

新生儿的胃容量小，胃呈横位，容易发生溢乳及吐奶。新生儿吃奶后，即使打了嗝，有时也会从嘴里流出乳汁。这是一种正常生理现象。如果持续吐奶，有时像喷泉似的大吐一番，应立即送医院检查治疗。

5 哺乳喂养的正确姿势有哪些

哺乳的姿势有坐式、卧式和环抱式 3 种，其中最常采用的是坐式。坐着哺乳时，可选择一个舒适的椅子，脚踩小凳，或在自己耻骨位置与孩子接触的地方放一软垫，这样可减轻用于支撑孩子的力量。将孩子的头放在自己的肘部，用另一只手的食指和中指或拇指和食指按压乳头，使乳房组织稍稍后移，婴儿可以很容易地将乳头连同乳晕一起含到嘴里。当婴儿已经牢牢地含住乳头并开始吸吮时，就可以使乳房放松。有时需要用手指按住乳房，使其离开婴儿的鼻孔，以便婴儿呼吸。

哺乳可采取不同的姿势，重要的是体位舒适和全身肌肉放松，这样有助于乳汁排出。

哺乳时，无论怎样抱婴儿，都必须使其身体与母亲的身体紧密相接，婴儿的头和双肩朝向母亲的乳房，嘴处于与乳头水平的位置。哺乳的全过程保持婴儿的头和颈略微伸张，以免鼻部受压而影响呼吸，但也要防止婴儿头部和颈部过度伸展造成吞咽困难。哺乳时母亲应将拇指和四指分别放在乳房上、下方，托起整个乳房哺喂。当奶流过急，婴儿有呛奶危险时，可用食指和中指以剪刀式手法夹住乳头控制奶流，除此之外，这种手法会反向推压乳房组织，阻碍婴儿将大部分乳晕含入口中，不利于充分挤压乳窦内的乳汁。

❻ 母乳喂养常见的错误有哪些

（1）**开奶晚** 最好在新生儿出生后 10~15 分钟内开始喂奶，最晚不宜超过 1 个小时。开奶晚不利于乳汁的分泌。

（2）**定时喂奶** 不要定时给宝宝喂奶，应该在婴儿想吃奶时母亲就满足其生理需求，进行按需喂奶。

（3）**躺着喂奶** 躺着喂奶易导致宝宝吐奶。因为如果躺着喂奶，宝宝的胃呈水平位置，容易导致宝宝吃的奶往口里倒流。

（4）**喂奶时逗笑** 宝宝吃奶时如果被逗笑，笑的过程中会使喉部的声门打开，吸入的奶汁可能就会误入气管，轻者呛奶，重者可导致吸入性肺炎。

（5）**喂奶期妈妈减肥** 有的妈妈生完宝宝后想保持原来窈窕的身材，就在喂奶期开始减肥，因而妈妈会减少食物的摄入。这样，奶汁质量得不到保证，对宝宝的健康不利。

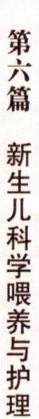

（6）运动后喂奶 人在运动中体内会产生乳酸，乳酸滞留于血液中会使乳汁变味，宝宝不喜欢吃。因而喂奶期的妈妈只适宜从事一些柔和的运动，运动结束后要先休息一会儿再喂奶。

（7）用沐浴露清洁乳头 为保持乳房清洁，经常清洗确有必要，但不可用碱性化学清洁品来清洗，如香皂、含碱很大的沐浴露，最好用温开水清洗。

7 奶水少怎么办

（1）勤喂是一种好办法 试着抽出24~48小时的时间（如您的奶水实在太少了，可抽出更长的时间），什么事也不要做，专心喂奶和休息，且每次喂都尽可能让宝宝吃的时间长一些。一个爱困的婴儿，需要妈妈不时把他轻轻唤醒，鼓励他吃奶。

（2）两乳都要喂 这样不仅保证宝宝获得充足的母乳，同时也充分、均衡地刺激了母乳的分泌。

（3）换边喂 每次喂奶，换边约2~3次，这样既可引起婴儿吸奶的兴趣，又可同时刺激两乳奶水分泌，保证婴儿吃到充足的母乳。一般都是婴儿在一边吃10分钟，换边后再吃上2~3分钟。妈妈一定要在每次喂奶时，都换边。

（4）只让宝宝吸妈妈的乳房 母乳喂养宝宝，一定只让宝宝吸吮妈妈的乳头，不要再让他吸奶瓶或安慰奶嘴，以免他吸惯了奶嘴，反而不要妈妈的乳头了。如果要给宝宝补充一些其他食物，试着用汤匙。

（5）坚持只喂母乳 避免所有的辅食、开水和果汁，坚持只喂母乳，这样就可刺激母乳分泌，当婴儿的需要量增加时，母乳也会更加丰富。

（6）妈妈饮食平衡 尽可能吃各种营养成分不同的天然食物；每次喂奶前，试着喝一杯水或果汁。

（7）充分休息与放松，很快就会使母乳分泌量增多 和宝宝一起睡个午觉，洗个温水澡，听听轻松的音乐，做做轻缓的运动等等，都有利于奶水的增加。

❽ 什么是混合喂养

母乳是婴儿最理想的食品，但母乳也有分泌不足的时候，这时就需要添加牛奶或其他代乳品喂养，称混合喂养。母亲可在每次喂乳后加喂一定量的牛奶；或者在1日内完全用牛奶喂养。目前，认为喂母乳后加喂牛奶的方法较好，因为可以防止母乳量迅速减少。也可交替喂牛奶和母乳。

如果母乳量不够婴儿吃，每天可喂4次牛奶、3次母乳，而且最好是夜间喂母乳，否则母乳会很快减少。这种方法实际上已被大多数母亲采用，因为减少了母亲深夜起来烧开水配牛奶等麻烦事。但随着婴儿一天天长大，母乳越来越少，1天只能喂1次时，那么这一次最好是在深夜里喂。此时与营养相比婴儿更需要母亲的爱抚，深夜喂奶对婴儿来说，是最好的爱抚。婴儿因少吃母乳而损失的乐趣，可以用爱抚去弥补。在喂牛奶时，母亲把婴儿抱起来，让婴儿躺在自己的左手臂上，右手将奶瓶送到婴儿嘴里，同时给婴儿以母爱，可弥补不吃母乳的寂寞。

>> 新妈妈大课堂

鲜牛奶是人工喂养的婴儿可以选用的。牛奶中蛋白质的含量比人乳多，但酪蛋白较多，在胃内形成的凝块较大，不易消化。牛奶所含脂肪以饱和脂肪酸较多，脂肪球大，又缺溶脂酶，消化吸收比较难。牛奶中含乳糖量较低，而且容易被细菌污染。因此，鲜牛奶需要配置以后，矫正其缺点，婴儿吃后才易于消化。配制时加水或米汤稀释均可，稀释的目的可使酪蛋白浓度降低，凝块变小，容易消化；另要加糖，每100毫升的牛奶中加糖5～8克（约1小匙）以弥补稀释后能量不足；加热煮沸3分钟左右，以达到消毒目的。出生后1～2周的婴儿可用2:1的奶，即鲜牛奶2份加水1份。以后随着婴儿一天天长大可增至3:1的奶，即鲜牛奶3份加水1份，至出生后1个月时可不稀释。

❾ 怎样用奶粉喂养

全脂奶粉是将鲜牛奶经高温加热浓缩、喷雾方法而制成的。全脂奶粉每

100 克，平均含蛋白质及脂肪各 26 克，乳糖 40 克。配制方法：①按容量比例计算是 1:4，即 1 平汤匙全脂奶粉加入 4 平汤匙水。②按重量比例计算是 1:8，即 1 克全脂奶粉加入 8 克水。一般在家庭里配制奶粉按容量比例计算较适宜。在配制奶粉时要先把奶粉放在牛奶锅里加入少量冷开水，用汤匙搅拌均匀，再用开水冲到所需要的量。如直接用开水冲奶粉，水温太高，奶粉容易凝结成团块不容易将奶粉调散。奶粉调制成乳汁后，成分与鲜牛奶相似。100 毫升中需要加糖 5~8 克（1 小汤匙），然后煮沸即可（因为牛奶经加热处理后，易于婴儿消化吸收）。

10 夜间喂奶须注意什么

新生儿还没有形成一定的生活规律，在夜间也需要母亲喂奶，这样会影响父母的正常休息。夜晚是睡觉的时间，母亲在半梦半醒之间给宝宝喂奶，很容易发生意外，所以要注意以下几点。

(1) **不要让孩子含着奶头睡觉** 因为这样不仅会影响孩子的睡眠，还会养成孩子不良的吃奶习惯。当母亲睡熟后，如果乳房压住孩子的鼻孔，甚至可能造成窒息死亡的意外。

(2) **保持坐姿喂奶** 为了培养孩子良好的吃奶习惯，避免发生意外，在夜间给孩子喂奶时，也应像白天那样坐起来抱着喂。

(3) **延长喂奶间隔时间** 如果孩子在夜间熟睡不醒，就要尽量少地惊动他，延长喂奶的时间间隔。一般一夜给新生儿喂两次奶就可以了。

11 新生儿吃饱了有何表现

宝宝平均每吸吮 2~3 次可以听到咽下一大口。如此连续约 15 分钟就可以说是宝宝吃饱了。如光吸不咽或咽得少，说明奶量不足。

吃奶后他对你笑，或者不哭了，或马上安静入眠，说明孩子吃饱了。如果吃奶后还哭，或者咬着奶头不放，或者睡不到两小时就醒，都说明奶量不足。

注意大小便次数。每天小便 8~9 次，大便 4~5 次，呈金黄色稠便。喂牛奶的新生儿其大便是淡黄色稠便，大便 3~4 次，不带水分，这些都可以说明奶量够了。如果不够的时候，尿量不多，大便少，呈绿稀便。

足月新生儿头1个月每天增长25克体重，头1个月增加720~750克，第二个月增加600克。如果是体重减轻了，要么有病，要么喂养不当。

 新生儿吃奶时睡着了怎么办

新生儿爱睡觉，大家都知道。有的宝宝在妈妈怀里吃奶的时候都会睡着，这是每个哺乳的妈妈经常遇到的事情。新生儿大脑发育尚不完善，大脑皮层和神经细胞兴奋性低，容易疲劳，决定了新生儿总的睡眠时间较长。睡眠时间和次数与宝宝的年龄呈反比，年龄越小睡眠的时间和次数就越多。新生儿一天中除了喂奶、换尿布、洗澡的时间外，基本上有20~22个小时都在睡眠中。

出生第一周的宝宝一天里有90%的时间是在睡眠中度过的，睡眠能使宝宝免受外界的干扰，使机体的各项生理功能不断完善，得到充分发育。这是宝宝正常的、生理性的自我保护现象。有一部分宝宝为了满足自己睡眠的要求，连吃奶时也会偷着睡一会儿。

吃奶对宝宝来说是项劳动。喂奶时宝宝都依偎在妈妈的怀中，既温暖又舒适还安全，确实会享受良好的睡眠环境。但这时的睡眠常常不是完全的安静睡眠，当你把乳头或奶嘴拔出，宝宝就醒了。有经验的妈妈在喂奶时会不断提醒宝宝的吸吮，当感觉到宝宝停止吸吮了，就轻轻动一下乳头或转动一下奶嘴，宝宝又会继续吸吮了。必要时还可轻捏宝宝的耳郭拍拍脸颊、弹弹足底，给他一些觉醒刺激，延长兴奋时间，使他吃够奶。只有在宝宝吃饱后才让他好好睡一觉，培养宝宝良好的生活习惯。

第三章

新生儿护理

新生儿身体各部分都很娇嫩，对外界环境的适应能力差，抵抗力也弱。特别是呼吸道的发育还不成熟，气管短而狭长，容易感染。在探望的人中，难免有人带有各种病菌，这些病菌在成人身上不致病，而对新生儿却是致病杀手。新生儿得病后往往病势较重，有时甚至危及生命。所以应当尽量减少新生儿与外人接触。

1 护理新生儿应该注意什么

从子宫来到人世间，环境发生了极大的变化，新生儿身体发育还不完全成熟，调节能力和适应能力有限，须良好的护理以使其健康成长。

(1) 保暖 由于新生儿体温中枢发育不完善，体温调节功能不足，环境温度的高低会影响新生儿的体温。冬天环境温度过低，可影响新生儿的体温下降，低体温有碍正常的代谢和循环，故保暖十分重要。如可能，将室温控制在25℃，湿度55%～60%。用热水袋保暖时应将其用毛巾包好，放在被褥外身体两侧或足的下端。换尿布时动作敏捷，尽量少暴露。夏天风扇不要直接对着宝宝吹。要随着气候的改变、气温的高低，随时调节环境温度和新生儿的衣物。

(2) 喂养 新生儿出生后即可让其吸吮乳头，频繁吸吮，不要强调定时喂奶，当婴儿有饥饿表现即可吸奶。喂完奶后要将婴儿抱起来，直立上身拍拍背，使之打嗝排出吸进胃内

的空气，以防止吐奶。

(3) 预防感染 保持室内空气流通、新鲜，每日探视人员不宜过多，否则容易使宝宝感染疾病，也有碍婴儿的休息。勤换尿布，换尿布时要清洁会阴及臀部，皮肤皱褶处涂上植物油。脐带未脱落前避免沾湿或污染，每次换尿布应检查脐部。每天洗澡时，无论脐带脱落与否，均可用75%酒精擦净脐根部和脐轮凹陷部分。勤洗澡，沐浴后在皮肤皱褶处擦上爽身粉，将粉撒在手上涂抹，以免新生儿从口鼻吸入；粉不宜过多，以免刺激皮肤。

母婴同室有哪些好处

母婴同室的含义是要把正常分娩的新生儿，在出生后尽快地送到母亲的床边，实行昼夜24小时的同室，并按需要哺喂母乳。这样做的好处很多。

(1) 有利于早开奶 早开奶是母乳喂养成功的关键环节。通常新生儿出生后半小时内应在产房完成第一次的早吸吮，产后1小时应随母亲一同回到病房。产妈咪可在医务人员指导下随时哺喂母乳，促进早下奶。

(2) 有利于母子感情交流 母亲产后就能看到自己心爱的小宝宝，并通过看及各种爱抚的动作、护理等增加母子感情，体会到做母亲的责任，建立起照料婴儿的信心和兴趣，从而可不断增强坚持母乳喂养的信念。

(3) 保证新生儿得到营养丰富的初乳 按过去旧习惯产妈咪不觉得奶胀就不哺喂，或把初乳挤掉，这都是不正确的。母婴同室有条件随时哺喂，宝贵的初乳就不会丢弃了。

(4) 解决母亲乳房胀痛的难题 母婴分室时产妈咪经常出现乳房胀痛，早期乳汁充盈阶段还可能出现高烧等不适，为此要人工或电动按摩吸乳，增大护理工作量。母婴同室后可随时哺乳，从根本上解决了乳房胀痛问题。

(5) 有利于新生儿身心健康 新生儿有视听及一定的感知能力，母亲与新生儿频繁地接触、说话、逗引等都有助于新生儿早期智力开发。

(6) 减少婴儿室疾病流行 医护人员经常深入病房进行健康教育和护理指导，不仅能密切医护人员与产妈咪的关系，还可以减少婴儿室的医原性感染。母婴同室的资料表明，新生儿的发病率明显下降，只要在母婴室注意通风换气和适当使用空气消毒剂，接触新生儿前注意洗手等，就可以预防许多疾病的发生。

❸ 怎样护理新生儿脐带

脐带是宝宝在胎儿期与母体沟通的通道，在宝宝出生后就完成了自己的使命。但脐带未脱落以前还是很重要的。因为脐带残端是一个开放的伤口，而且与血管相连，如果处理不当，就会使脐部化脓。病菌趁机而入，严重时可引起全身感染，导致新生儿败血症。因此，父母要细心照料宝宝的肚脐，保证肚脐清洁、干燥。若发现宝宝的肚脐湿润，要及时处理。如果一周后脐带还没有脱落，那就要带宝宝看医生了。

>> 专家温馨提示

脐带脱落后，每次洗澡后用干棉签将脐窝里的水擦净。然后，用左手拇指和食指沿脐周将其扒开，右手用酒精棉签自脐带中心向外消毒一周，切忌用一根棉签来回擦。

❹ 怎样正确使用尿布

(1) 使用尿布特别注意 尿布的温度，远远低于婴儿腹部皮肤温度。新生儿一天更换十几次尿布，如果每次都把尿布放到宝宝的腹部（几乎所有的妈妈都如此），那么宝宝每天要暖十几块尿布，腹部受凉的程度可想而知。新生儿就怕腹部受凉，小儿布兜兜就是这样"发明"的。因此不要把尿布兜到腹部。

(2) 放置尿布正确方法 不要把尿布放在腹部，更不要把低于婴儿腹温的尿布放在腹部。男婴排尿向上，放置尿布时要在上面多加一层，重点在上；女婴排尿向下，放置尿布时要在下面多加一层，重点在下。这样就可预防男婴阴囊湿疹、女婴臀红。尿布不要覆盖男婴脐部，以防尿液弄湿脐带。尿布不要兜得过紧，留有一定空间，这样可避免尿布疹的发生。

(3) **换尿布的时间** 喂奶前或醒后更换尿布。喂奶后或睡眠时，即使尿了，也不要更换尿布，以免造成溢乳或影响宝宝建立正常睡眠周期。在尿布上再放置一小块尿布，排大便后就弃掉。仅有尿渍的尿布，清洗后在阳光下暴晒，方可再用。

5 纸尿裤有什么优点

(1) **吸收尿液力强、速度快** 纸尿裤含有高分子吸收剂，吸收率可达自身的100～1000倍，而且不会再被挤出来。最早的纸尿裤主要是绒毛浆，所以很厚。加入了高分子吸收剂后，纸尿裤越变越薄，更加舒适。所以看吸收力并不取决于厚薄，甚至恰恰相反。高吸水性的可减少更换次数，不会打扰睡眠中的宝宝；还可减少尿液与皮肤接触时间，减少尿布疹的发生概率。

(2) **透气性能好、不闷热** 宝宝使用的纸尿裤如果透气性不好，很容易导致婴儿患尿布疹。透气性不好的纸尿裤会使男婴阴囊局部环境温度增高，可能会影响婴儿的睾丸发育，尤其是一岁以后的婴儿更应注意。

(3) **表层干爽，尿液不回渗、不外漏** 倘若宝宝的小屁股总是与潮湿的表层保持接触，很容易患尿布疹。新生宝宝长时间躺着，臀部和腰部压着尿裤，腿部及腰部要设有防漏立体护边，但不能因防漏而太紧。尿裤表层的材质也要挑选干爽而不回渗的。另外最好选择四层结构的纸尿裤，即多加了一层吸水纤维纸，更少渗漏。

(4) **触感舒服，品质好** 触觉是人类发展最早的感觉器官，胎儿早在三个月时就已经存在，和视觉、听觉一样影响着宝宝的潜能发展。婴儿肌肤的触觉非常敏锐，对不良刺激更加敏感，只要有一点点的不适，婴儿就会感到非常不舒服。纸尿裤与婴儿皮肤接触的面积是很大的，且几乎24小时不离。所以要选择内衣般超薄、合体、柔软、材质触感好的纸尿裤，给宝宝提供舒适的触觉经验。

(5) **护肤保护层** 尿布疹的成因，主要是尿液中的刺激性物质直接接触皮肤。目前市面上已有纸尿裤添加了护肤成分，可以直接借着体温在小屁屁上形成保护层，隔绝刺激，并减少皮肤摩擦，让宝宝拥有更舒服的肤触感。

>> 专家温馨提示

目前，市场上出售的纸尿裤品牌多，价格高低不等。经济条件好的可选择比较高级的进口纸尿裤。国内生产的纸尿裤质量比较可靠，因为生产商投资较大，主要原材料依赖进口，价格仍然不低。选择基本功能好的，批量购买，购买国产产品，混合使用，这些都是降低费用的好办法，但品质越有保证的产品总是越贵，不主张妈妈一味追求低价位。

❻ 如何给新生儿更换尿布

给宝宝喂奶前后都应检查尿布湿了没有。妈妈用手指从宝宝大腿根部伸入，摸摸就知道了。

在给宝宝换尿布前，先要在宝宝身下铺一块大的换尿布垫，防止在换尿布期间宝宝突然撒尿或拉屎，把床单弄脏。一手将宝宝屁股轻轻托起，一手撤出尿湿的尿布。

把尿布外罩打开，如男孩把尿布多叠几层放在会阴前面，如女孩可在屁股下面多叠几层尿布，以增加特殊部位的吸湿性。清洁男女宝宝的臀部的方法也是不一样的。女孩要从前向后擦，即会阴向肛门处，以防粪便细菌侵入尿道引起感染。

穿戴完毕后，要检查调整腰部的粘扣是否合身，松紧以妈妈的两个手指能放进去为宜。再检查大腿根部尿布是否露出，松紧是否合适。太松会造成尿液侧漏。

尿布在使用前，一定要经过清洗。要用中性洗涤剂清洗，不要用柔软剂或漂白剂。要漂洗干净，不要残留洗涤剂，否则会降低尿布的吸水性，还会使宝宝生尿布疹。漂洗后尿布需要晾晒干透。

新生儿每次大小便后，应立即换上干净的尿布，不要尿两次更换一次尿布。更换尿布时，先要用温水将婴儿臀部洗干净并擦干，尤其是皮肤皱褶部位。

新生儿使用尿布，每天换 10 次左右。如使用纸尿裤，一天可换 5 次左右。随着婴儿长大，更换次数也可减少。

不能用爽身粉涂婴儿屁股。婴儿尿湿后，擦在屁股上的爽身粉易阻塞汗腺，使婴儿屁股产生湿疹，甚至造成婴儿皮肤皱褶处发生摩擦。

❼ 如何清洗新生儿的尿布

新生儿尿布的清洗看上去非常简单，其实洗尿布也有很大的学问如不按照正确的方法去做，不仅尿布污脏，有气味，同时也会损伤新生儿柔嫩的皮肤并引起感染，从而影响新生儿的健康。

每次更换下来的尿布不要随地乱扔，应放在固定的盆内，积存一定数量后立即清洗。如尿布上仅有尿液，可在热水浸泡后用清水漂洗干净；若有粪便，可将尿布上的粪便清除后放入清水中，用碱性小的肥皂或洗衣粉揉搓，洗净后一定要再用清水多冲洗几遍。所有尿布洗净后最后均要用开水烫一烫，拧干后晾在阳光下晒一晒，以达到杀菌消毒的目的。

这里要强调的是，清洗尿布一定要用清水多洗几遍，最好是用温热水来清洗尿布；尿布上不管尿多尿少，都不能不洗就放在煤炉、暖气上烤干或在太阳下晒干就再用。这是因为沾有粪尿的尿布对新生儿臀部皮肤有一定的刺激作用。如母乳喂养的新生儿，粪便中乳酸杆菌较多，呈酸性；而喂牛奶的新生儿粪便多呈碱性。无论粪尿是酸性还是碱性，对新生儿柔嫩的皮肤都有一定的伤害。因此，一定要将尿布上的尿液、粪便以及肥皂或洗衣粉中的酸碱成分彻底清除掉，才

能达到真正清洗尿布的目的。

洗净晒干的尿布,要叠好放在一边以备更换时取用方便。新生儿换上干燥洁净的尿布后,会感到非常舒适。

❽ 如何给新生儿洗澡

在给新生儿洗澡前首先要做好准备工作,包括准备好清洁的浴盆,洗澡用的小毛巾、浴巾、婴儿皂、热水,洗澡后准备更换的衣服、尿布及包被等。洗澡前应把门窗关好,不要有穿堂风。室内温度以 23℃～26℃ 比较适宜,如室内温度达不到此要求,可采用塑料浴帐或取暖炉来保证温度适宜。家长在给新生儿洗澡前一定要洗净双手,将洗澡水倒入浴盆,水温一般为 40℃ 左右,家长可以把前臂放在水中试一试,感觉不凉不烫就可以了。

在新生儿脐带未脱落以前,不能将新生儿放在水里洗澡,以免弄湿脐带。正确的洗澡方法是将上下身分开洗。洗澡时先用浴布把新生儿的下身包好,家长用左肘部和腰部夹住新生儿的臀部和两条腿,左手掌托住头,左拇指和中指分别堵住新生儿的耳道,其目的是避免洗澡水流入耳道引起中耳炎。洗时家长用右手拿着小毛巾,先将新生儿的脸洗净擦干,然后洗头。洗头时先将婴儿皂搓在手上,然后再慢慢轻柔地在新生儿头上揉洗。洗净头后,再分别洗颈下、腋下、前胸、后背、双臂和手。由于新生儿颈下、腋下的皮肤皱褶和手心的皮肤非常容易糜烂破溃,因此在洗澡时要注意清洗。洗完上身后用浴巾包裹,将新生儿的头部靠在左肘窝,左手握住新生儿的左大腿洗下半身,分别清洗臀部、大腿根、小腿和脚。要特别注意清洗臀部和大腿根的皮肤皱褶处。洗完澡后立即用浴巾将水渍揩干,不要用力擦拭,以免损伤皮肤。可用婴儿爽身粉撒在皮肤皱褶处,并用酒精擦拭肚脐。最后给新生儿穿上预先准备好的干净衣服,并用尿布包裹好。整个洗澡过程动作要轻柔迅速,一般 5～10 分钟。洗澡后可以给新生儿喂奶,然后让他舒舒服服睡上一觉。

新生儿脐带脱落后就可以在浴盆里洗澡了。通常应先洗脸和头,之后在

盆底放上一条毛巾，左手握住新生儿左肩，使头靠在前臂上，右手托住臀部，放入水中的毛巾上，洗澡方法同前。一定要注意浴盆内水面齐腰部即可，洗澡时要把头托住，防止头部滑入水中。

>> 新妈咪大课堂

最初给新生儿洗澡的人是护士。母亲自己动手给新生儿洗澡，是在出院回家之后才开始的。但是一般说来，回到家里，给新生儿洗澡的事情暂时也是由婆婆或经验丰富的姐姐等人给予帮助的。

9 如何给新生儿穿衣服

穿衣服的时候把孩子放在床上，看看尿布是否干净，不干净时先更换尿布。在给孩子穿套头衫时，一定要把它抻好，用手指把衣领拉一拉。把衣服套在婴儿的头上，同时把孩子的头略微抬起，撑开右袖后，顺势把孩子的胳膊放进来，左侧的袖口也这样做。拉平衣服，同时注意孩子是否舒服。如果是成套的宽松衣服，需要解开扣子，把衣服弄好放在平面上，再把孩子放在上面。抻开右侧袖子，套入孩子的小拳头，同时拉起袖子，再将胳膊放进去。左侧也按同样的方法进行。把孩子的右腿放到裤腿里，然后再放左腿，最后系好衣服。

当孩子发育到能够全身运动后，可以把孩子放在膝上换衣服。如果两条腿摞起来，正好可以让孩子坐在中间，一只手扶着孩子。还可以把膝上和床上两种方法结合起来。例如，在膝上换上衣比较方便，但是裤子在床上换比较容易。换衣服时，要分散孩子的注意力，例如可以给孩子拿些玩具。

脱衣服的时候把孩子平放在床上，从上向下解开衣服。需要更换尿布时，轻轻地拉出双腿更换尿布。提起孩子的双腿，把衣服从孩子身下滑到肩部。轻轻拉出孩子的左手，再拉出右手。如果需要脱套头衫，先把衣服卷到颈部，抓好孩子的肘部，把衣服折成手风琴状，轻轻地拉出胳膊。撑开领口，小心从孩子的头上脱下衣服，注意不要触到孩子的面部。

❿ 新生儿白天睡觉，夜里哭闹怎么办

刚刚出生的婴儿还没有建立起天黑睡觉、天亮自然觉醒的条件反射，如果父母没有从新生儿期开始对其进行有针对性的训练，那么孩子就容易出现昼夜不分的现象。夜间因某种原因如饥饿、过热过冷、潮湿等影响了孩子的睡眠，出现疲劳时，婴儿就会通过白天睡觉来弥补夜间睡眠的不足。白天睡足了，夜间自然不困，如硬要关上灯，婴儿就会用哭闹来表示抗议，而且是哭声不断，弄得父母喂也不是，抱也不是，叫苦连天。

针对这种昼夜颠倒的情况，白天应尽量减少孩子的睡眠，尤其是下午及傍晚，如果孩子困倦想睡，就用换衣服、擦洗颈部、腋窝、臀部、换尿布等方法，不让孩子入睡。晚上在临睡前1个多小时，仍用上述方法不让孩子入睡，让其哭闹，使其既困又饿。孩子玩耍哭闹1个小时左右，再给他洗个澡，饱饱地喂一顿，此时，饥饿问题解决了，孩子既困又累，洗完澡后浑身又很舒服，就会美美地入睡，一夜睡一两次大觉（3~5小时）。晚上睡得好，白天就会睡得少，吃得好，经过两三天的良性循环，孩子夜间哭闹的毛病基本可以改掉。

>> 专家温馨提示

新生儿出生后如不及时注意睡眠姿势，头部长期偏向一侧，久后，头部形成左右不对称态，俗称"睡偏头"，影响外观仪表。预防和纠正这种"睡偏头"的方法很简单，即婴儿的头部不要长期处于一种姿势，应定期换睡眠姿势，或在一侧放上较软的枕头，使头部不能随意偏向该侧，如此双侧交替进行，久后即能起到防治作用。

⓫ 夏季如何护理新生儿

(1) 防止室温过高　酷暑季节气温高，湿度大。如果新生儿盖得过厚、包裹过严，加上体温调节能力差，体温很容易升高。防止室温过高有重要意义。有空调设备的家庭可将室温调到22~24℃，这是新生儿居室最理想的环境温度。无空调设备的家庭，可采用其他办法降低室温，使之接近24℃。开窗通气时不能形成对流风，即开窗不开门，或开门不开窗。也可在室内放冰块，冰块逐渐溶化，吸收热量，也可降低室温。

(2) **勤洗澡** 洗澡可清洁皮肤，促进血液循环，也可降低体温。酷暑季节，每天可洗澡2～3次，水温以摸着不烫手为宜。脐带未脱落的新生儿不要用盆浴，以免脐部感染。脐带脱落后可在澡盆中洗澡。洗澡时要注意防止孩子耳道进水。洗完后，用干浴巾包裹，轻拍吸干皮肤，然后换上柔软宽松的衣服。

(3) **预防肠道感染** 夏季是肠道传染病多发季节。宝宝的吃、喝、拉均需母亲照料，如果母亲吃了不洁食物，患了肠道传染病，传染给孩子的可能性非常大，所以母亲应特别注意自己的饮食卫生。母亲要勤洗澡，勤换内衣，保持乳房清洁。给孩子喂奶前，要洗净双手，用干净的湿毛巾擦净乳头和乳晕，然后喂奶。如孩子喝牛奶，奶头、奶瓶均应煮沸消毒后使用。两次喂奶之间应给宝宝喂水。

(4) **保护皮肤** 新生儿皮肤薄嫩，抵抗外界病原微生物侵入的能力差。夏天气温高，湿度大，适合细菌繁殖，所以容易患皮肤感染和痱子，皮肤褶烂、蚊虫叮咬、尿布皮炎等皮肤损害也多见。应给宝宝勤洗澡，勤换尿布，勤换内衣。洗澡和换尿布时，应仔细检查宝宝皮肤有无不正常的地方。如有异常，应去医院儿科诊治。

12 冬季如何护理新生儿

(1) **温度** 室温应该保持在22℃左右为宜。如果温度过高，可能引致新生儿体温升高，出现发热现象，此时应及时给婴儿补充水分；如果室温达不到20℃，可能会使新生儿出现鼻子发堵现象，严重的会出现硬肿症，就是小脸蛋红红的，但摸上去感觉特别硬。室温过低对新生儿的健康是不利的，此时应该设法使室内温度升高，并把暖水袋放在宝宝的棉被（或睡袋）外面，

不要紧挨着宝宝，让小环境暖和起来就可以了。

(2) 衣着　一般来说，上述室温条件下，宝宝穿着薄薄的棉衣，内有一件细薄的小棉毛衫即可，不必再添加毛衣等衣物。盖被子（或包裹着）都不要太紧太严，要宽松、适当。

(3) 洗澡　洗澡时，适当升高室内温度，动作要快，时间要短。水要准备多些，水温在40℃上下（37～43℃）。10分钟以内洗完，迅速擦干、迅速穿衣，一般不会出问题。

(4) 皮肤　新生儿皮肤娇嫩，尤其皱褶部位容易出现糜烂、炎症，而炎症又容易导致败血症，所以不能马虎。即使不能保证洗澡，也应该给婴儿分上半身、下半身地擦身。特别是用尿不湿的婴儿，要及时洗屁股。清洗（或洗澡）后涂抹润肤油，正确做法是：妈妈把润肤油倒在手心里抹开，然后均匀地擦在宝宝的皱褶处或小屁股上。直接倒在宝宝的皮肤上是很难擦拭均匀的，况且冰凉的乳液也令宝宝非常不舒服。

(5) 通风　冬季室内要保持空气流通，不要把母亲和新生儿居住的房间搞得密不透风。新鲜的空气对母亲和新生儿是很重要的。每天应定时开窗，只要避免对流风即可。还有一点相当重要，不要烟尘（如爸爸吸香烟等）污染室内，否则容易引起新生儿呼吸道疾病。

(6) 母乳　冬天是呼吸道感染等各种疾病的多发病时期，而母乳中含有的抗体能帮助婴儿减少生病的可能。有条件的妈妈，一定要坚持给宝宝哺喂母乳。

13　如何除掉新生儿头上的"胎垢"

如果要除掉新生儿头面前囟门部位出现的"胎垢"，最简便的办法是用消毒后的植物油（加热后冷却）或石蜡油局部擦拭，或用0.5%的金霉素软膏涂敷于"胎垢"上，24小时后用细梳子轻轻梳理几下即可除掉。如果一次除不净可再敷一次。除去后用温水、婴儿香皂洗净擦干即可。

第四章

新生儿疾病防治

新生儿免疫功能不完善,抵抗力弱,有疾病时,常病症典型,且病情变化快,如放松对病情的观察,不及时用药,可延误病情,所以当新生儿患病时应密切观察体征表象,根据实际情况进行合理的选择用药。

1 新生儿必须接种卡介苗

给新生儿接种卡介苗,是为了预防结核病的发生。新生儿身体各组织器官都比较娇嫩,抵抗传染病的能力较差。结核病是一种慢性传染病,至今在我国仍有流行。这种疾病往往以很隐蔽的形式传播,不少新生儿、婴儿在不知不觉中被传染上,并可发展成很严重的疾病。如结核性脑膜炎,可威胁生命,即使存活下来,也可能造成痴呆。结核菌还能长期隐蔽在体内,成为以后发病的隐患。卡介苗是强有力的抵抗结核病的武器,因此一定要给新生儿接种卡介苗。

新生儿出生后一般在产院接种卡介苗,在家出生的也应到保健门诊接种。接种1个月后局部出现红肿、化脓及结痂,不需处理,痂皮脱落后留下瘢痕(也叫做卡疤)。要判断接种是否成功,可到保健站或医院检查,不成功者还需要重新接种。在3个月时,到结核病防治站或保健站进行结核菌素试验,48小时或72小时看结果。如果注射部位出现直径为0.5～1厘米的红肿硬斑,说明卡介苗接种成功;如果注射部位无任何反应,则说明接种失败,需要重新接种。

❷ 新生儿必须接种乙肝疫苗

乙型病毒性肝炎（简称乙肝）是由于乙肝病毒引起的一种传染病，主要通过血液传播，如注射、输血等。在乙肝病毒感染的人群中，一部分人可发展成为乙肝病人，出现肝炎的一系列的临床表现，如食欲不振、恶心、呕吐、肝大、肝功能不正常等；而另一部分人不发病，但血液中却含有乙肝病毒，并可将乙肝病毒通过血液途径传染给正常人，医学上把这一部分人称为"乙肝病毒的携带者"。

新生儿出生后，既没有打针，也没有输血，为什么也会患乙肝呢？原来患乙肝或乙肝病毒携带者的母亲，在妊娠后期，可将血液中的乙肝病毒通过胎盘流进胎儿血液中；或是分娩时在产道中婴儿的皮肤黏膜受母血感染所致以及出生后哺乳时，母体内乙肝病毒通过乳汁而进入新生儿体内，这些情况均可导致乙肝的感染。这些传播方式，我们统称为母婴传播途径。

由于新生婴儿有免疫耐受性，感染后一般成为没有临床表现的乙肝病毒携带者。然后，可逐渐发展成为慢性肝炎、肝硬变以及肝癌，严重影响小儿的正常生长发育。因此，必须对新生儿乙肝感染采取积极的防治措施。为了保障婴儿的健康，应在新生儿出生后 24 小时内注射乙肝疫苗，使他自身能产生抵抗乙肝病毒的能力，切断母婴传播的途径，既能防止母体的乙肝病毒的传染，也能防止外界途径（如输血、注射、密切接触乙肝病人等）引起的感染。这是极其重要的预防乙肝的措施。

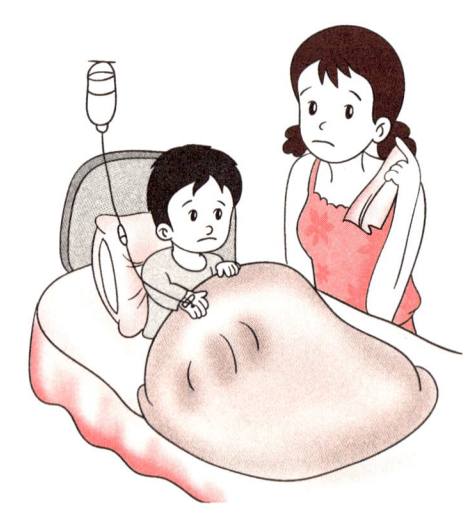

❸ 怎样预防新生儿"四六风"

"四六风"是破伤风杆菌由脐部侵入新生儿体内引起的急性严重感染，医学上叫新生儿破伤风。

本病发生于用未消毒的剪刀、线绳断脐和结扎脐带的新生儿，或是接生员的手及包裹脐带残端的棉花、纱布未严格消毒，使破伤风杆菌经脐带断端侵入而致病的。

此病来势凶猛，严重威胁着新生儿的生命。因此，必须把好"新法接生"这一关。尤其在农村、山区及边远地区，要大力宣传和推广无菌接生法，杜绝旧法接生。接生时必须严格执行无菌操作规定。遇到急产或来不及消毒时，可用2.5%碘酒涂抹剪刀，待干后断脐，或将剪刀烧红放凉后断脐。线绳也要用2.5%碘酒浸泡后再结扎脐带，并将脐带残端多留一段，以便进一步处理。

对已处理而消毒不严的，要争取在24小时内剪掉残留脐带的远端，重新结扎，近端用3%过氧化氢或0.25%的高锰酸钾液清洗后涂以碘酒，同时给新生儿注射破伤风抗毒素1500～3000单位或抗破伤风免疫球蛋白75～250单位。对目前尚不能保证无菌接生的边远地区，孕妈咪应在妊娠晚期注射两次破伤风抗毒素，每次0.5毫升，相隔1～2个月，以防止新生儿破伤风的发生。

怎样给新生儿测量体温

测量体温方法很多，有测肛温、口温、腋温等。给新生儿测体温大多测试颈部，颈温与腋温等值。宝宝测颈温既不用脱穿衣服，又安全卫生。测时把体温表甩至35℃以下，然后把水银头放在颈部，轻压使体温表与颈部皮肤紧密接触，持续3～5分钟即可。正常温度（腋温）36～37℃。

测量体温时应当注意以下几点。

（1）尽量让宝宝保持安静，不要在哭闹的时候测量体温。

（2）宝宝在刚吃完奶后体温较高，所以给宝宝测量体温时应避开这个时段。

（3）不要在刚给宝宝洗完澡后测量体温，因为刚洗完澡的宝宝体温较低。

（4）新生儿的体温高于37.5℃时，父

母应先观察是否给孩子穿得过多，一般给孩子穿衣的原则是：宝宝比大人多穿一件衣服就可以了，不必穿得太多。如果宝宝本来就穿得不多，而体温高于38℃则可能是发烧了。

❺ 怎样给新生儿喂药

由于新生儿味觉反射尚未成熟，对于吃进的各种饮食的味道不太敏感，可把药研成细粉溶于温水中喂服。如病情较重，可用滴管或塑料软管吸满药液后，将管口放在患儿口腔颊黏膜和牙床间慢慢滴入，并要按吞咽的速度进行。第一管药服后再滴第二管。如果发生呛咳应立即停止挤滴，并抱起患儿轻轻拍后背，严防药液呛入气管。新生儿病情较轻者，可使用乳胶奶头，让患儿自己吮吸也可服下，但要把沾在奶瓶上的药加少许开水涮净服用，否则无法保证足够的药量。也可将溶好的药液用小勺直接喂进婴儿嘴里，喂药时最好将婴儿的头偏向一侧，把小勺紧贴他的嘴角慢慢灌入，等他把药液全部咽下后再喝少量糖水。喂汤剂中药时煎得的药汁要少些，以半茶盅为宜，加糖调匀，待温度适宜时倒入奶瓶喂用，一日分3～6次喂完。

新生儿服药时应注意，不可将药和乳汁混在一起喂，因为两者混合后可能出现凝结现象，或者降低药物的治疗作用，甚至影响新生儿的食欲。

❻ 新生儿不宜使用哪些药物

（1）四环素族药物　该药物较易沉积于骨组织中，阻碍骨骼发育。服用数次可使牙齿变黄。

（2）卡那、庆大霉素　用此类药物治疗不要超过10天，以免损伤听神经及肾功能。

（3）链霉素　该药物对听神经亦有影响，对肾脏也不利。

（4）氯霉素　该药物可抑制骨髓，并发灰白色综合征。

（5）维生素K_4和K_3、磺胺类药物、新生霉素、三乙酰竹桃霉素、伯氨喹啉等易引起新生儿黄疸现象。

（6）杜冷丁、吗啡、可待因对敏感者易引起中毒，应慎重使用。

7 怎样预防新生儿肺炎

肺炎是新生儿时期的常见病之一，早产儿更容易患此病。新生儿肺部感染可发生在产前、产时或产后。产前如果胎儿在宫内缺氧，吸入羊水，一般在出生后1~2天内发病；产时如果早期破水、产程延长或在分娩过程中胎儿吸入污染的羊水或产道分泌物，亦可使胎儿感染肺炎；婴儿出生后如果接触的人有带菌者，也很容易受到感染。另外，也可能由败血症或脐炎、肠炎通过血液循环感染肺部引发肺炎。

新生儿肺炎一年四季均可发生，夏天略少。新生儿肺炎与幼儿肺炎在症状上不完全一样，一般不咳嗽，肺部湿啰音不明显，体温可不升高，其主要症状是口周发紫、呼吸困难、精神萎靡、少哭或不哭、拒奶或呛奶、口吐泡沫。轻度肺炎在门诊可以治疗，服用抗生素或注射青霉素即可痊愈。重症肺炎必须住院治疗，患儿食欲较差，吃得很少，可通过静脉点滴输液来补充热量。

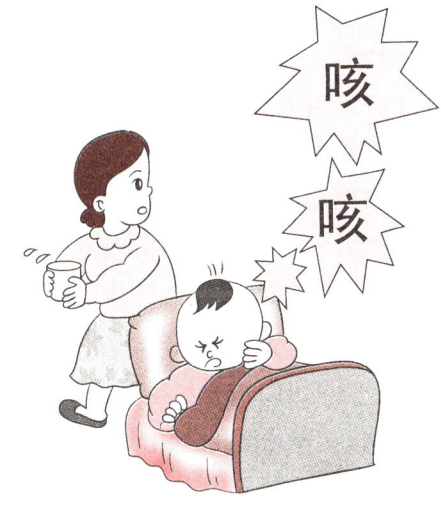

预防新生儿肺炎首先要防治孕妈咪的感染性疾病，临产时严格消毒，避免接生时污染，出院接回家后应尽量谢绝客人，尤其是禁止患有呼吸道感染的人进入新生儿房间，产妈咪患有呼吸道感染时必须戴上口罩接近孩子。

>> 专家温馨提示

婴儿发出微弱的哭声、嘶哑的哭声、喘不过气来的哭声，或者不停地发出不同的哭声，应引起注意。还有哭声由大变小的时候，要判明婴儿是高兴了逐渐停止哭啼呢，还是情况恶化，力气衰竭了。如是后者，应迅速与医师联系，并遵医嘱。

❽ 如何防治新生儿便秘

婴儿便秘的原因有的是因为婴儿没吃饱，处于饥饿状态，因此才排不出大便。有的是因为母亲吃多了胡椒、辣椒，这些物质进入奶水，造成婴儿便秘。有的则是个体差异所致，作为个体差异而两天排一次大便的婴儿这种便秘甚至会伴随一生。如果婴儿吃得饱，体重也增加，只是排便间隔长一些，那么，妈妈不必担心，也不要给婴儿吃泻药，那样可能导致肠道的异常蠕动而引起肠套叠。实际上，出生后一个月左右出现的便秘，一般到三四个月就自然会痊愈。当婴儿长大一些，能吃蔬菜、水果了，情况就会更加好转。

平时，可以给婴儿喂点白糖水、果汁（果汁加水1倍，喂20毫升一天加1~3次）。婴儿便秘若出现排便十分困难，甚至可能使肛门破裂，妈妈就必须帮助他把硬便弄出来，征求医护人员意见来通便。

有一种极为少见的情况，那就是先天性巨结肠症。婴儿不能自然排便，而要靠灌肠排便，腹部明显鼓胀，这就一定要去医院。不过，这种情况在几十万人中才有一个。

❾ 早期发现新生儿耳聋

新生儿出生就能听见声音。有人可能不相信，其实，只要仔细观察，就会发现这是事实。

一个正在睡眠中的新生儿，若在他身边突然发出大的声响，他就会随之皱眉，两眼睁开，全身轻微抖动或全身惊跳。新生儿清醒时，听到突然声响会眨眼或闭眼，或是眼睛、头部轻轻转向声响方向。如果遇到新生儿过分安静，睡觉不怕大声吵闹，对大人的招呼、引逗声音毫无反应，只是眼睛炯炯有神，注视大人的面部表情和举止，而且对周围环境突然发出的大声响，没有寻找声源的意图，那就说明他的听力可能有问题。应去医院仔细检查一下，及时发现听力障碍的原因，并进行听力和语言康复训练。

第六篇 新生儿科学喂养与护理